Graz
Wien
Ungarn
Zagreb
Sava
Belgrad
Sava
Bos. Novi
Rakovica
Bihać
Banja Luka
Bos. Petrovac
Jajce
Sarajevo
Donji Vakuf
Rakovica
Obrovac
Knin
Krka
Skradin
DALMATIEN
Šibenik
17
Sinj
19
18
Primošten
Kaštela
Klis
Trogir
Šalona
Stobreč
Cetina
Čiovo
Split
Omiš
23
Mostar

Artemis-Cicerone · Kunst- und Reiseführer

Artemis Verlag Zürich und München

DALMATIEN

Die adriatische Küste von Istrien bis Montenegro

Von Michael Stanić

Artemis Verlag Zürich und München

Mit 59 Abbildungen, 12 Plänen und Zeichnungen.
Die Pläne auf dem vorderen und hinteren Vorsatz sowie die Stadtpläne, Grundrisse und Zeichnungen im Text wurden, wenn nicht anders angegeben, von Achim Norweg, München, angefertigt.
Reproduktionsrechte: © 1984 Artemis Verlag München.

Umschlagfoto: Dubrovnik (s. Nr. 26, S. 156 ff.)

Fotonachweis

Autor und Verlag danken folgenden Personen und Institutionen für die freundliche Bereitstellung von Aufnahmen und für die Genehmigung zur Reproduktion: Dr. Hellmuth Amberg, Gröbenzell: S. 37. – Bavaria-Verlag, Gauting: S. 34 (Werner Stuhler), 41 (links; Toni Schneiders), 65 (Abel), 182 (Werner Stuhler) und Farbfoto des Umschlags (Siegfried Bohnacker). – Werner Neumeister, München: S. 41 (rechts), 47, 49, 55, 62, 69, 74, 77 (links und rechts), 79, 85, 93, 96, 97, 99, 106, 109 (links und rechts), 111, 113, 119, 122, 127, 129, 134, 141, 143, 146, 147 (links und rechts), 152, 161, 166, 170, 175, 188 (rechts), 191, 193, 198. – Süddeutscher Verlag/Bilderdienst, München: S. 59, 205. – Vom Autor stammen folgende Aufnahmen: S. 83, 87, 94, 116, 124, 132, 136, 150, 163, 164, 171, 180, 188 (links).

Besonderer Dank gebührt Herrn Professor Dr. Peter Bartl, München, für die Durchsicht und Korrektur der historischen Einleitung.

CIP-Kurztitelaufnahme der Deutschen Bibliothek

Stanić, Michael:
Dalmatien : d. adriat. Küste von Istrien bis Montenegro
von Michael Stanić. – Zürich : München : Artemis-Verlag, 1984.
(Artemis-Cicerone)
ISBN 3-7608-0768-2

Gesamtherstellung: Friedrich Pustet, Regensburg
Printed in Germany

INHALTSVERZEICHNIS

A. Historischer Überblick 4

Istrien 4 – Dalmatien 12 – Montenegro 22 – Der Stadtstaat Dubrovnik 26

B. Die Kunstdenkmäler von Istrien 33

1 Koper 33 – **2** Piran 36 – **3** Poreč 39 – Pazin 44 – Beram 44 – **4** Rovinj 45 – **5** Pula 46 – **6** Opatija · Lovran 52

C. Die Kunstdenkmäler von Dalmatien 53

7 Rijeka 53 – **8** Die Insel Krk 56 – **9** Die Inseln Cres und Lošinj 58 – **10** Kraljevica · Crikvenica · Novi Vinodolski 61 – **11** Senj 63 – **12** Die Insel Rab 64 – **13** Die Insel Pag 68 – **14** Zadar 70 – Nin 88 – **15** Die norddalmatinischen Inseln 88 – **16** Biograd 91 – **17** Šibenik 92 – Primošten 104 – **18** Trogir 105 – **19** Split 121 – Salona 135 – Kaštela 136 – Klis 136 – Sinj 137 – **20** Brač 137 – Vis 138 – **21** Hvar 139 – Stari Grad 144 – Jelsa 145 – **22** Korčula 145 – **23** Omiš 149 – **24** Makarska 151 – **25** Pelješac 153 – Ston und Orebić 154 – **26** Dubrovnik 156 – **27** Die süddalmatinischen Inseln 176 – Koločep 176 – Lopud 177 – Šipan 177 – Mljet 178 – Lastovo 179 – **28** Cavtat 179

D. Die Kunstdenkmäler von Montenegro 183

29 Die Bucht von Kotor 183 – Herceg-Novi 183 – Risan 184 – Perast 184 – **30** Kotor 185 – **31** Budva 190 – Sv. Stefan 193 – **32** Cetinje 194 – **33** Bar 195 – **34** Ulcinj 196

E. Land und Leute 199

Geographie und Geologie 199 – Fauna und Flora 200 – Industrie, Landwirtschaft und Handel 201 – Bevölkerung, Sprache und Religion 202 – Volkskunst, Brauchtum und Kultur 203

F. Informationsteil 208

G. Literaturhinweise 212

H. Namenregister 213

I. Orts- und Objektregister 214

A. HISTORISCHER ÜBERBLICK

1. Istrien

Istrien ist das Tor zum Balkan. Seit Jahrhunderten zählt die nördlichste Region der jugoslawischen Adriaküste zu jenen Gebieten Südosteuropas, in denen sich zwei große Kulturkreise berühren: der *romanisch-germanische Westen* und der *slawische Osten*. Neben der erbitterten Konkurrenz der verschiedenen Anrainermächte im geographischen Gegenüber und zeitlichen Nacheinander kam es immer wieder zu besonders fruchtbaren und interessanten Verbindungen dieser Kulturgebiete, die sich im Wesen der Bevölkerung, in der Gestalt der Städte und ihrer Kunst niedergeschlagen haben. Höhepunkte waren die *römische* und *venezianische Herrschaft* in Istrien. Mit dem Besitz dieser Region öffnete sich seit der Antike das Tor in die Adria und in den östlichen Balkan. Auf Römer folgten Byzantiner, Franken, Goten, Bayern, Österreicher und zuletzt die Venezianer, deren Flagge am längsten über den Städten wehte. Dennoch richtete sich das Augenmerk aller zunächst auf die für Handel und Seefahrt bedeutsamen Hafenstädte. Das verkarstete und schwer zugängliche Hinterland blieb bis in die Neuzeit relativ unwichtig. Charakteristisch war der Jahrhunderte dauernde ethnische Gegensatz. Konzentrierte sich der romanisch-italienische Bevölkerungsanteil auf die Küste, so wohnten die meist slawischen Bauern, Fischer und Händler im Binnenland oder in einigen wenigen Dörfern am Meer. Eine Angleichung der ärmeren und lange von den Städten ausgeschlossenen Slawen und der dominierenden Romanen brachten erst die Jahrhunderte nach 1300.
Neben diesen geographisch-politischen Gegensatz tritt folglich auch der kulturell-künstlerische. Küste und Hinterland standen seit der Antike unter der Vorherrschaft zweier Kunstrichtungen und Lebensauffassungen, wobei der Schwerpunkt, die Hochkultur, fast ausschließlich in den großen Kommunen zu suchen ist; ein Gegensatz, der gleichwohl auch für Dalmatien und Montenegro zutrifft. Wenn aber im Verlauf der Geschichte ein Volk Istrien besonders geprägt hat, so waren dies die Venezianer. Istrien kann als *erste Provinz und ›Vorstadt‹ Venedigs* bezeichnet werden; sein Schicksal ist aufs engste mit der Markusrepublik verbunden.

Die Illyrer und die ›Gradina-Kultur‹

Gegen 1200 v. Chr. zogen die indogermanischen Illyrer, die aus dem mittleren Europa kamen, in das nördliche Italien und vor allem auf die Balkanhalbinsel. Vom Ende der Bronzezeit bis zur römischen

Antike erwuchs im östlichen Mittelmeer eine autochthone Zivilisation patriarchalischer Natur. Von ihren küstennahen Bergsiedlungen überwachten die Illyrer das Meer, trieben Landwirtschaft, unterhielten eine einfache Güterproduktion, widmeten sich dem einträglichen Bergbau und gründeten eine Flotte, die dem Handel, aber mehr noch der Freibeuterei diente. Die *Histrer* (Istrien) und *Liburner*, Stämme der Illyrer, zählten zu den gefürchtetsten Piraten der Adria, so daß um 200 v. Chr. die Römer entschieden gegen sie vorzugehen begannen. Sie schlugen die illyrische Königin *Teuta* und zwangen das Volk zu hohen Tributzahlungen. Damit zerbrach die Vorherrschaft des illyrischen Staates. Der Einfluß Roms, auch der kulturelle, verstärkte sich, obwohl die alten Illyrer bald zu den treuesten Vasallen der Römer zählen sollten.
Der Name ›Gradina-Kultur‹ leitet sich von der durch die illyrischen Stämme gebräuchlichen Anlage ihrer Städte ab. Sie errichteten diese auf abgetragenen Berggipfeln und umgaben sie mit massiven Steinmauern. In der Mitte dieser burgähnlichen Siedlungen erhob sich die Fürstenresidenz oder ein geheiligter Bezirk; dahinter erstreckten sich die Wohnräume der Bevölkerung, aber auch der Bauern, die hier in Kriegszeiten Schutz suchten. Diese Anlagen, die an die Form eines Kegels erinnern, prägten die folgende städtebauliche Entwicklung Istriens. Selbst die Römer, die ihre Neugründungen meist nach einem strengen geometrischen System im Flachland ersannen, setzten vielerorts die Siedlungstradition der Illyrer fort.
Bestes Beispiel dafür ist *Pula* (Nr. 5), wo sich die römische Anlage zunächst radial um den illyrischen Burgberg entwickelte. Neben Resten von Stadtgebieten, Mauern und Straßenordnungen ist auch eine reiche Sammlung einfacher Kunstwerke erhalten geblieben, die von den Lebensgewohnheiten, Bräuchen und Verbindungen zu den Nachbarvölkern, vor allem zu Italien, künden. In der Nähe von Pula kann eine der bekanntesten ›Gradina‹-Ortschaften, das antike *Nesactium*, besucht werden. Da diese Stadt in der römischen Epoche nicht zerstört wurde, haben sich Mauern, Kultgebäude und zahlreiche Kunstwerke erhalten, die Auskunft über die noch weitgehend unerforschte Geschichte der illyrischen Ureinwohner Istriens, Dalmatiens und Montenegros geben.

Die Römer in Istrien

Die Römer brachten Istrien aus dem frühzeitlichen, stammeskulturellen Dasein an das Licht ihres modernen Staates. Mit der Unterwerfung der Illyrer war deren Zivilisation nahezu ein Ende gesetzt. Ein Teil der Bevölkerung ging in der römischen auf, ein anderer konnte sich noch einige Jahrzehnte im Bergland halten. Und doch entstanden einige römische Städte (Castra) an jenen Orten, wo einst die Illyrer ihre Siedlungen gegründet hatten. So ist die ältere städtebauliche Struktur in der römischen fast überall erkennbar. Den Illyrern wurde Grund und Boden genommen und an römische Veteranen und Adlige verteilt. Ihrer überkommenen Rechte beraubt, fanden sich zahllose Ureinwohner als Leibeigene oder auf Sklavenmärkten wieder. Kein Erfolg war 121 v. Chr. einem Aufstand gegen die neuen Herren beschieden. Erst nachdem Istrien römische Kolonie wurde, besserten sich die Zustände. Nach 31 v. Chr. erhielten fast alle Bewohner Istriens die römischen Bürgerrechte. Obgleich Istrien damals keine eigene Verwaltungseinheit bildete, sondern mit Dalmatien verbunden war, entwickelten sich die alten Zentren, wie *Pula*, *Poreč* und *Koper*, weiter, die vor allem durch den römischen Staatsgedanken, den religiösen und Cäsarenkult verbunden gewesen sind. In der frühen Kaiserzeit begann eine intensive Einbindung der alteingesessenen Bevölkerung in das Römische Reich, so daß sich im 2. Jh. eine bodenständige und tief verwurzelte römische Tradition ausbreiten konnte, deren Auswirkungen noch lange Zeit spürbar und gleichermaßen Grundlage für die später einsetzende italienisch-venezianische Kultur waren. Die Römer hinterließen in Istrien zahlreiche Kunstdenkmäler ersten Ranges. Zentren dieser Kultur waren immer die großen Städte. Das Römische Reich kann als loser Verband autonomer Kommunen bezeichnet werden und weniger als eine in sich gefestigte Landmacht, und so bildeten die alten illyrischen Stadtanlagen naturgemäß den Ausgangspunkt der römischen Urbanisationspolitik. Vom ellipsoiden Urkern illyrischer Prägung aus verlassen alle Straßen sternförmig die Stadtanlage, wie das besonders deutlich in *Pula* (Nr. 5) zu sehen ist. Erst nach Kaiser *Augustus* sind aufgrund des Bevölkerungswachstums und der Ausweitung der Wirtschaft neue Stadtteile hinzugekommen, die quadratisch angelegt wurden. In *Poreč* (Nr. 3) baute man auf der schmalen Halbinsel von vornherein eine rechtwinklige Anlage, in deren Mitte sich das politische und kultische Zentrum der Stadt, das *Forum Romanum*, befand; denn hier mußte nicht auf illyrische Traditionen Rücksicht genommen werden. Um Christi Geburt entstanden in Istrien herrliche, bis heute erhaltene Monumentalbauten, die von der prunkliebenden und selbstbewußten Herrschaft Roms berichten. Sie blieben für mehrere Generationen Vorbild und Maßstab jedweden Bauens. Am besten überdauerten Amphitheater, Herkulestor, Triumphbogen und Augustustempel in *Pula* (Nr. 5). Daneben trifft man auf eine Vielzahl kleinerer Denkmäler, wie Landhäuser und luxuriöse Villen in der Nähe des antiken *Nesactium* bei *Pula*.

Das frühe Mittelalter und das junge Christentum

Um 50 n. Chr. gewann auch das Christentum an Einfluß in Istrien, litt aber ebenso wie im übrigen Reich unter den Verfolgungen, bis 313 das Mailänder Toleranzedikt den neuen Glauben offiziell erlaubte. Der durch die Verfolgungen bedingte Märtyrerkult schuf die Grundlage für die sich allmählich bildenden Gemeinschaften, die sich zunächst nur in den älteren römischen Stadthäusern treffen konnten. Von diesen meist nur mit einfachen Mosaiken und Fresken geschmückten Oratorien sind nur wenige erhalten geblieben, da sie oft in den Nachfolgebauten des frühen Mittelalters aufgegangen sind. Nach 313 konnte sich die Kirche langsam etablieren, so daß schon bald die ersten Diözesen, denen ein Bischof vorstand, ins Leben gerufen wurden: *Pula* (Nr. 5), *Poreč* (Nr. 3) und *Koper* (Nr. 1), dann *Pičan* und *Novigrad.* Sie traten die Nachfolge der alten römischen Munizipien an. Deutlich sichtbar nahmen die politischen, gesellschaftlichen und wirtschaftlichen Aufgaben der jungen Kirche zu, die schnell zur bedeutendsten Kraft aufsteigen sollte. Folge dieser tiefgreifenden Reformen waren die neuen Bauaufgaben der Bistümer. Aus den alten Oratorien gingen um 400 n. Chr. frühchristliche Basiliken hervor, die noch keine Apsis besaßen und äußerst bescheiden ausgestattet waren, z. B. die *voreuphrasianische Basilika* in *Poreč* (Nr. 3), der Dom in *Pula* (Nr. 5) und die Basilika in *Nesactium bei Pula.* Nach der Teilung des Römischen Reiches fiel Istrien an *Odoaker,* bald darauf an den Ostgotenkönig *Theoderich* und schließlich an *Byzanz* bzw. Ostrom. Seit 583 n. Chr. unterstand die Region Istrien, wie Venedig, dem *Exarchat Ravenna,* der Provinzhauptstadt von Byzanz in Norditalien. Keinem dieser Herrscherhäuser gelang es allerdings, den politisch-wirtschaftlichen und sozialen Niedergang Istriens länger aufzuhalten. Während der Völkerwanderungen erlahmte fast jede Bautätigkeit, mit Ausnahme der kirchlichen, da es den Bischöfen immer wieder glückte, wenigstens die Städte als tragendes Element des gesellschaftlichen Lebens vor Niedergang und Verfall zu bewahren. Die sakrale Kunst stand damals ganz unter dem Einfluß von Byzanz. Die älteren Basiliken wurden erweitert, teilweise auch befestigt und durch polygonale Apsiden, Fresken und Mosaiken verschönert. Neben *Poreč* (Nr. 3) sind besonders *Sv. Nikola* in *Pula* (Nr. 5), *Sv. Mihovil* in der *Lim-Bucht* und *Sv. Elisa* bei *Fažana* (beide in der Nähe von *Poreč*) zu erwähnen. Das großartigste Bauwerk dieser Epoche freilich ist die *Basilika Euphrasiana* in *Poreč,* die mit ihren drei Apsiden, dem schweren Campanile, dem zierlichen Atrium, dem dekorativen Schmuck und vor allem durch ihren Erhaltungszustand zu den sehenswertesten Kunstdenkmälern nicht nur Istriens gehört (Nr. 3).

Nach 751 n. Chr. zogen die *Langobarden* in Istrien ein, konnten aber dennoch die Ausbreitung der slawischen Stämme, die um 600 n. Chr. an die jugoslawische Adriaküste gekommen waren, nicht verhindern. Diese inneren Konflikte setzten sich auch unter der Herrschaft *Karls d. Gr.* fort, so daß es neuerlich zu Kriegen zwischen den slawischen Feudalherren und den in den Städten ansässigen Bischöfen, bzw. den Langobarden und Franken, kam. Wirtschaftlicher Verfall ganz Istriens war das Ergebnis im letzten Abschnitt der großen Völkerwanderungen, und wiederum war es den Städten und nun auch den neuen Ordensgemeinschaften zu verdanken, daß das Römisch-Romanische erhalten geblieben ist. Neben der Kontinuität des byzantinisch-ravennatischen Stils in Istrien bis zur Jahrtausendwende setzte sich allmählich auch der kroatisch-romanische Baustil durch, der aus Dalmatien eindrang.

Das hohe Mittelalter im Zeichen Österreichs und Venedigs

Um 950 nahm die Teilung Istriens ihren unwiderruflichen Verlauf. Die Küstenstädte und ihr unmittelbares Hinterland fielen an *Venedig*, das Landesinnere vorläufig an *Bayern* und später an *Österreich*. Venedig interessierte sich zunächst nur für die Hafenorte, die zur Sicherung ihrer Handelsrouten als unabdingbar galten. Die deutsch-österreichischen Lehnsherren aber trachteten ebenfalls nach diesen Zentren und gründeten bald eigene Grafschaften im Binnenland, wie z. B. *Pazin*. So kam es zwangsläufig zu schweren Auseinandersetzungen der beiden Mächte. Als 1209 der Patriarch von Aquileia Istrien vom deutschen Kaiser als Lehen erhielt, rüstete sich die Markusrepublik zum Krieg gegen die istrischen Kommunen. Die Streitigkeiten zwischen Venedig, Österreich und den auf ihrer Autonomie bestehenden Städten der Küste führten bis 1409 zu zahllosen und, gerade für die slawische Bevölkerung, grauenvollen Kriegen. Zwischen 1307 und 1409 bezwang Venedig sämtliche Hafenorte Istriens. Der politischen Teilung Istriens folgte die gesellschaftliche und künstlerische. Die Städte standen unter der strengen venezianischen Militär- und Zivilverwaltung; die im Hinterland lebenden Slawen und Feudalherren prägten ihre eigene Kultur, wobei es freilich auch zu interessanten und fruchtbaren Verbindungen beider gekommen ist. Mit der Zeit drangen vor allem slawische Siedler in die Städte ein, um an dem lebhaften wirtschaftlichen und künstlerischen Aufstieg der stolzen Bürgerkommunen teilzuhaben. Dennoch konnte das slawische Element kaum auf Entwicklung und Gestalt der Städte und ihrer Architektur Einfluß nehmen, sondern beschränkte sich mehr oder weniger auf Brauchtum, Sprache und die sog. Volkskunst (s. Kapitel D. Land und Leute).

Nachdem die *Serenissima* im 14. und 15. Jh. die istrischen Städte in ihre Gewalt bekam, zeichnete sich nach langen Jahrzehnten kriegerischer Auseinandersetzungen ein deutlicher Aufschwung auf allen Gebieten ab. Die Stadtregierungen ließen neue und prächtige öffentliche und private Gebäude errichten, wie Paläste für die Verwaltungsbereiche der Bürgermeister, Gerichte, kommunale Loggien, Häfen, Kastelle und Stadtmauern. Die sakrale Architektur geriet in dieser Epoche etwas in den Hintergrund, da man einerseits auf schon vorhandene Basiliken und Dome zurückgreifen konnte und sich andererseits die Machtverhältnisse in den Städten zu Gunsten der bürgerlich-aristokratischen Regierungen verschoben hatten. Der mächtige Bischof und Stadtherr des Mittelalters mußte seine Position allmählich aufgeben; der ›Gottesstaat‹ wandelte sich zum modernen Staatswesen italienischer Prägung. Dennoch wurden ältere Kirchenbauten verschönert und erweitert, neue Fresken, Skulpturen und Altäre in Auftrag gegeben, die den veränderten staatspolitischen und historischen Erfordernissen Rechnung trugen. Der vorherrschende Bau- und Kunststil zeigte *spätromanisch-italienische Prägung*, die sich besonders in der Provinz länger halten konnte als in den führenden Zentren, wo sich bereits die Gotik auszubreiten begann. Aus Venedig, der neuen ›Hauptstadt‹ Istriens, erreichte der venezianisch-gotische Sonderstil Pula (Nr. 5), Poreč (Nr. 3), Rovinj (Nr. 4) und Koper (Nr. 1) und vermischte sich mit den lokalen Gewohnheiten, so daß es bis um 1500 zu sehr eigenartigen Stilverbindungen und -überlagerungen kam, die Kennzeichen nicht nur Istriens, sondern auch Dalmatiens sind. Der neue Stil zeigte sich vor allem an jenen Bauten und Kunstwerken, die die neue Macht Venedig repräsentierten. In den Dörfern und besonders in den Städten des istrischen Hinterlandes hielt sich noch bis ins 16. Jh. der althergebrachte und ›billigere‹ romanische Kunststil, doch flossen von Österreich und Bayern auch hier bald jene Elemente ein, die zur nordisch-germanischen Gotik gehören.

Die venezianische Herrschaft und die ersten Türkenkriege

Im 15. Jh., da Venedig seinen Zenit erreichte, gelang es der Markusrepublik, ihre Macht und Präsenz in Istrien weiter auszubauen und zu konsolidieren. Den autonomen Kommunen standen ein venezianischer Rektor, Richter und Beamte vor, die in Zusammenarbeit mit den adligen Familien das Geschick der Städte bestimmten. Dabei profitierten fast alle von dem damit verbundenen wirtschaftlichen Aufschwung. In den Städten vollzog sich allmählich eine Verschmelzung der venezianischen, einheimischen und slawischen Bevölke-

rung. Dennoch standen die meisten Patrizier auf der Seite Venedigs. Dies garantierte die innere Sicherheit und kulturelle Ausrichtung auf die Hauptstadt. Das 15. und 16. Jh. bedeutete in ganz Istrien den geschichtlichen und künstlerischen Höhepunkt, der von nahezu allen Parteien getragen wurde. Der langsam einsetzende Niedergang im späten 16. Jh. war von den ersten Türkenkriegen und großen Seuchen begleitet. Zwischen 1470 und 1510 drangen die *Osmanen* mehrmals in die Dörfer und kleineren Städte vor, verwüsteten sie und verschleppten die Bevölkerung, und nur die großzügige Unterstützung Venedigs ermöglichte die Rettung der bedeutenden Küstenstädte vor den türkischen Heeren. Kaum waren die Osmanen geschlagen, kündigten sich neue Kriege zwischen den alten Feinden Österreich und Venedig an, die Istrien wieder zum Kriegsschauplatz der Anrainerstaaten machten. Da im frühen 17. Jh. auch der Stern Venedigs zu erlöschen begann, konnte die Serenissima ihren Städten nicht mehr die notwendige Unterstützung gegen Österreich, gegen die Türken und vor allem gegen den drohenden wirtschaftlich-kulturellen Niedergang angedeihen lassen. Als 1717 die freie Schiffahrt in der Adria ausgerufen und diese seit Erschließung neuer Seewege unwichtig geworden war, sank die Bedeutung Venedigs und somit auch Istriens gänzlich. Istrien erlebte eine ›Provinzialisierung‹, die erst zu Ende ging, als die neue Weltmacht *Österreich-Ungarn* die großen Städte *Triest* und *Rijeka* zu ihren wichtigsten Häfen machte.
Wie in Venedig, so fand die Renaissance erst recht in der Provinz Istrien kaum nennenswerten Eingang. Der venezianische Stadtstil bestimmte die istrische Kunstentwicklung. Aus der Verbindung des romanisch-gotischen Regionalstils gingen nur wenige Kunstdenkmäler hervor. So wie die eigentliche Gotik nur sporadisch appliziert wurde, so sind die Werke der Renaissance nur äußerlich, weniger aber in ihrer Struktur und ihrem Wesen nach, verstanden worden. Die Städte bliebem ihrem Charakter nach mittelalterliche Gebilde. Während der langen Kriegs- und Seuchenzeiten konnten weder das notwendige Geld noch die innere Kraft der Bürger für neue Kunstwerke mobilisiert werden, da alles in den lebenswichtigen Festungsbau investiert wurde. Erst nach 1680 erreichte die italienische Spätrenaissance und der Frühbarock die istrischen Städte. Kirchen, vor allem die hohen Campanili, Kapellen, Paläste und private Bürgerpalais erfuhren eine letzte, kunstvolle Umgestaltung.

Istrien zwischen dem 18. und 20. Jahrhundert

Nachdem die osmanische Gefahr endgültig gebannt, die dalmatinischen Piraten geschlagen und die verheerenden Seuchen überstan-

den waren, nahm das tägliche Leben in Istrien wieder seinen südländisch-fröhlichen Verlauf. Bis 1797 erlebte dieses Land seine letzte Blütezeit. Die Städte hatten ihre Gestalt kaum verändert, massive Festungen und Mauern ließen der Bürgerschaft wenig Raum für Stadterweiterungen, neue Plätze und Prachtstraßen. Nur noch vereinzelt entstanden neue Gebäude; man gab sich mit dem Erreichten zufrieden und war stets darauf bedacht, wenigstens dies zu erhalten und zu bewahren.

Das Ende Venedigs markierte aber auch das Ende der istrischen Freiheit. 1797 wurde Istrien *Österreich* zugesprochen, das es aber schon 1805 an *Frankreich* abtreten mußte. Mit *Napoleon* änderten sich die politischen und gesellschaftlichen Zustände grundlegend, da das aristokratische Feudalsystem abgeschafft wurde. Dennoch glückte nur selten die geforderte Gleichstellung der Bürger vor dem Gesetz, zu tief waren Familien- und Parteientraditionen im Volk verankert. Die Leidtragenden waren wie schon immer die Bauern, Fischer und das einfache Volk. Nach dem *Wiener Kongreß* im Jahre 1815 fiel Istrien an *Österreich*, und es begann die fast 100 Jahre währende Herrschaft der *K.&K.-Monarchie*, die das gesellschaftliche Gefüge und die Gestalt Istriens tiefgreifend verändern sollte. Im 19. Jh. sah Österreich sich den an Macht gewinnenden Nationalparteien der *Kroaten*, *Slowenen*, *Dalmatiner* und *Serben* gegenüber, so daß es zu inneren Spannungen in ›Jugoslawien‹ kam. Der Ausbruch des 1. Weltkriegs bedeutete den Verlust Istriens für *Österreich-Ungarn*, das selbst zerfiel. Bis 1945, der Geburtsstunde des modernen jugoslawischen Staates unter *Tito*, stritten sich wiederholt *Italien* und *Österreich* um die Vorherrschaft in dem strategisch wichtig gewordenen Istrien; denn hier genossen die neuen Hafenstädte *Triest*, *Pula* und *Rijeka* noch die Bedeutung der alten istrischen Kommunen.

Als sich im späten 17. Jh. die politisch-gesellschaftlichen Verhältnisse besserten, entwickelte sich auch eine neue schöpferische Kraft, die einerseits Zerstörtes aufzubauen hatte und andererseits den lange aufgeschobenen Bauaufgaben Rechnung tragen wollte. Dennoch ist diese letzte Blütezeit kaum mit jener Aufbruchstimmung des späten Mittelalters zu vergleichen. Der nun vorherrschende Kunststil des *Barock* sowie das über Österreich eindringende *Rokoko* fanden nur selten Eingang in die engen, von schweren Mauern umgebenen Städte, und nur ganz vereinzelt entstanden echte, schöpferische Leistungen des neuen Stils; meistens blieb es bei der Veränderung von Portalen oder Fenstern und allgemeinen Erscheinungen der neuen Epoche. Altäre und Skulpturen, Bilder und Fresken barocker, meist venezianischer Provenienz wurden vornehmlich von den reich gebliebenen Patriziern und Adligen bestellt, während sich die Bevölkerung auf die Produktion jener Dinge beschränkte, die für das täg-

liche Leben notwendig waren. Weder eine Staatsmacht, ein Königshaus, Fürstengeschlechter noch reiche Orden konnten Gedanken, Inhalte, Geld und Künstler stellen, die überall dort vorhanden waren, wo sich der europäische Reichsbarock entfaltet hat.
Der Reiz dieser istrischen Städte liegt aber gerade darin, daß hier scheinbar die Geschichte stehengeblieben ist und man auf Stadtgebilde stößt, die ein Stück spätes Mittelalter konserviert haben und dennoch lebendig geblieben sind, weil sie bis heute vom heiteren, lebensfrohen Wesen ihrer Bewohner geprägt werden.

2. Dalmatien

Dalmatien, das Kernland der jugoslawischen Adriaküste zwischen *Rijeka* im Norden und *Kotor* im Süden, ist noch viel mehr als Istrien oder Montenegro eine durch seine Städte geprägte Landschaft. Denn dadurch, daß es durch ein gewaltiges, zerklüftetes Bergmassiv nahezu vom Hinterland abgeschlossen ist, blieb diesem Land, wollte es überleben, nichts anderes übrig, als sich nach Westen, und d. h. nach Italien, zu orientieren. Sind Istrien und Montenegro Kulturkreise der Peripherie, wo sich mehrere Interessenssphären und Einflüsse der Anrainermächte überschneiden, so ist Dalmatien doch eher ein eigenständiges Kulturgebiet. Lagen Istrien und Montenegro im Einzugsgebiet verschiedener Herrscherhäuser, so konnte in Dalmatien durch das fast 200 Jahre währende *autonome Königtum Kroatien* die Grundlage für eine erfolgreiche Stadtkultur gelegt werden. Ausgehend von der griechisch-römischen Antike, sind Stadtgebilde gewachsen, die als Urbilder einer mediterranen Stadt gelten: Als mauerumgürtete Polis mit zinnenbekrönten Stadttürmen und barocken Festungsgürteln, vor äußeren Feinden wie vor neuen Ideen geschützt, sind sie steingewordener Selbstbehauptungswille. Durch Hafenplatz und Loggia der Ferne zugewandt, weltoffen und doch dem Vergangenen verbunden, erscheinen sie von einer Geschlossenheit, wie man sie sonst nur noch von mittelalterlichen Veduten kennt. Vom südosteuropäischen Hinterland durch das hochaufragende *Velebitmassiv* getrennt, zur See und den Inseln hin offen, schieben sich die alten Städte einem Schiffsbug gleich ins Meer. Und jenseits des Meeres liegt Italien, liegt die Lagunenmetropole Venedig, deren Wappentier, der Markuslöwe, die Stadttore bewacht. Seit den Tagen der römischen Imperatoren hat die innige Verbindung Dalmatiens mit Italien dieses Land in den Rang einer europäischen Kulturlandschaft erhoben, die eine größere Aufmerksamkeit verdiente, als ihr bisher zuteil geworden ist. Neben den Städten *Zadar, Šibenik* und *Trogir* sowie den Inselburgen *Hvar* und *Korčula* ragen zwei Leistungen aus der allgemeinen Kunst- und Kulturgeschichte Dalmatiens hervor, die Weltgeltung erlangt haben und Höhepunkte der Kunst darstellen: der antike *Diokletianspalast* in *Split (Nr. 19)*, der einer Stadt neues Leben geschenkt hat, und der mächtige *Stadtstaat Dubrovnik (Ragusa; Nr. 26)* im Süden Dalmatiens. Hier gelang es einem Volk, sich über Jahrhunderte fremder Herrschaft zu erwehren, eine Stadt zu erbauen, die mit ihren herrlichen Mauern, ihrer kühnen Architektur, ihrer berühmten Malerschule und nicht zuletzt wegen der Abteien, der immer wieder bestaunte Höhepunkt der dalmatinischen Kultur ist und bleibt. Ihrer Geschichte ist ein eigenes Kapitel gewidmet.

Die Illyrer und die griechischen Kolonisten

Die illyrischen Volksgruppen wanderten, wie in Istrien, auch in Dalmatien um 1200 v. Chr. ein. Lebten im Norden der jugoslawischen Adriaküste die illyrischen Stämme der *Histrer* und *Liburner*, so siedelten im dalmatinischen Küstenraum die *Delmaten*. Die lose Verbindung dieser Gruppen, die häufig in Fehde miteinander lagen, führte dazu, daß mit Ausnahme eines Kleinstaates in der Bucht von Kotor kein wirkliches Staatsgebilde der Illyrer entstehen konnte. So war es Griechen und Römern ein leichtes, die weitverstreuten und zerstrittenen Stämme der Illyrer zu besiegen, die zudem noch auf einer niedrigeren (bronzezeitlichen) Kulturstufe standen.
Wie in Istrien, so wohnten auch in Dalmatien die meisten der illyrischen Sippen im geschützten Bergland. Erst im 6. Jh. v. Chr. wagten sich *Delmaten* und *Liburner* auf die küstennahen Halbinseln und Inseln, wo sie stadtähnliche Siedlungen gründeten. Diese dienten dem notwendig gewordenen Handel und einfachem Güteraustausch. Im *Archäologischen Museum in Split* (Nr. 19) bekommt der Besucher ein anschauliches Bild von den Illyrern, ihrer Geschichte und ihrer Kunst. Grabbeigaben, Schmuckgegenstände, Haus- und Kriegsgerät sowie Karten der illyrischen Höhensiedlungen geben Auskunft über die Kultur der dalmatinischen Ureinwohner.
Im 5. Jh. v. Chr. gelangten die ersten griechischen Kaufleute, auf der Suche nach neuen Märkten und neuem Lebensraum, in das dalmatinische Küstengebiet. Sie kamen entweder über Makedonien und das heutige Albanien oder über die griechischen Kolonien Süditaliens an die jugoslawische Adria. Dort trafen die Einwanderer auf die alten Illyrer, die den griechischen Händlern, Kriegern und Städtern weit unterlegen waren. Dennoch wagten sich die Hellenen zunächst nur auf die sicheren Inseln, wo sie ihre ersten Kolonien erstellten. Die herausragendste Neugründung war *Vis* auf der gleichnamigen

Insel (Nr. 20). Von hier organisierten sie allmählich eine ganze Städtefolge, die zunächst nur dazu diente, den einträglichen Wirtschaftsaustausch mit den Illyrern zu unterstützen. Wenn sich eine Neugründung als günstig erwies, wie *Trogir* (Nr. 18), *Stari Grad* auf *Hvar* (Nr. 21) oder *Stobreč* bei *Split* (Nr. 19), wurde sie zur Stadt erweitert, mit Mauern und Toren, Tempeln, Lagerhallen und Häfen. Im Süden Dalmatiens wuchs die größte und mächtigste Stadt in die Höhe: *Epidaurum*, von Kolonisten aus *Epidauros*, nach der Legende bereits um 500 v. Chr., gegründet. Die heute im Meer versunkene Stadt lag in der *Bucht von Cavtat*, einem malerischen Ort südlich von *Dubrovnik* (Nr. 28). Das Vordringen der Griechen und die urbane Kolonisation brachten Dalmatien zwei entscheidende Vorteile: Einmal wurde es Teil des weitverzweigten griechischen Kulturraumes und profitierte dadurch von den Errungenschaften dieses Staates, der aber eher als eine Verbindung mächtiger Stadtstaaten bezeichnet werden muß, die ihre eigenen Kolonien gründeten. Fast jede dieser Neugründungen, so auch in Dalmatien, blieb mit ihrer Mutterstadt verbunden, was die Kontinuität der griechischen Kultur begünstigte. Zum anderen lernten die dalmatinischen Ureinwohner, die Illyrer, viel von den Hellenen. Ihre Kultur ging schließlich in der griechischen auf, und zum ersten Mal in der illyrischen Geschichte hört man von einer Staatsbildung im südlichen Dalmatien. Sie übernahmen nicht nur wirtschaftliche Praktiken, rechtspolitische Grundsätze und kultische Gewohnheiten, sondern gingen auch daran, autonome Städte zu errichten. Das aber führte bald zu kriegerischen Auseinandersetzungen mit den Griechen, die dann im 3. und 2. Jh. v. Chr. die Römer zu Hilfe riefen. Da die römische Kultur in vielem die Fortsetzung der griechischen bedeutete, ist es natürlich, daß viele hellenische Gründungen römische Städte wurden, so daß von einer ersten urbanen Tradition in diesem Gebiet gesprochen werden kann: u. a. *Zadar* (Nr. 14), *Hvar* (Nr. 21), *Korčula* (Nr. 22) und *Cavtat* (Nr. 28).

Dalmatien zur Zeit der römischen Herrschaft

Nachdem die Römer der Freibeuterei der Illyrer ein Ende gesetzt, ihre Kleinstaaten und Städte erobert hatten, begannen sie allmählich, Errungenschaften der griechischen Kultur mit eigenen zu verbinden, wobei der stadtrömische Impuls seit der frühen Kaiserzeit immer mehr zunahm. Aus vielen hellenischen Städten entwickelten sich modern organisierte römische Munizipien, die unter der Verwaltung von Militärbeamten standen. Hauptstadt der Provinz Dalmatien war *Salona*, eine der größten und schönsten Städte des Römischen Reiches. Wo es die geographische Lage erlaubte, setzte man

die ältere Siedlungstradition fort. Zu römischen Neugründungen ist es in Dalmatien kaum gekommen. Die neuen Stadtbaumeister gingen daran, die alten Siedlungen vollkommen umzugestalten. Neben *Salona* (Nr. 19) wurde *Zadar* (Nr. 14) zur reichsten Kommune der dalmatinischen Küste. Handel und Seefahrt, Kunst, Literatur und Staatsreligion, verbunden mit einer straff organisierten Verwaltung, brachten dem Land eine hohe Blüte. Die römischen Wurzeln drangen tief in das Wesen dieses Landes ein, so daß sie bis über das Mittelalter hinweg die romanische Ausrichtung Dalmatiens sicherstellten. Weder Slawen noch Awaren vermochten daran etwas zu ändern. Dalmatien war und blieb Teil der *westlich-romanischen Welt*. Zentren dieser Kultur sind immer die Städte gewesen. Von ihnen gingen die wesentlichen Impulse aus, so daß schrittweise auch das nahe Umland, die Inseln, wie auch das Hinterland fest in die römische Welt eingebunden wurden. Die illyrische Bevölkerung sah sich nach ihrer anfänglichen Unterwerfung als Teil des Römischen Reiches, erhielt die Bürgerrechte und stellte die tapfersten Soldaten Roms. Neben zahlreichen Beamten, Söldnern und Priestern ragt ein Mann aus der alten illyrisch-romanisierten Bevölkerung heraus: Kaiser *Diokletian*, ein aus *Salona* gebürtiger Berufssoldat, der als Imperator zu den großen Persönlichkeiten des ausgehenden Römischen Reiches zählt. Er teilte den von Krisen erschütterten Staat in zwei autonome Provinzen und behielt sich selbst die östliche Hälfte vor.
Sein Palast, den er nach 295 in Split errichten ließ, muß als eine Glanzleistung römischer Architektur und Kunst betrachtet werden. Er stellt eine Synthese stadtrömischer und orientalischer Paläste auf der einen und römischer Stadtanlagen (Castrum) auf der anderen Seite dar. Heute ist der *Diokletianspalast* Teil der Altstadt von *Split* (Nr. 19). Doch muß auch *Zadar* (Nr. 14) als eine der typischsten römischen Stadtanlagen in Dalmatien hervorgehoben werden.
Mit dem Tode *Diokletians*, dem Verfall der Wirtschaft, der Verrohung des Lebensstils und den verschiedenen Gewaltherrschaften römischer Potentaten versank die einstmals ruhmreiche Provinz Dalmatien im Dunkel des frühen Mittelalters. Als 400 n. Chr. *Julius Nepos* im Diokletianspalast ermordet wurde, sollte es nur noch einige Jahrzehnte dauern, bis *Slawen-* und *Awarenhorden* Dalmatien überrannten. Überlebt haben nur die großen Städte, in denen sich das junge Christentum, geführt von mächtigen Bischöfen, anschickte, eine neue Kultur zu entwickeln, in der römisches Kulturgut unter christlichem Vorzeichen fruchtbar weiterwirkte.
Die beiden *Museen antiker Kunst* in *Zadar* und *Split* beherbergen eine reiche Sammlung griechischer und römischer Kunst, die deutlich macht, daß Dalmatien eine der bedeutendsten Provinzen des Römischen Reiches gewesen ist.

Mit dem Ansturm der *Slawen* und *Awaren* beginnt das frühe Mittelalter in Dalmatien. Im 7. Jh. vollzog sich eine für die künftige Geschichte Dalmatiens weitreichende Spaltung der Bevölkerung. Die einer völlig anderen Kultur entstammenden *Slawen* beherrschten nun das Land und die kleineren Siedlungen, während die Städte in den Händen der alteingesessenen romanisch-katholischen Bürger blieben. Weder *Kroaten* noch *Byzantiner*, als legale Erben des Oströmischen Reiches, sahen sich in der Lage, die von autoritären Bischöfen und Klerikern geführten Städte zu besiegen. Auch bestand zwischen Stadt und Land ein tiefer Unterschied des Gesetzes, des Brauchtums wie auch der Kunst. Einen Ausgleich dieser Sphären hat eigentlich erst das 14. und 15. Jh. gebracht, dennoch galten weiterhin Latein und Italienisch, nicht aber Kroatisch als offiziell erlaubte Amts- und Kirchensprachen. Als *Awaren* und *Slawen* die reichen Städte *Salona* und *Epidaurum* zerstört hatten, flohen die romanischen Bürger in den alten *Diokletianspalast* bzw. auf die Felseninsel *Dubrovnik*, nahmen die ehrwürdigen Gesetzbücher, die Reliquien ihrer Stadtheiligen und andere Kultgegenstände mit und setzten ihre städtische Lebenstradition an neuer, meist sicherer Stelle fort. So entwickelten sich *Split*, *Dubrovnik* und *Zadar*, das der Zerstörung entgangen war, zu den einflußreichsten Kommunen Dalmatiens. In diesen Zentren lebten hochadlige Kleriker und Ordensleute, reiche Patrizier und Händler wie auch gut ausgebildete und erfahrene Handwerker und Künstler. Sie prägten das Gesicht der frühmittelalterlich-dalmatinischen Stadt, die noch ganz unter der Vorherrschaft der Kirche stand. Der frühromanische Dom, meist italienischer Herkunft, ein reich ausgestattetes Baptisterium, ein Campanile sowie herrliche Klosteranlagen bestimmten das Stadtbild.

Der Gegensatz zwischen dem politischen Herrn Dalmatiens, *Byzanz*, dessen Einfluß in Dalmatien langsam verblaßte, dem aufstrebenden kroatischen Königtum und den Handelszentren führte nach 800 zu schwerwiegenden Auseinandersetzungen, sozialen Spannungen und Kriegen, in denen es zwei Sieger geben sollte: die alten Bischofsstädte *Split*, *Dubrovnik*, *Trogir*, *Biograd* und *Zadar* auf der einen, die *kroatischen Fürstendynastien und Könige* auf der anderen Seite. Sie prägten die politische und kulturelle Geschichte dieses Landes bis 1100. Trotz der Gegensätze zwischen Städten und Königshaus gelang vielerorts eine vorsichtige Verbindung und Annäherung der beiden Welten. Könige und Fürsten stifteten in den Kommunen Klöster und Kapellen, wodurch sie sich vor allem beim niederen Volk und der Kaufmannsschicht Sympathien einhandelten. Nachdem die Stadt aufgrund hoher Sterblichkeitsraten auf den Zuzug von außen, vom slawischen Land und von Italien, angewiesen war, kam es zu einer weiteren Angleichung der ethnischen Gruppen. Meistens war es nur dem Bischof, als vom Papst mit allen Gewalten und Ehren eingesetztem Herrscher, und den Adligen zuzuschreiben, daß die großen Städte romanisch blieben.

Nachdem Fürst *Tomislav* zum *ersten König Kroatiens* ausgerufen worden war, trachtete er danach, nun die Herrschaft über ganz Dalmatien zu erringen, was zu erbitterten Kriegen zwischen den Städten und dem König führte, wobei dieser nicht immer siegreich blieb. Diese Niederlage drückte sich in der Neubegründung einiger Königsstädte aus: *Biograd*, *Nin*, *Trogir* und die einzige wirkliche kroatische Neugründung, *Šibenik* (Nr. 17), entwickelten sich zu treuen Vasallen der kroatischen Könige. Hier trifft man noch auf altkroatische Kunst und Kultur, die freilich auch in sakralen Denkmälern ihre wichtigste Ausprägung gefunden hat. Im großen und ganzen war natürlich die altkroatische Kunst ebenso eine Verbindung byzantinischer und italienischer Impulse, wobei sie wesentlich bescheidener und archaischer ausfiel als die in den großen dalmatinischen Städten.

Dalmatien zwischen Venezianern, Kroaten und Ungarn

Nach inneren Zerwürfnissen im kroatischen Herrscherhaus beim Tod des mächtigen Königs *Krešimir* – um 1050 – geriet das Land zwischen die beiden mittelalterlichen Großmächte *Ungarn* und *Venedig*. Für beide bedeutete der Besitz der dalmatinischen Städte einen unschätzbaren Vorteil, da der zunehmende Ost-West-Handel auch über die Adria ein gutes Geschäft versprach. Bis auf wenige Verpflichtungen ließen die Ungarn den autonomen Kommunen ihre alten Freiheiten, weswegen man sich lieber für die liberale Stefanskrone entschied als für die an Macht gewinnende Inselrepublik Venedig, die zur Sicherung ihrer Handelsrouten auf die strikte Herrschaft in den Küstenstädten angewiesen war. Auf lange Sicht jedoch blieb die Markusrepublik Sieger in diesen Auseinandersetzungen, da sie auf eine schlagkräftige Flotte zurückgreifen konnte, während die Ungarn im weitentfernten *Pest* saßen. Nach der barbarischen Zerstörung *Zadars* durch die Venezianer fielen auch *Split*, *Trogir*, *Dubrovnik*, *Hvar* und *Korčula* in deren Hände. Rektoren, Beamte, Offiziere und Soldaten wurden durch Venezianer ersetzt. Allmählich entwickelte sich jenes politisch-gesellschaftliche Gefüge, das die Grundlage für die endgültige Herrschaft der Serenissima legte. Andererseits kann nicht verschwiegen werden, daß vor allem Adel und Klerus der Städte freiwillig zu Venedig übergelaufen sind, da sie sich durch jahrhundertelange Traditionen eher dem Westen, vor allem Italien,

zugehörig fühlten als dem kroatisch-ungarischen Staat. Schließlich votierten die stolzen Stadträte für die Oberherrschaft Venedigs, zumal jenes ihnen weitgehende Freiheit in Handel, Kommunalpolitik und Religion gestattete – zumindest vorläufig. Nur das niedere Volk, unterstützt durch die Bettelorden, wagte mehrere Aufstände gegen die verhaßten Venezianer und deren Vasallen in den Räten. Langsam verloren die kroatischen und bosnischen Fürsten den politischen und moralischen Hintergrund in den alten Zentren, verfielen ihre eigenen Staaten, da seit 1300/1350 eine neue Macht mit aller Kraft in diesen Bereich und auch nach Dalmatien vorstieß: die *Türken*, die 1389 Serbien auf dem Amselfeld besiegten und 1526 die Ungarn bei Mohács überrannten. Dadurch büßten die Balkanvölker für Jahrhunderte ihre Freiheit ein, und Dalmatien, wollte es überleben, blieb nichts anderes übrig, als sich nun endgültig dem ›Freund-Feind‹ Venedig anzuschließen.
Trotz dieser Konflikte muß das 13. und 14. Jh. als wirklicher Höhepunkt der dalmatinischen Kultur und Kunst betrachtet werden. Aus den inneren und äußeren Spannungen entstanden jener fruchtbare Konflikt, jene gestalterische Produktivität, die sich im Stadtgefüge niedergeschlagen haben. Damit verbunden war die stete Ausrichtung und Hinwendung zu Italien, das maßgeblich an der Entwicklung und am Zustandekommen vieler Bauten, Skulpturen und Bilder beteiligt gewesen ist. In den Städten konnte sich gleichwohl eine beachtliche einheimische Künstlertradition entfalten. Patrizier und Adlige verdienten im Balkan- und Mittelmeerhandel genügend Geld, investierten im Bergbau und vercharterten ihre Schiffe, so daß es zu einem wirtschaftlichen Aufschwung kam, von dem auch die bildende Kunst profitierte. Die dalmatinischen Städte gaben sich ein neues Kleid, erweiterten ihr Terrain, schufen immer schönere Paläste und Kirchen und gaben Bilder, Skulpturen sowie verschwenderischen Schmuck in Auftrag. Glanzpunkte waren *Zadar* (Nr. 14), das seine Kathedrale errichtete, Klöster baute und zum Zentrum der Goldschmiedekunst avancierte; *Šibenik* (Nr. 17), *Trogir* (Nr. 18), dessen romanischer Dom zu den hervorragendsten Leistungen der dalmatinischen Kunst zählt, *Split* (Nr. 19), das sein Territorium um das doppelte vergrößerte und den prächtigsten Kirchturm Dalmatiens gestaltete, vor allem aber der Stadtstaat *Dubrovnik*, der sich nicht nur mit der größten Mauer der Adria umgab, sondern auch einen erheblichen territorialen und machtpolitischen Aufschwung nahm. Nicht zuletzt sind aber auch in den entlegenen Inselstädten, insbesondere auf *Hvar* (Nr. 21), *Korčula* (Nr. 22) und *Rab* (Nr. 12) Kunstwerke geschaffen worden, die sich durchaus mit jenen der großen Zentren messen können.

Erbfolgestreitigkeiten im ungarisch-kroatischen Königshaus führten dazu, daß der König von Neapel sein Erbe Dalmatien für 100.000 Golddukaten an Venedig verkaufte. Damit kam die Serenissima nun endlich auch legal in den Besitz großer Teile Dalmatiens, deren Herr sie faktisch schon lange war. Ab 1409 erfolgte eine völlige Umgestaltung des politisch-wirtschaftlichen Systems in Dalmatien. Hatte man bis dahin weitgehend Rücksicht auf die Belange der einheimischen Stadtparlamente genommen, so trat nun das Ende jeglicher Selbstverwaltung ein. In allen wichtigen Positionen wurden venezianische Adlige als Rektoren, Beamte, Bischöfe und Äbte eingesetzt. Sie hatten für die strikte Einhaltung der neuen Gesetze wie für die Loyalität der Bürger gegenüber Venedig zu sorgen.
Schwerwiegender noch war die Tatsache, daß Venedig Handel und Wirtschaft mit Steuern und Abgaben belegte, durch die letztlich das Kapital und die Erträge aus der dalmatinischen Wirtschaft nach Venedig flossen. Nur dort, wo die Venezianer eigene Vergünstigungen, neue Regierungsgebäude, Loggien und Wohnresidenzen, schließlich auch sicherere Stadtmauern für notwendig erachteten, sahen sie sich zu Kompromissen bereit, aber auch dort, wo es um die Loyalität der noch einflußreichen dalmatinischen Adligen ging; denn schon bald standen Venedig wirtschaftlicher Niedergang und teure Kriege mit den Türken bevor. Lebte die frühmittelalterliche Stadt unter dem Diktat des ehrbaren Bischofs und galt ihm und seinem Klerus während der hochmittelalterlichen bürgerlich-aristokratischen Herrschaftsperiode weiterhin ungeteilter Respekt, so blieb seinem Amt nach 1409 jene Wertschätzung nicht mehr, zumal Venedig und die Dogen ja ›Gegner‹ des Papstes und des römischen Kirchenstaates waren. Neue Kirchen, Klöster und Kapellen entstanden kaum noch, die Abteien vor den Stadtmauern wurden vielfach abgerissen, um den anrückenden Türken keinen Unterschlupf zu bieten. Mönche und Nonnen mußten sich in engen Notunterkünften oder in anderen Städten einrichten, wenn sie nicht ins Ausland zogen. Nach 1600 verarmte der ehedem so ruhmreiche Adel; seine Güter verlor er durch die Osmanen und seine Schiffe durch Venedig. Er verließ die Städte und zog sich auf die sichereren Inseln oder nach Italien zurück. Erst als die Markusrepublik die verheerenden Folgen ihrer Wirtschafts- und Kommunalpolitik erkannte, lockerte sie die strengen Verordnungen, vor allem mit dem Ziel, finanzielle Unterstützung für den gewaltigen Mauer- und Zitadellenbau zu erhalten. Nach dem Verlust von Kreta (1669) und Zypern (1522) wollte Venedig wenigstens die wichtigen Hafenplätze an der Adria so befestigen, daß sie der türkischen Bedrohung standhalten konnten. Dalmatiens

Städte glichen bald mächtigen Bastionen, die von hohen Mauern umschlossen, von kühnen Burgen bewacht und von breiten Erdwällen umgeben waren. So überlebten die mittelalterlichen Stadtzentren hinter massiven Steinpanzern, in einer Art und Weise freilich, die den Kommunen nie mehr erlaubte, sich territorial zu vergrößern, festliche Plätze und Straßenzüge oder neue Paläste und Kirchenbauten zu schaffen. Lediglich einige Regierungsbauten und Residenzen, Kirchen und Klöster wurden umgestaltet. Der mittelalterlichen Architektur verliehen die Baumeister ein neues Renaissance- oder Barockkleid, das aber verrät, daß die aus Italien eingeflossenen Stilrichtungen nur selten verstanden und umgesetzt werden konnten. Einerseits fehlte es an den nötigen finanziellen Mitteln, andererseits mangelte es nicht nur an freiem Raum, sondern an der inneren Kraft der von Kriegen und Seuchen heimgesuchten Bevölkerung. Eine Besserung der Zustände trat erst nach 1670 ein, als die Türken Dalmatien endgültig verlassen hatten und Österreich sich zu einer Weltmacht aufschwang, deren Einfluß schon bald in Dalmatien und Istrien zu spüren war. Das Ende der schillernden Metropole Venedig war nicht mehr aufzuhalten. 1797 erklärte *Napoleon* die Republik Venedig für abgeschafft; Dalmatien fiel im *Frieden von Campoformio* an die K. & K.-Monarchie.
Zwischen 1409 und 1550 kam es dennoch zu einigen überragenden Leistungen in Kunst und Kultur, deren Auftraggeber vornehmlich Venezianer, einheimische Aristokraten und Patrizier oder die großen Abteien waren, die ihre ausländischen Kapitalerträge größtenteils zur Verfügung stellten.
Nachdem das späte Mittelalter ganz im Zeichen des Übergangs vom romanischen zum gotischen Stil zu betrachten ist, man es also mit einem für Dalmatien typischen Misch- oder Übergangsstil zu tun hat, steht die Epoche nach 1450/1500 im Zeichen des Übergangs von der traditionellen Gotik zur Renaissance und schließlich zum Barock. Die Verwandtschaft der hiesigen Romanik mit der Renaissance führte oft zum Wiederaufleben frühmittelalterlicher Gewohnheiten, so daß nur selten echte Werke der Renaissance oder gar des Barock geschaffen wurden. Dalmatien blieb eine durch Italien und insbesondere durch Venedig bestimmte Provinz. Charakteristisch ist die Verkleinerung und Vereinfachung italienischer Kunst- und Bauformen, eine Uminterpretation inhaltlicher Aussagen und die Verwendung eigener ornamentaler Traditionen. Dadurch entstanden Kunstdenkmäler, die manchmal wie Versatzstücke und Kulissen wirken, dennoch aber immer sympathisch, naiv, ja menschlich sind. Das slawisch-kroatische Element hat sich gerade in dieser Einfachheit und Naivität breitgemacht, ohne auf die strengen Gesetze der großen Kunstzentren Rücksicht zu nehmen.

Das 19. und 20. Jahrhundert

Die Geschichte des 19. und 20 Jh. auf dem Balkan ist ein stetes und immer komplizierter werdendes Hin und Her zwichen den neuen Großmächten sowie mehreren Staatsphilosophien und Religionen. Dalmatien wurde von Österreichern, Franzosen und Italienern, Kotor von Russen und Engländern beansprucht, beide letztlich aber auch von den erwachenden slawischen Volkparteien, die selbst nicht immer wußten, wie sie ihre nationalen und territorialen Fragen lösen sollten. Der Balkan, und damit auch Dalmatien, glich einer schmackhaften Beute, um die sich die Großmächte stritten. Nach den beiden Weltkriegen kehrte jedoch allmählich Ruhe in das Land, das sich nun *Jugoslawien* nannte, ein. Unter *Tito* gelang es zum ersten Mal, einen relativ stabilen und humanen Staat zu schaffen.
Am tiefgreifendsten wirkte sich die nahezu 100 Jahre währende österreichische Herrschaft in Dalmatien aus. Sie führte dieses Land aus provinzieller Abgeschiedenheit zu einem für damalige Verhältnisse recht modernen Staat. Parteien wurden zugelassen, Stadtparlamente und Kreistage eingesetzt, die Jurisprudenz der österreichischen angeglichen und die Neuorganisation der Wirtschaft beschlossen. Die notwendige Verbindung mit Kroatien und dem Mutterland Österreich ist hergestellt, Eisenbahnstrecken, neue Straßen sowie effiziente Schiffsrouten sind geschaffen worden, durch die Dalmatien weniger mit Italien als mit dem jugoslawischen Kernland verknüpft wurde. Auf der anderen Seite gingen österreichische Beamte auch daran, Schulen und öffentliche Bildungsanstalten einzurichten, Zeitungen und Verlage zu organisieren sowie die marode Landwirtschaft zu reformieren. Bald zeigten sich die ersten Erfolge dieser Politik. *Split*, *Dubrovnik* und *Zadar* entwickelten sich zu modernen Industriestädten, in denen die alten Reminiszenzen der venezianischen Herrschaft beseitigt wurden. Stadtmauern und Kastelle, Wassergräben und Festungswälle machten neuen Stadtvierteln Platz. An erster Stelle aber sind die beiden Handelszentren *Triest* und *Rijeka* zu erwähnen, in denen sich ein neues Bürgertum anschickte, Weltgeltung zu erlangen. Neubarocke Prachtfassaden, Theaterpaläste, Handels- und Hafenkontore, herrliche Sommerresidenzen der österreichisch-dalmatinischen Aristokratie kündeten von dem neuen Selbstverständnis dieses Landes. Politisch, wirtschaftlich und kulturell sind jene Voraussetzungen geschaffen worden, die nach den Tragödien der beiden Weltkriege zur Gründung des neuen Jugoslawien führten. Heute zählt Dalmatien zu den reichsten und entwickeltsten Gebieten Jugoslawiens, deren landschaftliche Schönheit einen festlichen Hintergrund für die steinernen Gebilde seiner Städte bildet.

3. Montenegro

Montenegro (Crna Gora = Land der schwarzen Berge), das sich von der *Bucht von Kotor* bis zur *Bojana*, dem Grenzfluß zu Albanien, erstreckt, ist heute noch eines der unberührtesten Länder Europas. Seine wilde Schönheit, die von weiten Wäldern, tiefen Schluchten, mittelalterlichen Klöstern, verschlafenen Dörfern und zerklüfteten Bergmassiven gekennzeichnet wird, bietet ein einzigartiges Naturschauspiel. Die Schwarzen Berge fallen sanft zur reich gegliederten Küste ab, wo alte Städte auf hohen Felsen, sicheren Inseln und versteckten Buchten von der bewegten Geschichte dieses Landes erzählen. Montenegro wird nicht nur von den Küstenstädten beherrscht, sondern ist, viel mehr noch als Dalmatien, Teil eines traditionsreichen Landes, das tief in den südosteuropäischen Kulturraum hineinreicht und das im Mittelalter zu den großen Staaten des Balkans gehörte: *Serbien*, die neben Kroatien und Bulgarien bedeutendste Schöpfung der südslawischen Völker. Hier geht es aber nur um jenes Gebiet, das, wie Istrien und Dalmatien, zur jugoslawischen Adriaküste zählt; denn die Hafenplätze Montenegros charakterisiert eine ähnliche Geschichte wie die der übrigen Kommunen. Die Kultur- und Kunstgeschichte Montenegros würde einen eigenen Band füllen. Montenegro war Teil des illyrischen Staates, des Römischen Reiches, und seine Städte sahen sich ebenfalls von Venedig verwaltet. Dem Mittelalter und 19. Jh. muß besondere Beachtung geschenkt werden, da sich hier das serbische Königreich ausgebreitet hat, was dazu führte, daß dieses Land stärker slawisch beeinflußt ist als Istrien oder Dalmatien. So nahm auch die nationale slawische Wiedergeburt im montenegrinisch-serbischen Land ihren Ausgang und weniger in den von Italien beherrschten Gebieten.

Illyrer, Griechen und Römer

Die Geschichte der montenegrinischen Küstenstädte gleicht im großen und ganzen der Dalmatiens, wenngleich sich der illyrische Staat in *Budva*, *Risan* und im Hinterland viel länger halten konnte als anderswo. Der Legende nach soll der illyrische König *Cadmus*, ein Sohn phönizischer Herrscher, von griechischen Händlern vertrieben worden sein, worauf ihn die illyrischen Fürsten zu ihrem Oberhaupt erkoren. So wird schon damals der tiefgreifende Einfluß, den die kulturell und wirtschaftlich erfahreneren Phönizier und Griechen auf die ältere Stammestraditionen der Illyrer ausübten, deutlich. Im Gegensatz zu den großen dalmatinisch-griechischen Kolonien (Polis) gründeten die Hellenen in Montenegro nur kleinere

Handelsplätze (Emporia). Diese Siedlungen waren gleichzeitig von Illyrern und Griechen bewohnt, wovon Grabfunde in *Budva* (Nr. 31) und *Stari Bar* (Nr. 33) künden. Dieses für beide profitable Beieinander zerbrach erst, als die Illyrer sich ihrer jungen Macht und Staatlichkeit bewußt wurden und die Griechen nun als unliebsame Konkurrenz empfanden. Bald riefen die Hellenen römische Legionen zu Hilfe, die sich nicht lange bitten ließen, waren doch die illyrischen Fürsten und Piraten schon lange ein Dorn im Auge der römischen Staatsgewalt. Seit 200 v. Chr. eroberten römische Soldaten die blühenden Küstensiedlungen und vernichteten die Flotte der Illyrer. Die Bevölkerung wurde getötet, versklavt oder floh ins sichere Hinterland. Um Christi Geburt gehörte Montenegro zur römischen Provinz Dalmatien. Die alteingesessenen Bürger und griechischen Händler und Siedler wurden allmählich romanisiert. Sprache, Gesetze, Götterkult und Lebensgewohnheiten richteten sich bald nach den römischen. Der römische Historiker *Plinius* berichtet von den Städten der montenegrinischen Küste, »wo römische Bürger wohnen, wo neue Straßen das Hinterland erschließen und sich ein wohlhabendes Patriziat angesiedelt hat«. Außer in *Budva* spielte sich das damalige Leben in den Städten *Risan* und *Kotor* (Nr. 29) sowie in *Dioclea* (Titograd) im Landesinneren ab. Daneben sind noch die alte ›Piratenfestung‹ *Ulcinj* (Nr. 34) und die heutige Ruinenstadt *Bar* (Nr. 33) zu erwähnen. Über illyrisch-griechischen Siedlungen erstanden die wohlgestalteten und rationellen römischen Stadtanlagen und Veteranensiedlungen. Im Umfeld dieser Ortschaften finden sich zahlreiche Gebäudereste römischer Villen, Bäder und ausgedehnter Landgüter, die von dem kulturellen Niveau der antiken Staatsmacht künden. Erst mit dem langsamen Niedergang Roms um 350 n. Chr. verarmten die montenegrinische Bevölkerung und ihre Städte. 535 n. Chr. erhob *Byzanz* Anspruch auf dieses Land.

Das Serbische Reich des Mittelalters

Im Gegensatz zu Dalmatien gelang es den im Donauraum und in Makedonien-Montenegro lebenden *Serben* ziemlich rasch, ein an Macht und Einfluß gewinnendes Reich aufzubauen. Mit der Inthronisation des ersten Fürsten, *Stefan Nemanja*, war die byzantinische Herrschaft in diesem Gebiet endgültig beendet. Die Küstenstädte blieben sich selbst überlassen und wurden 1183 von den Serben erobert. Die mittelalterliche Kultur der Serben, eine glückliche Verbindung von Staats- und Familienmacht einerseits und orthodoxem Mönchstum andererseits, beruhte auf der autoritären Führung der Königsfamilien und deren Vasallen. König und oberster Kirchenherr

waren meistens loyale Partner. Mittelpunkt dieser Kultur waren nicht die Städte, sondern die zahlreichen Klöster. In diesen teilweise gut erhaltenen ›Schatzkammern hochmittelalterlicher Kunst‹ versammelte sich das höfische und klerikale Leben. Städte hat es, mit Ausnahme der antiken, kaum gegeben. So blieben die traditionsreichen Küstenorte schließlich Fremdkörper im Serbischen Reich. Sie behielten ihre weitgehende Autonomie, waren aber zu Abgaben und zur Wehrpflicht aufgerufen. Das Vakuum, das sich durch das allmähliche Aussterben der romanischen Bevölkerung bemerkbar machte, gestattete es den Serben, langsam auch die Macht in den Hafenplätzen an sich zu reißen, doch blieb ein erheblicher geistiger Einfluß der Romanen auf die Serben bestehen. Gesetzbücher, wirtschaftliche Verordnungen und besonders das Strafrecht Serbiens wurden von den alten Küstenstädten übernommen, wenn nicht direkt von Italien. Die erfahrenen Kaufleute und die in Italien geschulten Beamten und Notare *Budvas*, *Kotors* und *Bars* waren für den slawischen Staat von großem Nutzen.
Als im 14. Jh. Familienfehden und Erbfolgestreitigkeiten zum Zusammenbruch Serbiens führten und 1389 türkische Armeen den Niedergang dieser ›Klosterkultur‹ besiegelten, sahen sich die Stadtparlamente erneut vor der Entscheidung, einen Schutzherrn zu suchen. Verstreute und unter sich rivalisierende serbische Fürstendynastien führten nach 1350 einen erbitterten Kampf um die Vorherrschaft im Küstenland, der den wirtschaftlichen und kulturellen Verfall *Budvas*, *Kotors* und *Bars* mit sich brachte. Geschickt wußten venezianische Diplomaten die Stadtaristokratie für sich zu gewinnen, so daß die Serenissima – wie in Istrien und in Dalmatien – nach 1400 auch in den Besitz der Küstenorte kam.

Die venezianische Herrschaft in Montenegro

Mit dem Sieg über die Serben und ihre Vasallen begann auch hier die venezianische Regierungszeit. Dennoch war der Markusrepublik in Montenegro kaum jener Erfolg beschieden, der ihre Herrschaft in Istrien und in Dalmatien charakterisiert. Von Anfang an ging es, im Küstenland und im unwirtlichen Hinterland, um einen erbarmungslosen Kampf zwischen dem Sultan und dem Dogen. Mit Ausnahme der Hafenstädte gelang es Venedig nur für kurze Zeit, die Küste zu beherrschen. Die Loyalität der Bürger und die teuren Stadtbefestigungen, vor allem aber der heroische Kampf der Menschen auf seiten Venedigs, verhinderten den Untergang *Budvas*, *Kotors* und *Bars*. Trotzdem gelang es den Osmanen immer wieder, in die alten Zentren einzudringen und sie zu zerstören. Dabei verließen sich Vene-

zianer wie Türken auf die Intrigen der slawischen Fürstenfamilien, deren Einfluß ungebrochen schien. Langsam entvölkerten sich die traditionsreichen Städte, und Venedig beabsichtigte, Montenegro aufzugeben. Zu hoch waren die Verluste der Jahrzehnte um 1600. Seuchen und katastrophale Erdbeben taten ein übriges, den Niedergang Montenegros zu besiegeln. Um 1650 verharrten Kommunen und Bevölkerung in einer vollkommenen Apathie. Weder wirtschaftlicher noch kultureller Aufschwung konnten sich entfalten; denn hier ging es weder um politische Autonomie noch um prächtige Ausgestaltung des urbanen Lebens, sondern einzig und allein ums Überleben im türkischen Reich.
Im großen und ganzen ist die Herrschaft Venedigs in Montenegro mit der Dalmatiens zu vergleichen, wenngleich es größere Unterschiede gibt. Weder *Budva*, noch *Bar* oder *Ulcinj* oder die Orte des Berglandes haben städtebauliche Erfolge aufzuweisen. Selten sind Paläste, Kirchen, luxuriöse Aristokratenresidenzen und Landvillen geschaffen worden. Man lebte mit dem Notwendigsten und achtete darauf, wenigstens die Mauern, Kastelle und Tore zu bauen und zu erhalten. Für Luxus und verfeinerte Lebensgewohnheiten blieben kaum Zeit und Geld. Die Schuld daran ist den Osmanen wie auch Venedig zuzuschreiben, das die Kommunen ihrer autonomen Rechte, ihrer wirtschaftlichen Grundlage und letztlich ihres Stolzes beraubte. Den Slawen blieb seit dem Niedergang ihres Reiches weder Raum noch Gelegenheit, ihre Ideen und Wünsche umzusetzen, geschweige denn zu verwirklichen. Und so ist es nicht verwunderlich, daß sich gerade im montenegrinischen Bergland jener Keim der nationalen slawisch-serbischen Wiedergeburt regte, der im 19. und 20 Jh. zur Schaffung der Königreiche Montenegro und Serbien führte, aber auch zum Gedanken an ein neues Jugoslawien, in dem alle südslawischen Völker friedlich miteinander leben sollten.

Das 19. und 20. Jahrhundert

Das 19. Jh. stand wie in Dalmatien im Zeichen heftiger Kämpfe zwischen den jungen, energisch aufstrebenden montenegrinischen Nationalparteien und Fürsten sowie den europäischen Großmächten, die die uneinige Lage der südslawischen Völker, wie auch das Vakuum, das durch den Rückzug der Türken entstanden war, gewinnbringend nutzen wollten. Nach dem Niedergang Venedigs 1797 witterten die montenegrinischen Bürger endlich die Gelegenheit, sich gegen jedwede Fremdherrschaft aufzulehnen und einen eigenen Staat zu gründen. Doch weder Österreich noch das liberale Frankreich, Rußland oder England waren bereit, der Bevölkerung

jene Rechte zu gewähren. Alleiniges Ziel der Großmächte mußte die territoriale und politische Präsenz auf dem Balkan, also auch in Jugoslawien, sein. Doch gelang es den montenegrinischen Königstreuen und Aufständischen immer wieder, Österreich, Rußland, England und Italien empfindliche Niederlagen zuzufügen, die dazu führten, daß die jeweilige Schutzmacht alte Zusagen einlösen mußte. So sind die slawische Sprache offiziell erlaubt, Schulen und Akademien eingerichtet und Zeitungen zugelassen worden.
Die nationale slawische Wiedergeburt – *Preporod* – im 19. Jh., wie auch die politischen Krisen Europas führten zu ständigem Machtwechsel in Südosteuropa und Montenegro. Auf Österreicher folgten 1806 Franzosen, 1807 Russen und erneut napoleonische Statthalter, die erst 1813 Montenegro verließen. Nach einer kurzen autochthonen montenegrinischen Herrschaft Bischof *Petars I.* wurde 1881 der eigentliche Staat Montenegro aus der Taufe gehoben, den es bis dahin nicht gegeben hatte. Nach den tragischen Ereignissen der beiden Weltkriege, in welchen die Achsenmächte noch einmal versuchten, die jugoslawische Adriaküste zu annektieren, schlug im Jahre 1944/45 die Geburtsstunde der Republik Montenegro im neuzeitlichen jugoslawischen Staatgefüge.
Dem Reisenden bleibt dieses Land heute noch oft als rückständig in Erinnerung. Allein die Städte *Kotor*, *Budva*, *Bar* und *Ulcinj* vermitteln einen Eindruck wirtschaftlichen und politischen Fortschritts ebenso wie die neu erbaute Hauptstadt Montenegros, *Titograd*. Darin liegen auch der unvergleichliche Reiz und die Schönheit Montenegros: Eine kaum von Industrie und großen Ballungsgebieten geprägte Landschaft, eine weitgehend unberührte Küste und ein noch ›mittelalterliches‹ Hinterland vermitteln einen Eindruck vom einstigen Leben auf dem Balkan.

4. Der Stadtstaat Dubrovnik (Ragusa)

Wohl nur wenige Städte Europas haben eine ähnlich interessante historische Entwicklung aufzuweisen wie der Stadtstaat Dubrovnik (Ragusa); denn wenn irgendwo, so ist hier die Geschichte der Stadt verbunden mit dem von ihr beherrschten Territorium. Ebenso bemerkenswert ist die autonome und lange währende Lebensspanne dieser Stadt: Fast über 1000 Jahre schlug das Herz dieser einzigartigen Metropole, die nie von fremden Mächten zerstört oder ernsthaft in ihrer Existenz bedroht worden ist. Dem Erfolg der Herrschaftsformen steht der stets bewunderte Erfolg der Stadtbaukunst gegenüber. Dubrovnik war immer das *künstlerische, gesellschaftliche und politische Zentrum Dalmatiens, wenn nicht ganz Südslawiens.*

Viele Städte, wie Rom, Venedig, Florenz oder Konstantinopel, mögen Dubrovnik an äußerem Glanz, an hervorragenden Taten ihrer Bürgerschaft, an politischem Einfluß und an Machtentfaltung übertreffen, die Leistung dieses Staatsgebildes bestand darin, über mehrere Jahrhunderte jedweden Hoheitsansprüchen fremder Mächte zu trotzen und eine letzte, unbezwingbare Hochburg der westlichen Kultur und des Christentums zu bleiben, zu einer Zeit, als die Völker Südosteuropas im Osmanischen Reich versanken. Freilich war es nicht die Waffengewalt der Bürger dieser Aristokratenrepublik, die dem Eroberungsdrang der Venezianer und der Türken Einhalt gebot, sondern vielmehr deren geniales Vermögen, mit Hilfe einer glücklichen und ausgewogenen Diplomatie ihre weitgehende Souveränität zu bewahren. Als gern gesehene Vermittler in Ost und West wurden sie Venezianern, Genuesen, Spaniern, Ungarn und Türken wie auch den ihnen verwandten Slawen gleichermaßen unentbehrlich in der Verfolgung ihrer politischen Ziele, eine slawisch-mittelalterliche ›Schweiz‹, wenn man so will.
Als sich zu Beginn des 7. Jh. die ersten Zeichen des allmählichen Zerfalls des Oströmischen Reiches bemerkbar machten, als Hunnen, Slawen und Awaren auf die Balkanhalbinsel einbrachen, war nicht nur das Ende der blühenden griechisch-römischen Kolonie *Epidaurum* besiegelt, sondern ebenso das vieler anderer Städte Dalmatiens. Die aus der von Slawen und Awaren um 620 zerstörten Stadt *Epidaurum* (*Cavtat*, Nr. 28) geflüchteten Bürger siedelten sich etwas weiter nordwestlich auf einem sichereren, der Küste vorgelagerten Felsen an, der aller Wahrscheinlichkeit nach schon besiedelt gewesen ist. Hier oben gründeten sie im Verein mit ihrem Bischof – dem Stadtherrn – eine kleine Stadt, die sie *Ragusa* nannten (von dem lateinisch-italienischen Namen ›Laus‹, ›Raus‹, ›Rausa‹, ›Ragusa‹ abgeleitet, was soviel wie Felsen, Stein bedeutet).
Die Flüchtlinge brachten nicht nur ihre römischen Traditionen, sondern ebenso das alte Munizipalrecht mit, das später in Verbindung mit der Institution der Kirche die juristische und politische Grundlage zum Staat Dubrovnik legen sollte. So konnte sich eine unabhängige Stadtgemeinde bilden, die ihren antiken Wurzeln verhaftet blieb und der slawischen Kultur von vornherein nur eine geringe Chance gab, integriert zu werden. Dubrovnik blieb lange Jahrhunderte eine *Hochburg lateinisch-romanischen Lebens.* Das Stadtrecht dieser Kommune zählt zu den ältesten und fortschrittlichsten Europas.
Die slawischen Volksstämme siedelten sich im Umland der Felseninsel sowie an den Abhängen des Hausbergs von Dubrovnik an, wo sie hauptsächlich von Fischerei und Landwirtschaft lebten, während die Bürger Ragusas, drüben auf der sicheren Felseninsel, ihre Einkünfte durch Seehandel und Güterproduktion bestritten.

Zwischen der Gründung Dubrovniks um 650 und etwa dem Jahre 950 existierten also zwei voneinander unabhängige Gemeinden: die lateinisch-romanische ›Civitas‹ *Ragusa* und die slawische Ortschaft, die sich *Dubrovnik* nannte (vom slawischen Namen ›Dub‹, ›Dubr‹, was soviel wie Eiche, Eichenhaine bedeutet und auf die damals noch ausgedehnten Wälder der Küste hinweist).

Schon bald hörte man von einem für beide notwendigen Güter- und Handelsaustausch, von Heiraten beider Volksgruppen und von Gedanken, beide Städte zusammenzulegen, was dann auch nach 1000 geschehen ist. Politisch gehörte das Territorium zum Byzantinischen Reich, dessen Macht jedoch nach 1100 im Niedergang begriffen war, so daß sich die gewitzten Diplomaten Ragusas nach einem neuen Schutzherrn umzuschauen begannen. Sie fanden ihn im serbischen Königsstaat, dem sie für die Benutzung der umliegenden Gebiete einen Mietzins entrichteten. Die aufziehende Gefahr arabischer und normannischer Freibeuter ließ die Stadtväter das Schutzverhältnis mit Byzanz erneuern, was dazu führte, daß Ragusa weiterhin autonom und frei blieb. Es gehört zu den einzigartigen Leistungen dieses langsam an Macht und Einfluß gewinnenden Stadtstaates, daß er immer versuchte, mehrere Schutzherren zu befriedigen, sie gegeneinander auszuspielen und stets den günstigsten Vorteil für sich zu suchen. Damit verbunden war ein für alle Seiten profitabler Handel, der zur obersten Maxime der Ragusaner erhoben wurde. Bald tauchten sie als gern gesehene Kaufleute auf dem Balkan und im westlichen Mittelmeer auf. Ihr technisches Können, ihre politische Erfahrung und ausgeklügelte Diplomatie diente allen gleichermaßen, weswegen Ragusa eigentlich nie ernstlich angegriffen worden ist. Nach 1100 begann Venedig sein Augenmerk auch auf Dubrovnik zu richten; erkannten die Dogen doch in diesem kleinen Staat einen ernstzunehmenden Konkurrenten. Sofort gingen die Verantwortlichen daran, nicht nur die aufblühende Stadt besser zu befestigen, sondern sich mit jenen Mächten zu verbinden, die mit Venedig verfeindet waren, so daß die Markusrepublik es letztlich nicht wagte, Dubrovnik anzugreifen.

Seit 900 entwickelte sich die kleine Gemeinde Ragusa zu einer frühmittelalterlichen Großstadt, die nur mit *Split*, *Zadar* und *Pula* zu vergleichen ist. Anstelle der alten Holzhäuser entstanden beständigere Steinpaläste, das aus der Antike abgeleitete Straßenraster wurde verbessert, große Kirchen wurden in Auftrag gegeben, und immer höhere und sicherere Steinmauern und Kastelle kündeten davon, daß es für damalige Verhältnisse kaum möglich sein sollte, Dubrovnik zu besiegen. Nachdem der alte Hafen zu klein geworden war, entschlossen sich die Stadtväter zum Bau eines neuen, dem heutigen Stadthafen. Lagerhäuser, Zollbehörden, Getreidedepots, Regierungspaläste und Wehrtürme kennzeichneten die schönste und mächtigste Stadt Dalmatiens, die eifrig danach trachtete, das gegenüberliegende Dubrovnik nun endlich ganz in das eigene Hoheitsgebiet einzubeziehen. Der versumpfte Meereskanal verlandete allmählich, wurde zu einem willkommenen Marktplatz, und im hohen Mittelalter wuchs die Stadt zu beiden Seiten des alten Kanals empor. Der *Stradun*, die Hauptstraße der Stadt, markiert heute noch den Verlauf der Meerenge. Um 1300 war die urbane Gestalt des mittelalterlichen Stadtgefüges weitgehend vollendet. Ein kühner Mauerring, durch massive Kastelle und Schutztürme unterbrochen, bot nur durch zwei Torburgen Einlaß in die wohlgeordnete Stadtanlage. Links und rechts des Stradun erschlossen parallel verlaufende Gassen die Abhänge des *Monte Sergio* (Srđ) und des alten Felsenriffs, das in der neuen Stadtanlage kaum noch auszumachen ist. Auf dem höchsten Punkt der Stadt, über den Klippen des Meeres residierten der Bischof und seine Klostergemeinschaften, die bis 1200 die politische Gewalt in Dubrovnik für sich beanspruchten. Die aufkommende Patrizier- und Aristokratenherrschaft übernahm die wirtschaftliche und politische Führung, errichtete einen eigenen Rats- und Rektorenpalast und kontrollierte die Zugänge zum Hafen und zur Stadt. So stand dem Wechsel in der Herrschaftsform die Veränderung im Stadtgefüge gegenüber: Aus der Bischofs- und ›Gottesstadt‹, die immer als Abbild des heiligen Jerusalem verstanden wurde, entwickelte sich die Handelsmetropole. Nicht mehr Kirchen und Klöster dominierten im Stadtbild, sondern die für die Wirtschaft und Aristokratie notwendig gewordenen Staatsgebäude und Handelskontore. Dem Bischof überließ man die Kathedrale, die Taufkapelle und die kirchliche Repräsentation. Bedeutendster Sakralbau war nicht mehr der Dom, sondern die Staatskirche Dubrovniks, die bezeichnenderweise neben den Regierungsbauten liegt: *St. Blasius* (Sv. Vlah), dem Stadtpatron geweiht. Auch die großen Klostergemeinschaften, die sich nach 1100/1200 in Dubrovnik niederließen, Franziskaner, Dominikaner, Jesuiten und Klarissinnen, unterstanden der staatlichen Kontrolle. Neben den Erfolgen der Stadtbaukunst ist *eines der frühesten Gesetzeswerke Südosteuropas*, die sog. ›Statuten‹, zu erwähnen. Sie regelten in strengen Verordnungen das Wirtschaftsgebaren, das Strafrecht und die architektonische Entwicklung; denn in dieser Stadt ist nichts dem Zufall überlassen worden. Die Räte kümmerten sich stets um die äußere Schönheit ihrer Kommune, um die Sauberkeit der Straßen, die ausgewogene Verteilung von Arbeits- und Wohnraum, die Sicherung der Mauern und Tore, um jedes einzelne Haus und jede neue Kirche. Weiter garantierten die ›Statuten‹, die 1272 zum ersten Mal ediert wurden, die absolute Kontinuität des politisch-gesellschaftlichen Systems, das sich erstaunlicherweise kaum veränderte.

Unter dem Vorsitz eines Rektors, der alle drei Monate gewählt wurde und nur repräsentative Aufgaben zu übernehmen hatte, versammelten sich mehrmals wöchentlich – beim Läuten der Glocken in der Loggia – die 3 Räte: der *Große Rat*, die Versammmlung aller Adligen über 18 Jahren, der *Kleine Rat* und der *Senat*. Eine äußerst komplizierte Wahl verhinderte den Machtzuwachs einzelner Familien oder Persönlichkeiten, so daß es in Dubrovnik nie zu einer Fürsten- oder Königsherrschaft bzw. einer Tyrannis gekommen ist. Das konservative Festhalten an überkommenen Traditionen und Gesetzen machte diesen Staat, der kurz nach 1500 seine größte territoriale Ausdehnung erlangen sollte, zum politisch und kulturell bemerkenswertesten Staatsgefüge Südosteuropas. Dennoch kann nicht verschwiegen werden, daß dieses System in vielem nichts anderes war als eine Nachahmung italienischer, meist sogar venezianischer Stadt- und Staatsformen. Dubrovnik blieb trotz des Zuwachses an slawischen Bevölkerungsanteilen eine durch und durch romanisch-italienische Stadt – bis 1500/1550 zumindest.
Als im Jahre 1204 Konstantinopel (Byzanz) von venezianischen Heeren eingenommen und geplündert wurde, stand Dubrovnik – mit Ausnahme des serbischen Königshauses – ohne Schutzherrn da. Nach langem Hin und Her entschieden sich die Adligen schweren Herzens für Venedig. Die Lagunenmetropole war damals einer der mächtigsten Stadtstaaten des Mittelmeers und gerade dabei, auch Herr über Dalmatien zu werden. Da man der Zerstörung der Stadt durch die Flotte des Dogen entgehen wollte oder zumindest der Agonie einer langen Belagerung, kamen die Räte den Venezianern zuvor und boten ihnen die freiwillige Oberherrschaft, den Posten des Rektors sowie einige Handelsprivilegien an. Dieser äußerst gewandte Schachzug überraschte selbst Venedig, und es überließ der Stadt besondere Freiheiten sowie die kommunale Autonomie, profitierten doch letztlich beide – Venedig und Dubrovnik – von dem politischen Geschäft. An erster Stelle standen für Ragusa und Venedig immer der unter möglichst geringem Aufwand zustande gekommene Handel und Profit: Nun war ein Agrément geschaffen, in dem beide ihr Gesicht wahrten. In der Zeit der venezianischen Oberhoheit blühte die Stadt förmlich auf: Erfahrene See- und Kaufleute, Handwerker und Künstler beider Staaten brachten Dubrovnik zu hohem Ansehen und Reichtum. Auf der anderen Seite zahlte Dubrovnik den neuen Mächten Bosnien und Serbien Tribut, baute Straßen und Bergwerke für die unterentwickelten Slawenreiche und bekam dafür die Inseln *Pelješac, Lastovo, Mljet*, mehrere kleinere Eilande sowie das Gebiet von *Konavle*. Als Venedig 1358 Dubrovnik an Ungarn abtreten mußte, waren uneingeschränkte Autonomie und Freiheit wiederhergestellt. Man zahlte den Ungarn im fernen Pest

einen Schutzzins und verpflichtete sich im Falle eines Krieges, Schiffe und Soldaten zur Verfügung zu stellen. Bosnischen und serbischen Fürsten, vor allem aber der neuen europäischen Großmacht, den *Osmanen*, überließen die Ragusaner teure Gaben, zahlten immer höhere Tribute und erkauften sich gleichwohl uneingeschränkte und freie Handelsprivilegien auf dem Balkan. Durch dieses erfolgreiche Lavieren stiegen Dubrovniks Reichtum und Pracht. So zogen die Bürger dieser Stadt eher Nutzen aus den Konflikten der Anrainermächte. Mit der Zeit gründeten die versierten Händler Kontore und Kolonien in ganz Südosteuropa, in der Türkei und im übrigen Mittelmeergebiet, unterhielten Bergwerke und bauten Straßen. Dubrovnik blieb die wohlhabendste Stadt und der beste Vermittler zwischen Ost und West in Dalmatien.
Als 1526 Ungarn im Osmanischen Reich aufging, war es für Dubrovnik selbstverständlich, sich unter die Schutzherrschaft des alten Bekannten und Rivalen zu stellen. Mit ständig steigenden Tributleistungen und Geschenken erreichten die Diplomaten Ragusas erneut eine weitgehende Unabhängigkeit, manchmal auch den Respekt des Sultans. Während ganz Europa vor den Türken erzitterte, machten die Kaufleute Dubrovniks ihr bestes Geschäft. Garant dafür blieb nach wie vor eine strikte politische ›Neutralität‹. Die Regesten und Ratseintragungen spiegeln den weiteren wirtschaftlichen Aufschwung der Stadt wider. Das 15. und 16. Jh. kann als der Höhepunkt Dubrovniks bezeichnet werden. Neben der Blüte von Literatur, Kunst, Musik und Naturwissenschaften gelang in dieser Stadt eine unerhörte Verbindung romanisch-slawischer Kultur, die nur mit der gleichzeitigen Blüte in Polen zu vergleichen ist. Romanen und Slawen lebten in mehr oder weniger fruchtbarem Nebeneinander in dieser einzigartigen Kulturmetropole. Was Politiker und Bürger jahrhundertelang verhindern konnten, traf die Stadt dann in besonders schicksalhafter Weise: Mehrere kleine und ein schweres Erdbeben – 1492, 1520, 1573 und 1667 – machten die Kommune fast dem Erdboden gleich, so daß die Stadtväter im Notstandsjahr 1667 sogar erwogen, Dubrovnik erneut zu verlegen, und zwar zum heutigen, modernen Hafen in der Bucht von Gruž und Lapad. Finanzielle Not und der langsam unrentable Adriahandel wie auch die immer noch bedrohlichen türkischen Übergriffe verhinderten diesen Umzug. Mit schier unermeßlicher Anstrengung und heldenhaftem Mut machten sich die Bürger Dubrovniks an den Wiederaufbau. Bald glich diese Stadt der größten Baustelle an der Adria. Sondergesetze und Staatsanleihen, besonders aber die Arbeitskraft Tausender schufen binnen weniger Jahre eine fast neue Stadt. Nur die massiven Stadtmauern, einige wenige Paläste, Häuser und Kirchen überlebten das österliche Inferno 1667. Nach 1690 stand eine noch prächtigere

Kommune da. Moderne Großkirchen – die Kathedrale, St. Blasius und zuletzt die monumentale Jesuitenkirche – schmückten als einzige echte Leistungen des dalmatinischen Barock die Gassen Dubrovniks. Prächtige Palastfassaden, der wiederhergestellte Rektoren- und Ratspalast sowie zahlreiche Patrizierpalais wuchsen in die Höhe, ohne aber gegen die alten Baugesetze und Verordnungen zu verstoßen. Das einmal aufgeschriebene Statut des hohen Mittelalters blieb weiter bindend. So kam es, daß viele renommierte Künstler und Architekten, die man zum Aufbau gerufen hatte, unverrichteter Dinge wieder abreisten. Räte und Aristokraten blieben in ihrem tiefsten Wesen, ob politisch oder künstlerisch, äußerst konservativ und weder den Ideen der Aufklärung, der Reformation noch dem Humanismus gegenüber aufgeschlossen. So wurden dann die Jesuiten, jener moderne Orden, nicht ohne Skepsis begrüßt. Sie reformierten weite Teile des schulischen und akademischen Systems und unterwanderten allmählich die Phalanx der konservativen Aristokratie, so daß ein hoher Beamter einmal meinte, die Jesuiten würden der Republik mehr schaden als das ganze Erdbeben. Und fürwahr erbebten nach dem Aprilmorgen 1667 ebenso die politischen und moralischen Grundfesten Dubrovniks, da ein großer Teil der alten Räte umgekommen war und man sich verpflichtet sah, liberalere und im Ausland erzogene Patrizier Dubrovniks in den Adelsstand zu erheben, um die politische Kontinuität zu sichern.

Im 17. Jh. begann die letzte Blütezeit dieser Republik. Die Gefahr türkischer Heere und weiterer Forderungen schienen nach deren Niederlage 1683 vor Wien gebannt; noch einmal erholte sich der Balkan- und Adriahandel, nahm die Güterproduktion einen letzten Aufschwung. Der Stadtstaat Dubrovnik erstrahlte 100 Jahre vor seiner Abschaffung durch *Napoleons* Generäle im schönsten Licht: In Europa sprach man schon von der ›Ragusanischen Nation‹ und vom ›Athen des Balkans‹. Schriftsteller, Philosophen, Komponisten, Naturwissenschaftler – meist Ordensleute –, Künstler, Architekten und Staatsmänner statteten Dubrovnik mit jenem Flair aus, das die Stadt bis weit über die Grenzen des Balkans bekannt und berühmt machte. Ein letztes Mal errichtete die Aristokratie neue Paläste, verschönerte Kirchen und Klöster, erbaute Landresidenzen, Parkanlagen, gab kostbare Altäre und Skulpturen, Bilder sowie Schmuck in Auftrag. Adlige, Patrizier, Kaufleute, Handwerker und Bauern lebten im Staate Dubrovnik ohne nennenswerte Spannungen nebeneinander. Slawen und Romanen verschmolzen zu einem Volk, das sich zwar zu den Slawen zählte, dennoch aber immer betonte, ragusanischer Herkunft zu sein. Und nicht umsonst schrieb *G. B. Shaw* einmal über Dubrovnik: »Nicht das Paradies werdet Ihr hier finden, sicherlich aber einen Teil davon!«

B. DIE KUNSTDENKMÄLER VON ISTRIEN

I Koper

Die mittelalterliche Stadt Koper erstreckt sich auf einer kleinen Insel, die erst 1825 mit dem Festland verbunden wurde. Damit gleicht Koper jenen jugoslawischen Küstenstädten, die Griechen und Römer an geschützten Buchten oder auf entlegenen Felseninseln gründeten. Koper geht auf hellenische Kolonisten zurück, die die Stadt ›Egida‹ nannten. Unter römischer Herrschaft entwickelte sich das lateinische Munizipium ›Capris‹ zu einem florierenden Handelsplatz, der im frühen Mittelalter von Byzantinern regiert wurde, die ihre Kommune nun ›Justinianopolis‹ tauften. Weder die antike noch die folgende langobardische (6./7. Jh.) und fränkische Regierungszeit (9. Jh.) hinterließ im Stadtbild nennenswerte Kunstdenkmäler. Dies änderte sich erst im hohen Mittelalter, als Koper italienischen Grafen und den Bischöfen von Aquileia übereignet wurde. Mit der Erhebung zu einer autonomen Kommune (1035) nahm die Stadt jene typisch romanisch-gotische Form an, die sich aus den neuen wirtschaftlichen, sozialen und topographischen Aufgaben gebildet hat. Vom Domplatz ausgehend, wuchs der Ort in konzentrischen Kreisen, bis er unter der venezianischen Herrschaft (1279–1797) an die Grenzen der Insel stieß. Seit dem 15. und 16. Jh. umschloß ein durch 12 Tore und Vorwerke verstärkter doppelter Mauerring die nahezu uneinnehmbare Gemeinde ›Capodistria‹ (= ›Haupt Istriens‹).
Während der österreichischen Oberhoheit (1797–1917) begann man, die verfallenen Bastionen und Mauern zu schleifen, um Koper der neuzeitlichen Stadtentwicklung zu öffnen. Nach der letzten italienischen Epoche (1917–1945) entfaltete sich Koper zu einer blühenden Industriestadt, die die Vorteile der nahen Metropole Triest heute noch nutzt. Die periphere Lage Kopers, das seit der Antike zwischen zwei Kulturkreisen liegt, zeigt sich auch im sozialen und kunsthistorischen Stadtgefüge, wenngleich der italienisch-venezianische Einfluß seit Jahrhunderten vorherrscht. Wie ganz Istrien, so profitiert auch Koper von dem großen Aufschwung, den der Tourismus gebracht hat. Zur ›Riviera‹ von Koper gehören die hübschen Badeorte *Ankaran*, *Valdoltra* und *Žusterna* sowie der malerische Fischerort *Izola*, von dem aus die Küstenstraße weiter nach Piran führt.

Die 1516 erbaute *Porta Muda* führt hinter dem ehemaligen Wassergraben, der Koper vom Festland trennt, in die enge ›Inselstadt‹. Eine hölzerne Zugbrücke verband die Torfestung mit dem *Kastell Leone*, das bis zum 19. Jh. vor den Mauern Kopers stand und wichtigste Bastion der Gemeinde war. Hinter dem Portal, auf dem Trg Prešernov, erhebt sich eine der beiden kommunalen *Brunnenanlagen*, die 1422 von Venezianern gestaltet wurde und einer ›venezianischen Brücke‹ gleicht. Durch die schmale Čevljarska Ulica gelangt man zum rechteckigen Hauptplatz Kopers, dem *Titov Trg*. Stolze Zierde des städtebaulich gelungenen Zentrums ist der im späten 15. Jh. aus zwei mittelalterlichen Gebäuden zusammengefügte *Prätorenpalast*. Der von zwei seitlichen Türmen flankierte venezianische Regierungspalast besitzt eine anmutige obere Zinnenreihe. Besonders geglückt ist die ausgewogene, durch Biforien, Triforien und Balkone rhythmisierte

Koper: Loggia

Prunkfassade, in der Wappenschilder und Büsten venezianischer Stadtherren eingelassen sind. Eine von drei Arkaden getragene Freitreppe führt in die oberen Festsäle, in welchen sich einst die aristokratischen Räte trafen.

Auf der gegenüberliegenden Seite des Platzes erkennt man die *Loggia*, die die Front eines Häuserblocks einnimmt; sie wurde zwischen 1462 und 1464 errichtet und 1698 von *Niccolò da Pirano* und *Tomaso da Venezia* barockisiert. Loggia und Prätorenpalast verleihen dem Zentrum Kopers einen monumentalen Charakter, der den Einfluß der Serenissima auf die istrische Kultur deutlich macht.

Beherrschendes Baudenkmal des weiträumigen Platzes ist die auf eine romanische Basilika zurückgehende *Kathedrale*, die dem Märtyrer *Nazarius* geweiht ist. Im 15. Jh. machten sich italienische Baumeister an den Neubau des Domes, der Stilelemente der ›blühenden‹ Gotik und der lombardischen Renaissance vereint. Im oberen Teil der dreischiffigen Basilika und in der Blendfassade überwiegt die Renaissance, da das Gotteshaus erst im späten 16. Jh. vollendet werden konnte. Im 18. Jh. unterzog *Giorgio Massari* die Kirche einer neuerlichen Renovierung, vor allem im Inneren. Der sonst eher provinziell ausgestattete Kirchenraum präsentiert einige erlesene Kunstwerke: u. a. Wandmalereien von *Kristofor Gusić*, das Gemälde ›Madonna auf dem Thron‹ von *Vittore Carpaccio* (1516), den frühromanischen Sarkophag des Stadtpatrons, St. Nazarius, der im 16. Jh. dem Stil der Renaissance angepaßt wurde, sowie ein schön geschnitztes Chorgestühl. Die kleine *Schatzkammer* birgt u. a. liturgische Geräte.

Der einem befestigten Wehrturm ähnelnde *Campanile* geht auf das 15. Jh. zurück und trägt einen neuen Renaissance-Helm. Das runde romanische *Baptisterium* birgt keine erwähnenswerten Kunstschätze und ist heute in die nördliche Häuserzeile des Tito-Platzes eingelassen. Dieser geht hinter der Kathedrale in den Trg Revolucije über. Vor seiner nördlichen Stirnseite fällt der zweite *Stadtbrunnen* auf, der im 14. Jh. errichtet und im 16. Jh. erneuert wurde. Neben dem Zugang zur Ulica Kreljeva erinnert die ehemalige Kirche der Klarissinnen, *Sv. Frane (San Francesco)*, an die Zeit, in der sich dieser Orden wichtigen karitativen Aufgaben in Koper widmete. Das Gotteshaus wird durch einen hübschen gotischen Chor (Apsiden) und gut erhaltene barocke Fresken charakterisiert.
Dem Franziskanerorden eigen waren Kirche und Konvent *Sv. Ana* im Nordosten Kopers. In der im 15. Jh. begonnenen und im späten 16. Jh. vollendeten Kirche, die im Gegensatz zum bischöflichen Dom der Volksseelsorge diente, hängen zwei vortreffliche Renaissance-Gemälde von *Benedetto Carpaccio* (1541) und *Cima da Conegliano* (1513). Wertvoll sind auch die Schätze der benachbarten Klostersammlung: u. a. ein Gemälde von *Alvise Vivarini*, gotische Kruzifixe, venezianisches liturgisches Gerät und eine Kollektion alter illuminierter Handschriften.
Neben den sakralen Denkmälern und Kunstschätzen hat Koper vor allem durch seine spätgotischen und barocken Paläste zur istrischen Stadtbaukunst beigetragen. Sie schmücken die Hauptstraße der Stadt, die Kidrićeva Ulica, die sich bis zum alten Hafen erstreckt, an dem die *Giustiniani-Säule* an den Seesieg über die Türken bei Lepanto (1571) erinnert.
In dem ehemaligen *venezianischen Lagerhaus* ist heute ein Restaurant (›Taverna‹) untergebracht. In unmittelbarer Nähe des hafenseitigen *Hotels Triglav* erblickt man das Geburtshaus des bekanntesten Malers dieser Stadt, *Vittore Carpaccio*, der im 15. Jh. in der Lagunenmetropole Weltruhm erlangte. Zu den schönsten Patrizierpalästen zählt der *Palazzo Gravisi* (18. Jh.) in der Stare Pravde Ulica. Elegante spätgotische Doppelfenster kennzeichnen den *Gerichtspalast* in der Fini Ulica. Die Löwenskulpturen im *Palazzo Totto* (16. Jh.) in der Kidrićeva Ulica stammen aus dem älteren Stadtkastell Leone, das im 18. Jh. verfallen ist. In dem um 1580 vollendeten Prunkpalast *Belgramoni Tacco* und seinem gepflegten Garten haben die Stadtväter die Sammlungen des *Stadtmuseums* zusammengetragen. Zu den Schätzen des Museums gehört auch die Gemäldesammlung im schräg gegenüber liegenden *Oratorium Sv. Nikola*, die u. a. Werke von *Palma d. J.*, *Antonio Zanchi* und Malern der Schule *Tintorettos* aus dem späten 16. Jh. und 17. Jh. enthält.

Empfehlenswert ist ein Ausflug in das Ursprungsgebiet des bei Koper mündenden Flusses *Rižana*. Hier liegt das malerische Dorf *Hrastovlje*, in dem eine im 16. Jh. befestigte mittelalterliche Kirche zu sehen ist, die gut erhaltene spätgotische Fresken birgt. Sie stammen von der Hand *Meister Kastavs*, der um 1480 auch in Beram arbeitete.
Über das weltberühmte Gestüt in *Lipica*, das im Triestiner Hinterland bei Sežana liegt, gelangt man auf der Hauptstraße Koper–Lubljana nach *Postojna*. Die *Grotten von Postojna* gehören zu den größten unterirdischen Tropfsteinhöhlen in Europa. Eine Bahn bringt die Besucher in das schier unergründliche Labyrinth bizarrer Formen, die durch hunderte bunter Scheinwerfer in magisches Licht getaucht werden. Ein sehr lohnender Ausflug, der einen unvergeßlichen Eindruck hinterläßt!

2 Piran

Piran und Koper waren seit der Antike ›Tore zum Balkan‹, Durchgangsorte zahlloser Herren, die von ihren Stadtbastionen nach Süden vordrangen, aber auch Orte, in denen sich östliche und westliche Kulturen begegneten. Piran zählt mit seinen Nachbarn Poreč und Rovinj zu den schönsten Städten Istriens. Auf der hohen Felsenhalbinsel entstand eine blühende, auf illyrisch-römischen Wurzeln fußende Handelsstadt, die das Siegel jahrhundertelanger venezianischer Herrschaft (1283–1797) trägt. Symbole dieser Regierung sind die das Stadtbild krönende Kathedrale mit ihrem stolzen Campanile und der hafennahe Stadtplatz (Tartini Trg), dessen Gestalt zu den gelungensten städtebaulichen Leistungen Istriens gehört. Eine noch teilweise erhaltene Mauer riegelte den Ort zum istrischen, von österreichischen Grafen und slawischen Bauern bewohnten Hinterland ab. Kunst und Kultur strömten somit fast ausschließlich von Italien und Venedig ein. Ausdruck dieser nicht immer konfliktlosen Geschichte sind die im spätgotisch-venezianischen Stil gestalteten Paläste, Kirchen und Bürgerhäuser. Berühmtester Sohn dieser Stadt ist der Komponist und Geiger *Giuseppe Tartini*.
Heute ist Piran eine Mittelstadt, in deren Umgebung sich Industriebetriebe niedergelassen haben. An die Vergangenheit erinnern eine nautische Schule und die Gemeindereederei. In dem Mündungsgebiet der *Dragonja*, südlich von Piran, liegt eine der ertragreichsten Salinen der Adria. Gleichermaßen gewinnbringend ist der neuzeitliche Tourismus in dieser Region, dem Badeanstalten, Parkanlagen, moderne Hotelsiedlungen und Campingplätze dienen.
Piran ist in illyrisch-römischer Zeit gegründet worden, entwickelte sich aber nie zu einer autonomen Kommune. Die eigentliche Stadtgeschichte beginnt sich erst im hohen Mittelalter deutlicher abzuzeichnen, als die Venezianer Piran eroberten und zu Füßen des Stadthügels einen Flottenstützpunkt errichteten. In wenigen Jahrzehnten nahm die wirtschaftliche, gesellschaftliche und künstlerische Entwicklung einen ungeahnten Aufschwung. Gotische und Renaissance-Paläste wuchsen in die Höhe, luxuriöse Staatsgebäude zierten den neuen Mittelpunkt von Piran, den heutigen Tartini-Platz. Dom, Campanile und Baptisterium wurden umgebaut; ein breiter, durch Türme verstärkter Mauerzug riegelte Stadt und Hafen vom Festland ab. Höhepunkt der venezianischen Provinzgemeinde waren das 15. und 16. Jh., während das 17. und 18. Jh. vom allmählichen Niedergang Venedigs, von Pest, Aufruhr und Türkenkriegen geprägt waren. 1797 kam Piran zu Österreich, 1918–1943 erneut zu Italien, danach zu Triest. Nach dem 2. Weltkrieg wurde es dem jugoslawischen Staatsverband angegliedert.

Piran

Durch die im 15. und 16. Jh. von den Venezianern errichtete Stadtmauer, von der sich nur ein 300 m langer Abschnitt erhalten hat, führen die Rozmanova und Gortana Ulica zum Zentrum von Piran. Am Bratstva Trg erinnert das *Marciana-Tor* von 1553 an den ehemaligen Verlauf der Stadtbefestigung. Unmittelbar daneben steht die *Kapelle Sv. Rok.* Am großen Tartini-Platz reihen sich die schönsten Baudenkmäler Pirans aneinander, und oben am Hügel bilden der Dom und sein Campanile einen markanten Abschluß. In der Mitte des Platzes erhebt sich das *Denkmal Tartinis* (1692–1770), das *Antonio dal Zotto* 1896 entwarf. Sein *Geburtshaus* fügt sich in die Reihe der Gebäude im nordöstlichen Teil des Platzes. Linkerhand erkennt man den *Palazzo Veneziano*, der in die Mitte des 15. Jh. zurückgeht. Erwähnenswert ist die Art, wie das Triforium im 1. und die beiden Biforien im 2. Stock in die rotbemalte Prunkfassade eingelassen sind. An der Ostseite des Platzes steht die 1818 vollendete neoklassizistische *Kirche Sv. Petar.* Der Schule *Tizians* wird ein schönes Altargemälde mit der Madonna zugeschrieben. Der im Stil des späten Provinzbarock geplante *Ratspalast* geht auf das Jahr 1879 zurück und ersetzte einen spätgotischen Vorgänger, an den die in der Fassade angebrachten Skulpturenfragmente erinnern. Neben dem kleinen Hafenbecken ›Mandrač‹ ragt der der toskanischen Renaissance nachgebildete *Gerichtspalast* in die Höhe. Auf derselben Seite erblickt man das im

19. Jh. errichtete *Tartini-Theater.* Hinter der gleichmäßigen Neorenaissance-Fassade verbirgt sich eine durch drei schöne Arkaden geschützte Loggia. Die drei Fenster des Obergeschosses sind durch eine den Rhythmus der Arkaden fortsetzende Pilasterordnung gegliedert. In dem ebenfalls neoklassizistischen Palast, der die östliche Flanke des Hafenbeckens ziert und eine wuchtige ›Tempelfassade‹ besitzt, sind die *archäologische und historische Sammlung des Stadtmuseums* untergebracht. Das Arbeitszimmer *Tartinis,* ein Waffenkabinett sowie das Stadtarchiv ergänzen die Museumsschätze.
Durch die malerischen Gassen der Altstadt gelangt man zu den 1776 geplanten *barocken Brunnen,* die Piran während der Türkenkriege mit Trinkwasser versorgten (Prvomajski Trg). Die Ulica Gregorčičeva führt zur Landspitze Pirans, an der der *Leuchtturm* und die *Kirche Sv. Maria* stehen. Hinter der breiten Hafenallee erklimmt die enge Ulica Pusterla den nördlich steil zum Meer abfallenden Domhügel. Auf der künstlichen, von Stützwänden getragenen Terrasse krönt der 1317 geweihte *Dom* (heute Pfarrkirche) die Stadtsilhouette. Im Zuge der venezianischen Stadterweiterung im 15./16. Jh. reifte der Plan zu einem Neubau der bereits ruinösen Kirche *Sv. Juraj (San Giorgio).* 1637 nahmen einheimische Baumeister unter Leitung venezianischer Architekten den barocken Kirchenbau in Angriff, der jedoch nie vollendet wurde. Dies zeigt sich besonders an der schlichten Fassade und der mächtigen Halle, über der sich ein breites Satteldach wölbt. Durch die unteren, schmalen Fenstereinschnitte und die oberen ›Thermenfenster‹ dringt das Licht in das Gotteshaus, das einen gleichermaßen nüchternen Chorraum besitzt. Kirche und Chorapsis beherbergen kaum nennenswerte Kunstschätze, da die Stadt bei Vollendung der Kirche bereits wirtschaftlich und kulturell dem Verfall preisgegeben war.
Gelungener und zugleich stolzes Symbol der Stadt ist der *Campanile,* dessen Vorbild in Venedig steht. Mit diesem Turm setzte der Baumeister, *Giacomo de' Nodari,* 1607 ein deutliches Zeichen der Regierung, die Piran und Istrien seit Jahrhunderten beherrschte. Im Grunde genommen ist dieser schöne Campanile mehr Uhrturm von Piran als Symbol der Kirche, deren gesellschaftliche Stellung während der Herrschaft der Serenissima ohnehin eingeschränkt war. Das oktogonale, von einer hohen Kuppel überdachte *Baptisterium* setzt die eindrucksvolle Stadtsilhouette nach Osten fort. In der bescheidenen barocken Taufkapelle steht ein spätrömischer Sarkophag, der als Taufbecken dient.
Die Ulica Adamičeva führt wieder in den unteren Stadtteil, der sich an die alte Stadtmauer lehnt. In der barocken Kirche *Sv. Maria Pomožnica,* die auf das 17. Jh. zurückgeht, hängen zwei bemerkenswerte Gemälde von *F. Fontebasso* und *G.B. Tiepolo.*

Zweitgrößtes sakrales Gebäude in Piran ist das 1301 gegründete *Franziskanerkloster*, das im 15. und 16. Jh. vollkommen umgebaut und barockisiert worden ist. Herausragende Kunstwerke in der einfachen Bettelordenskirche sind das Renaissance-Ciborium und die hölzerne Kanzel, in der sich Stilelemente der ausgehenden Gotik mit jenen der frühen Renaissance verknüpfen.

Die Ausfallstraße, Ulica IX. Korpusa, schlängelt sich durch den Stadtpark und an den alten Mauern vorbei und mündet in die Küstenstraße nach Koper, Pula und Rijeka. Über die mittelalterlichen Städtchen *Portorož*, *Umag* und *Novigrad*, die sich zu modernen Ferienorten entwickelt haben, erreicht man die nächste Perle istrischer Stadtbaukunst: *Poreč*.

3 **Poreč**

Die antike Gründung Poreč entwickelte sich zu einem bedeutenden mittelalterlichen Kirchenzentrum. Einer Reihe glücklicher Umstände ist es zu verdanken, daß in seinen Mauern eine der ältesten frühchristlichen Basiliken des Abendlandes die jahrhundertelangen Wirren und Kriege nahezu unbeschadet überdauerte: die *Basilika Euphrasiana*, die zu den bedeutendsten Kulturdenkmälern des Mittelmeerraumes zählt. Poreč selbst war eine mittelalterliche ›Inselstadt‹ und eine venezianische ›Felsenfestung‹, die ihren istrischen und dalmatinischen Nachbarn (Rab, Trogir, Korčula) ähnelt.
Heute ist das auf einer steilen Felsenhalbinsel ruhende Poreč ein malerisches Städtchen inmitten einer schönen mediterranen Landschaft. Weite Wälder und Weingärten, Obstkulturen, Parkanlagen und gepflegte Badestrände prägen das Bild dieses Küstenstreifens, der nach Osten hin in das eher herbe und verkarstete istrische Bergland übergeht. In der Nähe der Stadt wuchsen neue Feriensiedlungen empor, die sich aufgrund ihrer Lage, ihrer sportlichen und kulturellen Attraktionen immer größerer Beliebtheit erfreuen (›Plava Laguna‹, ›Zelena Laguna‹, und ›Pical‹). Sehenswert sind auch die kleinen, dem Festland vorgelagerten Inselgruppen und der Limski-Kanal. Im istrischen Hochland, in Beram und Pazin, wurden die bedeutendsten Freskenzyklen dieser Region freigelegt; sie geben Zeugnis von den beiden Kulturkreisen der istrischen Halbinsel und ihrer steten, fruchtbaren Auseinandersetzung mit östlichen und westlichen Traditionen. Abgesehen von illyrischen Siedlungsresten, geht Poreč auf eine römische Gründung zurück. Im 2. Jh. v. Chr. entstand auf der Halbinsel ein rechteckiges *Castrum*, das zwei Hauptstraßen (Decumanus, Cardo) und ein Forum besaß. Wie andere römische Stadtgründungen, so war auch Poreč von einer hohen Mauer umgeben, die später in den mittelalterlichen und venezianischen Festungen aufging. Durch die Verleihung der Rechte eines Munizipiums unter Kaiser *Augustus* erlangte die ›Colonia Julia Parentium‹ eine eigene Verwaltung und weitgehende Eigenständigkeit. Nach dem Niedergang Roms bemächtigte sich Byzanz der Stadt, die 788 in den Besitz der Franken überging. Danach begann die frühmittelalterliche Blütezeit der autonomen Kommune, die erst 1232 in den Herrschaftsbereich von Aquileia kam. Doch schon 1262 wehte über Poreč die Fahne des Markuslöwen. Seit dem 13. Jh. diente es als bedeutender Flottenstützpunkt der Serenissima, die sich von Istrien nach Dalmatien und in die Levante vorschob. Weder die Zerstörung der Stadt durch die Genueser 1354 noch Pestepidemien und Türkenkriege im 16. und 17. Jh. konnten die Vitalität der Gemeinde brechen. Erst 1797, nach fast 500-jähriger venezianischer Herrschaft, übereigne-

ten die Siegermächte Poreč der K. & K.-Monarchie. Nach einer neuerlichen italienischen Interimsregierung (1918–1943) wurde Poreč endgültig mit dem jugoslawischen Staat vereint.
Bis auf zwei Tempelreste und dem heute noch sichtbaren Straßenraster hat sich kaum etwas von der römischen Stadt erhalten, wenngleich der antike ›Decumanus‹ Hauptstraße geblieben ist. Im frühen Mittelalter übersiedelte der römische Landadel in die Stadt und rief eine neue Gemeindeordnung ins Leben. Unter byzantinischer Oberherrschaft, vorwiegend jedoch unter der lokalen Regierungsgewalt des Bischofs, entstand die berühmte Basilika Euphrasiana. Mit dem Beginn der venezianischen Oberhoheit war die städtebauliche Entwicklung der Gemeinde, die sich inzwischen zu einem florierenden Handelszentrum entfaltet hatte, nahezu abgeschlossen. Im 15. und 16. Jh. vergrößerten venezianische Architekten die Mauern und Festungen, um der allgegenwärtigen türkischen Gefahr Einhalt gebieten zu können. Nach dem Sieg des Abendlandes über die Osmanen (18. Jh.) verloren die Verteidigungsanlagen an Bedeutung; man überließ sie dem Verfall oder beseitigte sie ganz. Städtebauliche Sünden des 19. und 20. Jh. führten dazu, daß die urbane Geschlossenheit von Poreč Einbußen erlitten hat, obschon die Stadtväter unter großen finanziellen Anstrengungen versuchen, das ›alte Kunstwerk‹ Poreč zu konservieren und planerische Mißstände wiedergutzumachen.

Basilika Euphrasiana

Höhepunkt eines Stadtrundgangs ist die Basilika Euphrasiana, die unmittelbar vor der nördlichen Stadtmauer steht. Hinter dem Eingangsportal erheben sich der Bischofspalast (6. Jh.), der Renaissance-Campanile (16. Jh.), Baptisterium (7. Jh.), Atrium und Narthex (6. Jh.), Basilika (6. Jh.), Maurusoratorium (3. Jh.), Kapitelsaal und Sakristei (7./15. Jh.) sowie zwei später hinzugefügte Kapellen (17./19. Jh.).

Atrium und Narthex (a, b): Hinter dem Eingangsportal öffnet sich der Zugang zum frühmittelalterlichen Atrium und Narthex der Basilika. Dieser rechteckige, von überdachten Arkadengängen umgebene Vorhof gehörte ursprünglich zu fast jeder frühchristlichen Kirche

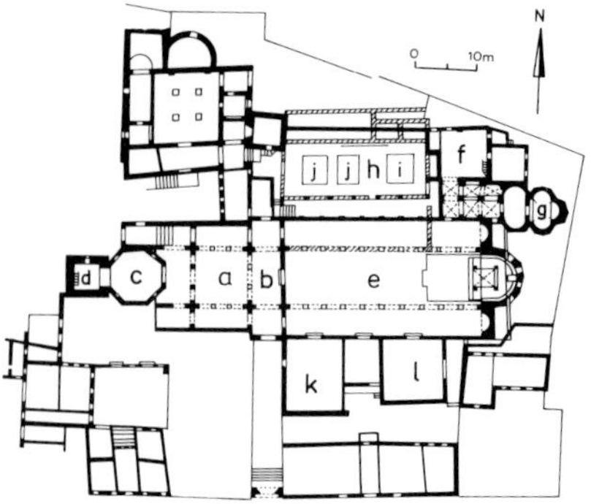

Basilika Euphrasiana: Grundriß

Abb. rechts: ▷
Atrium und Fassade (links)
Mosaikdetail des Altarbaldachins (rechts)

und diente der Vorbereitung auf den Gottesdienst. Die Seiten des zierlichen Innenhofes umschließen jeweils drei Arkadenbögen, die auf schönen byzantinischen Kapitellen ruhen, wobei die östlichen 1866 durch Kopien ersetzt worden sind. In den schmalen Wandelgängen ist heute eine Sammlung mittelalterlicher Steinfragmente zu sehen, die einst zur Ausstattung der Basilika gehörten.

Baptisterium und Campanile (c, d): Hinter dem westlichen Arkadengang befindet sich der Zugang zum romanischen Baptisterium, das über einem achteckigen Grundriß hochgeführt worden ist. Die dem Atrium zugewandten Fenster des Obergeschosses stammen aus dem späten 19. Jh., als die ganze Basilika gründlich renoviert wurde. Das kleine romanische Taufbecken diente der im Mittelalter noch üblichen Immersionstaufe, d.h. der Täufling mußte ganz in das tiefe Becken untertauchen, um das hl. Sakrament zu empfangen. Der Renaissance-Campanile schließt die monumentale Bauachse von Basilika, Atrium und Baptisterium nach Westen ab. Eine schmale Treppe führt hinter dem Baptisterium zur Turmkanzel, die im 16. Jh. vollendet wurde.
Der *Bischofspalast*, der im 6. Jh. begonnen und im Verlauf späterer Jahrhunderte mehrmals umgebaut worden ist, schließt den Bereich der Basilika Euphrasiana nach Süden – zur Stadt hin – ab.

Die Basilika (e): Durch ein einfaches Portal, das sich vom Narthex zum Kirchenraum öffnet, gelangt man in das Innere. Zuvor jedoch sei vom Atrium aus noch ein Blick auf den oberen Teil der Kirchenfassade gerichtet, die ein schlichter Giebel krönt. Um den besonderen Wert und die Bedeutung der Kirche hervorzuheben, haben die von Byzanz beeinflußten Künstler die Fassade mit Mosaiken verklei-

det, die Stifter- und Heiligenfiguren zeigen (im 19. Jh. renoviert bzw. ergänzt).
Der basilikale Kirchenraum gliedert sich in ein mittleres, von einem Lichtgaden umgebenes Schiff, das von zwei niedrigeren Seitenschiffen flankiert ist. Im Osten erkennt man drei schöne Apsiden, wobei die mittlere durch vier schlichte Bogenfenster betont wird. Hier erheben sich der wuchtige Altaraufbau – das überwölbte *Ciborium* – und der *Bischofsthron*. Die reich verzierten Wände des Mittelschiffs, das eine flache Holzdecke besitzt, werden von antiken Säulen mit schönen byzantinischen Kapitellen getragen, wie die Kirche, die ein einfacher, aber klarer Grundriß auszeichnet, überhaupt ganz im Zeichen der zu dieser Zeit vorherrschenden Kunst Ostroms stand. Im nördlichen Schiff haben sich Fragmente der originalen Tier- und Pflanzenbemalung (6./7. Jh.) erhalten. Größtenteils verloren gegangen sind die Mosaikfußböden, die späteren Gräbern weichen mußten.
Zu den erlesensten Kunstwerken des Innenraumes gehören die *Mosaiken*, die den *Triumphbogen* und die *Apsiden* zieren. Die Leuchtkraft ihrer Farben wird besonders durch den Goldgrund geprägt, der die Vergeistigung und Jenseitigkeit der Heiligen und Engel versinnbildlichen soll. Technik und Darstellungsweise dieser Mosaiken verdeutlichten die Bindung von Poreč und Istrien an Ravenna bzw. Byzanz (San Vitale und Sant' Apollinare Nuovo in Ravenna stammen aus der gleichen Zeit; 6./7. Jh.), und sehr wahrscheinlich waren einige der dortigen Künstler auch in Poreč tätig. Auf dem Triumphbogen sind Christus und die 12 Apostel dargestellt, in der Muschelwölbung der Apsis die thronende Gottesmutter mit Engeln. Die drei Gestalten rechts von ihr sind der Legende nach Wächter von Poreč gewesen; die drei linken zeigen *Maurus*, den Kirchenpatron und Märtyrer, *Euphrasius*, den Erbauer der Basilika, mit dem Kirchenmodell in den Händen, sowie den Erzdiakon *Claudius* mit seinem Sohn. Zwischen den Fenstern sind ein Engel, Johannes d. T., Zacharias sowie ›Verkündigung‹ und ›Heimsuchung Mariens‹ dargestellt.
Im hohen Mittelalter hat man den Chorraum (Presbiterium) erhöht, um den monumentalen *Ciboriumsbaldachin*, der aus dem 13. Jh. stammt, hervorzuheben. Die Säulen und Kapitelle des Ciboriums gehen allerdings auf den Vorgänger (6. Jh.) zurück. Venezianische Künstler entwarfen die Mosaiken des Baldachins (›Verkündigung‹ und ›Märtyrerporträts‹). Das goldene Altarantependium ist im spätgotisch-venezianischen Stil 1452 gestaltet worden. Aus dem Vorgängerbau der Basilika Euphrasiana stammt der steinerne *Bischofsthron* an der Stirnseite der mittleren Apsis (4. Jh.).
In der nördlichen Apsis haben sich Mosaikreste aus dem frühen 5. Jh. erhalten. Sie sind ebenso wie die Fragmente der Bodenmosaiken im

nördlichen Seitenschiff Zeugen der ersten Basilika Euphrasiana, die im 5. Jh. errichtet worden ist und im 6. Jh. der heutigen Kirche weichen mußte.

Sakristei und Grabkapelle des hl. Maurus (f, g): Durch eine schmale Tür im nördlichen Seitenschiff gelangt man in einen kreuzrippenüberwölbten Vorraum, an den sich die Sakristei, die im 15. Jh. erbaut wurde, anschließt. Ein zweites Portal führt vom rechteckigen Vorraum in die spätromanische Grabkapelle des hl. Maurus, die auf das Jahr 1248 zurückgeht. Die kleine Kapelle gliedert sich in ein ellipsoides Vestibül und in die durch drei Apsiden gebildete Grabkammer, die nur durch sehr schmale Lichtschlitze erhellt wird. Im unteren Teil der südlichen Apsis sind originale Mosaiken (13. Jh.) und im oberen Abschnitt Wandmalereien aus dem 15. Jh. erhalten geblieben.

Maurusoratorium (h): Das Maurusoratorium ist der nachweislich älteste Teil der Kirchenanlage und schließt sich unmittelbar an die nördlichen Mauern des Seitenschiffes der Basilika an. Ausgangspunkt der heutigen Basilika Euphrasiana war ein römisches Stadthaus, in dem sich die Christen während der Verfolgungszeit trafen. Zu diesem spätantiken Maurusoratorium gehören die ältesten Fundamente und der freigelegte *Mosaikboden (i)*, der im 4. Jh. erweitert wurde *(Fisch als Christussymbol; j)*. Zu Beginn des 4. Jh. entstand zu Ehren des lokalen Märtyrers *Maurus* die erste Basilika durch Erweiterung des Oratoriums nach Westen und Süden. Bald sollte sich auch diese Kirche als zu klein erweisen, so daß ein zweites, geräumigeres Gotteshaus notwendig wurde. Diese sog. ›Voreuphrasianische Basilika‹ (5. Jh.) war der Vorgängerbau der heutigen Kirche und verband sich mit dem antiken Maurusoratorium zu einer Art ›Doppelkirche‹, wobei die erste dem Gedenken an den Heiligen, die andere dem Gottesdienst und dem Bischof diente. Sie erhielt ihren Namen nach dem damaligen Erbauer, Bischof *Euphrasius*, der später heiliggesprochen wurde.

Die südlichen Seitenkapellen (k, l): In der östlichen, im 17. Jh. angefügten rechteckigen Seitenkapelle hängen ein 1440 von dem Venezianer *Vivarini* gemaltes Polyptychon, ›Christus im Hause Marthas und Marias‹ aus der Schule *Bassanos* und ›Das letzte Abendmahl‹ von *Palma d. J.* (16. Jh.). Die westliche Seitenkapelle wurde im 19. Jh., die mittlere kleinere Votivkapelle im 20. Jh. in Auftrag gegeben. Beide sind sehr einfach gestaltet und bergen kaum nennenswerte Kunstwerke.

An der Spitze der Inselzunge bzw. fast am Ende der Hauptstraße (Dekumanska Ul.) von Poreč lag einmal das *römische Forum* (Dekumanska Ul. und Trg Prvi Maj). Heute künden nur noch die Ruinen zweier Tempel von der

Pracht dieser kaiserzeitlichen Anlage: auf der westlichen Seite der *Neptuntempel* (2. Jh.), auf der nördlichen das *Marsheiligtum* (Stadtpark). Die nördlichen Gebäude des Platzes ruhen teilweise noch auf den Forumsfundamenten. In unmittelbarer Nähe errichteten die Franziskaner im 13. und 14. Jh. ein schlichtes Kloster. 1731 wurde der alte Campanile restauriert, und im 19. Jh. teilte man die spätromanische Klosterkirche in zwei übereinanderliegende sakrale Andachtsräume (Ul. Gundulićeva). Beachtung verdient auch der spätromanische *Canonica-Palast* (1251) in der Ul. Lubljanska. Trotz der schweren Bombenangriffe im letzten Krieg haben sich in der Altstadt von Poreč einige romanische, gotische und Renaissance-Paläste erhalten können; die meisten von ihnen stehen an der Dekumanska Ul., darunter der *Zuccato-Palast*, der im 15. Jh. im venezianisch-spätgotischen Stil erbaut wurde, und der barocke *Sinčić-Palast* (17. Jh.), der nun die Sammlungen des *Stadtmuseums* birgt. Zur Landseite hin sind vereinzelte Mauerreste, ein runder und ein fünfeckiger Festungsturm zu erkennen. Sie gehörten zu den großen Verteidigungsanlagen der Stadt und gehen im großen und ganzen auf das 13. und 15. Jh. zurück. Vor dem ehemaligen Mauerzug erstreckt sich ein Platz, auf dem das *Rakovac-Denkmal* an die Volkshelden des jugoslawischen Befreiungskrieges (1944) erinnert.

Pazin — Nr. 3

Lohnenswert ist ein Ausflug in das mittelalterliche Städtchen Pazin, das im istrischen Bergland liegt (32 km von Poreč) und zu den ältesten Zeugen feudaler Herrschaft in dieser Region zählt. Das 983 erstmals erwähnte königliche Lehen war seit 1374 in österreichischem Besitz, nachdem es zuvor den Bischöfen von Poreč und Grafen gehört hatte. 1571 erschütterten Bauernaufstände das ohnehin gespannte Verhältnis zwischen slawischem Bürgertum und Feudaladel, konnten aber dennoch nicht verhindern, daß Pazin bis zum Ende der K. & K.-Monarchie von aristokratischen Herren regiert wurde.
Weltlicher Mittelpunkt der Stadt ist das auf einem hohen Felsen stehende *Kastell*, das im 9. Jh. gegründet und im 13. Jh. und 14. Jh. mehrmals umgebaut wurde. Über dem Eingangsportal erkennt man die Wappen der Herren von Pazin. Unterhalb der mittelalterlichen Festung erheben sich die schlichten Bürgerhäuser, die weitgehend aus dem 15. und 17. Jh. stammen. Das sakrale Zentrum bildet die Pfarrkirche *Sv. Nikola*. Die alte Bischofskirche geht auf das Jahr 1266 zurück, wurde aber später barockisiert. 1705 errichteten einheimische Architekten den ebenfalls barocken Campanile der Kirche. In dem 1444 angefügten gotischen Chor haben sich um 1460 gemalte Fresken erhalten. Sie sind wahrscheinlich ein Werk Tiroler Künstler, die zu dieser Zeit in vielen istrischen Kirchen und Klöstern arbeiteten. Zwischen 1463 und 1477 entstand das Kloster der Franziskaner, dessen Kirche *Sv. Frane* ein schönes Altargemälde von *Girolamo da Santacroce* (1536) ziert.

Beram, ein kleiner Ort nordwestlich von Pazin, besitzt eine große Kostbarkeit. In der alten Friedhofskapelle *Sv. Maria di Skriljine* (etwa 1 km nordöstlich vom Dorf) sind die sicherlich wertvollsten Wandmalereien Istriens und Dalmatiens erhalten (1474 durch *Vincent* aus Kastav geschaffen). In drei großen Zyklen, die den ganzen Innenraum der Kapelle bedecken, sind der ›Totentanz‹, die ›Anbetung der Könige‹ und ›Mariä Geburt‹ dargestellt. Abgesehen von der hervorragenden künstlerischen Qualität und den lebhaften biblischen Bildergeschichten besticht das Freskenprogramm durch die wirklichkeitsnahe Darstellung, die einen Einblick in die Lebens- und Denkweise des 15. Jh. in diesem Land gibt. Auch die Pfarrkirche von Beram *(Sv. Martin)* enthält noch reiche Fresken (1431) im Triumphbogen und Chor.

4 Rovinj

Rovinj, auf einer hohen Halbinsel gelegen, gehört neben Pula, Poreč und Piran zu den schönsten mittelalterlichen Stadtschöpfungen in Istrien. Die Hügelstadt, sie sich hinter einem Gürtel schützender Inseln verbirgt, besitzt zwei Häfen und eine ›Neustadt‹, die sich seit dem späten Mittelalter vor der schmalen Landzunge entfaltete; denn auch hier war der Platz zu eng. So kamen zwei sakrale Stätten vor den Mauern zu stehen: Das Franziskanerkloster und die romanische Kapelle *Sv. Trojstvo.* Bewundernswert aber sind nicht nur die urbane Gestalt von Rovinj, sondern ebenso die landschaftliche Schönheit der Umgebung, die weiten Parkanlagen und die zahlreichen gepflegten Strände. Im Süden der Stadt versucht man, die mediterrane, subtropische Vegetation durch einen Nationalpark zu schützen *(Punta Kurent).*
Von der römischen Gründung Rovinjes ist bis auf Grundzüge des Straßenrasters kaum etwas übriggeblieben. Die eigentliche Stadtgeschichte zeichnet sich erst im 9. Jh. ab, als sich der Einfluß von Ravenna und Aquileia verstärkte. Bis zur Machtübernahme der Venezianer (1238) rangen italienische Bischöfe, istrische Grafen und kroatische Patrizier um die Herrschaft von Rovinj. Mit der Konsolidierung der venezianischen Regierung im 14. Jh. begann nicht nur die kulturelle und urbanistische, sondern auch die wirtschaftliche Blütezeit der Stadt, die bis ins 18. Jh. dauerte. Nach 1500 schlossen venezianische Architekten den doppelten Mauerring, verbreiterten den Wassergraben und errichteten die bedeutendsten Paläste und Kirchen. Als im 18. Jh. die Türkengefahr gebannt war, riß man die Mauern ein und schüttete den alten Graben zu. Damals verschmolzen Alt- und Neustadt zu einer Gemeinde. Heute steht Rovinj unter Denkmalschutz. Seit einigen Jahrzehnten ist die Stadt beliebtes Ziel zahlloser ausländischer Gäste, zu dessen Attraktivität neue Hotelsiedlungen, Badeanstalten, Sporteinrichtungen, Museen, ein Aquarium und die Kunstschätze beitragen.
Das Stadtbild von Rovinj beherrscht der *Dom Sv. Eufemija* mit seinem schlanken Campanile auf der Spitze der Halbinsel. Die für diese Stadt fast zu groß erscheinende barocke Kathedrale steht auf den Grundmauern zweier älterer Kirchen, einer frühchristlichen dreischiffigen Basilika und einer romanischen Kapelle. 1736 nahmen einheimische und venezianische Architekten das Bauwerk in Angriff, das 1861 mit der neoklassizistischen Marmorfassade vollendet werden konnte. Der kubische Block hat die Form einer Basilika, mit bündig abschließendem Chor, drei Portalen und seitlichen ›Thermenfenstern‹. Ältestes Werk des Innenraums ist der frühchristliche *Sarkophag der hl. Eufemija,* der im 15. Jh. in einen Altar umgewandelt wurde. Neben einer spätgotischen Heiligenskulptur sei das Augenmerk des Besuchers auf die vorzüglichen venezianischen Gemälde (16.–17. Jh.) gerichtet: u. a. ›Jesus im Garten Gethsemane‹, ›Abendmahl‹.
Der *Campanile* ist eine fast naturgetreue Kopie seines venezianischen Vorbildes, stammt aus dem Jahre 1677 und zählt zu den höchsten Türmen der östlichen Adria (60 m). Seine Spitze krönt die Statue der hl. Eufemija.
Auf dem Platz zwischen den älteren, heute nicht mehr vorhandenen Stadtmauern, dem *Trg Maršala Tita,* erheben sich der Spätrenaissance-*Uhrturm* und die *Loggia* (heute Reisebüro), die man jüngst mustergültig renoviert hat. Der 1860 gestaltete barocke *Balbibogen* markiert jenen Punkt der mittelalterlichen Gemeinde, an dem sich einst das alte Haupttor befand. In dem alten, auf das 13. und 14. Jh. zurückgehenden *Rathaus,* unmittelbar neben dem Balbibogen, sind die Sammlungen des *Stadtmuseums* untergebracht.
Verläßt man die Altstadt, gelangt man zum nördlichen Hafenplatz, *Palih Boraca.* Hier erinnert eine große Marmorplastik von *I. Sabolić* (1956) an die Gefallenen des Volksbefreiungskrieges (1944). Hinter dem Stadttheater führt die Ulica de Amicis zum weiträumigen Komplex des 1810 errichteten *Franzis-*

kanerklosters sowie zu einem der ältesten Denkmäler dieser Region, der sechseckigen, im 13. Jh. vollendeten *Kapelle Sv. Trojstvo* (Hl. Dreifaltigkeit) am Trg Slobode. Die im 12. Jh. gestiftete sehr einfache Kapelle birgt allerdings keine nennenswerten Kunstschätze und ist auch nur selten geöffnet.

Auf der *Insel Muntrav* (Schiffsverbindung vom Hafen) haben die Stadtväter einen herrlichen Botanischen Garten angelegt. Aus dem alten Steinbruch soll das Baumaterial stammen, das zur Errichtung venezianischer Paläste diente. Sehenswert ist auch die malerische *Insel Crveni Otok* südlich von Rovinj (Taxiboote). Im 6. Jh. gründeten die Benediktiner hier ein Kloster, das 1446–1820 den Franziskanern gehörte. Von der frühromanischen Kirche hat sich nur der Kuppelraum mit einigen Skulpturen- und Freskenfragmenten erhalten. Das übrige Kloster wurde im 19. Jh. in eine Privatvilla und jüngst in das schöne Hotel ›Dvorac‹ umgewandelt.

5 Pula

Die Stadt liegt am Ende eines geschützten, fast 5 km langen und 2 km breiten Golfes und bildet heute das bedeutendste wirtschaftliche, politische und kulturelle Zentrum von Istrien mit zahlreichen Schulen, Akademien, wissenschaftlichen Institutionen, Museen, Banken, Industriebetrieben und Werften. Mittelpunkt Pulas ist der hafennahe Stadthügel, auf dem heute ein Kastell steht. Auf diesem Hügel gründeten die Illyrer im 5. Jh. v. Chr. eine stadtähnliche Siedlung (*Gradina*; s. S. 4), die von wuchtigen Stadtmauern umgeben war. Damaligen Städtebauprinzipien zum Trotz errichteten römische Kolonisten um 44. v. Chr. eine neue Stadt, die nicht quadratisch angelegt war, sondern sich um den Burgberg legte. Unter Kaiser *Augustus* erlangte Pula den Titel eines autonomen Munizipiums und nannte sich fortan ›Colonia Iulia Pollentia Herculanea‹. Eine Reihe monumentaler Triumphbögen, Tempel und ein Amphitheater zierten das politische und kulturelle Zentrum der römischen Region Istrien. Pula bildet neben Split (Nr. 19) und Salona das beste Beispiel antiker Kunst im östlichen Mittelmeerraum, da sich sonst kaum römische Denkmäler in dieser Fülle und Qualität erhalten haben. Nach dem Niedergang Westroms (476) und der kurzen Herrschaft der Ostgoten und Franken kam Pula als neu gegründeter Bischofssitz unter die Verwaltung von Ravenna, die sich aber kaum auf die Stadtgeschichte auswirkte. 1230 wurde die Diözese den Patriarchen von Aquileia unterstellt. Aus dieser Verbindung leitete Venedig seinen Anspruch auf Pula ab und begann eine zermürbende Auseinandersetzung mit den Autonomisten auf der einen und den mächtigen Grafen von Istrien auf der anderen Seite. 1331 stellte sich Pula unter die Hoheit der Serenissima, die die Stadt bis 1797 ihr Eigen nannte. Trotz langer Freiheitskämpfe und verheerender Pest- und Malariaseuchen entwickelte sich Pula im Mittelalter zu einem Mittelpunkt kirchlicher Kultur, unter dem Diktat Venedigs auch zu einer wichtigen Hafen- und Handelsstadt.

1797 gelangte Pula zu Österreich-Ungarn. Genoß Rijeka den Ruf, wirtschaftlicher und maritimer Mittelpunkt der Habsburger Monarchie zu sein, so wurde Pula im 19. Jh. deren wichtigster Kriegshafen. Damit begann der neue Aufschwung dieser Stadt. Verwaltungszentren, Behörden, Handelskontore und luxuriöse Wohnpaläste entstanden im östlichen, neu und regelmäßig angelegten Stadtteil. Die österreichische Kunst und Kultur, die in Istrien schon immer spürbarer als im südlichen Dalmatien war, löste den langen italienischen Einfluß ab. Nach einer neuerlichen Interimsregierung Italiens während der beiden Weltkriege kam die durch den letzten Krieg schwer in Mitleidenschaft gezogene Stadt endgültig zu Jugoslawien.

Pula: Amphitheater

Heute ist Pula eine moderne Industriestadt und kulturelles Zentrum Istriens. Neben Film- und Sommerfestivals, Messen und Kongressen bieten vor allem die vielen ruhigen und landschaftlich reizvoll gelegenen Fischerdörfer, Hotels und Feriensiedlungen abwechslungsreiche Erholungsmöglichkeiten. Ebenso üppig wie die Küstenregion ist das von hohen Bergen und tiefen Tälern durchzogene istrische Hinterland, das sich auch kunsthistorisch von der Küste unterscheidet. Die alten Grafschaften Pazin, Labin und Motovun standen mehr unter deutscher und österreichischer Herrschaft als unter italienischer (Pula-Pazin 45 km).

Das Amphitheater, in unmittelbarer Nähe des Hafens, ist das gewaltigste Denkmal der römischen Epoche in Istrien. Die unter Kaiser *Augustus* begonnene und unter Kaiser *Vespasian* vollendete Arena steht auf einem leicht abfallenden Terrain, das damals noch vor den Stadtmauern lag. Sie mißt 133 × 105 m und bot über 23.000 Personen Platz. Die nahezu unversehrte, aus schweren Rustikaquadern aufgemauerte Außenwand erreicht eine Höhe von 30 m (Hafenseite), wobei die Landseite zwei, die Hafenseite vier Stockwerke besitzt. Über dem massiven Untergeschoß erheben sich zwei Arkadenreihen und das durch rechteckige Fenster gekennzeichnete Obergeschoß, hinter dem sich ein zur Arena offener Loggienumgang auftat. Die vier flachen, risalitförmigen Seitentürme dienten als Treppenaufgänge bzw. Wasserreservoirs. Im 15. Jh. benutzten die Venezianer die inneren Steinbänke als Baumaterial für ihre neuen Paläste. Ihren kühnsten Plan, die ganze Arena nach Venedig umzusiedeln, haben sie nach 1583 wieder aufgegeben. Ein Teil der Sitzreihen ist jüngst wieder rekonstruiert worden. Im Sommer finden hier Film- und Theateraufführungen statt.

Die Straße Jugoslavenske Narodne Armije führt zwischen der Neustadt und den Parkanlagen des Hafens (Autobusbahnhof) zur römisch-mittelalterlichen Stadt unterhalb des Burgbergs. Die römische *Porta Gemina* (Doppeltor) bildet den Zugang zu diesem parkähnlichen Areal antiker Denkmäler. Sie ist eigentlich ein Fragment, eine ›Blendfassade‹; denn die dazugehörigen römischen und venezianischen Stadtmauern sind im 19. Jh. beseitigt worden. Die von zwei Bögen durchbrochene Stirnseite wird durch drei Wandsäulen, das Postament und einen schweren Architrav in klassischer Art unterteilt. Das Tor, das im 2. Jh. n. Chr. erbaut wurde, gleicht stadtrömischen Triumphportalen und vereint in reifer Gestalt schon viele der architektonischen Gliederungselemente, die später die italienische Renaissance so erfolgreich anwandte. Unmittelbar hinter der Porta Gemina befindet sich das *Archäologische Museum*, das eine reiche Sammlung antiker Kunstwerke, vor allem der Region Istrien, zeigt. Hinter dem Museum erkennt man die Ruinen des *römischen Theaters*, das in der Kaiserzeit fertiggestellt wurde. Erhalten blieben Teile der Zuschauerbühne und der Orchestra. Die hohe Blüte der römischen Kolonie verdeutlichen die Reste des *zweiten, größeren Theaters*, die im Bošković-Park freigelegt wurden. Die prächtigen Säulen der Theater stehen heute in Venedig und zieren die Fassaden der Bibliothek und der Kirche Santa Maria della Salute.
Die *Porta Herculea*, südlich des Archäologischen Museums, geht auf das 1. Jh. n. Chr. zurück und war neben der nahen Porta Gemina der zweite östliche Stadtzugang. Den weiteren Verlauf der römischen Mauern markieren einige noch erhaltene mittelalterlich-venezianische Wehranlagen und Schutztürme, die sich bis zum zweiten Theater erstrecken, um dann dem Hafenrund zu folgen. Zwischen Theater und Porta Herculea stand des Haupttor Pulas, die *Porta Aurea* bzw. der *Triumphbogen der Sergi*. 31 v. Chr. stellte man den prunkvollen römischen Triumphbogen vor die ältere Porta Aurea, um so die innere Stadtmauer gestalterisch zu bereichern. Das von *Salvia Sergi* gestiftete Denkmal ist freilich ebenso ›Blendfassade‹ wie die Porta Gemina und hat sich eigentlich von seiner Grundlage, den Stadtmauern, noch nicht gelöst. Der Sergibogen ist somit Vorläufer der größeren, spätkaiserzeitlichen Triumphbögen, wie sie noch heute in Rom zu sehen sind. 1829 fiel die Porta Aurea der Spitzhacke zum Opfer, so daß nun nur das Sergiportal zu sehen ist. Teile eines antiken *Rundtempels*, der vor der Porta Gemina stand, sind heute jugoslawischen Kriegshelden gewidmet. Etwas weiter südlich, vor der Porta Aurea, lag ein *frühchristlicher Friedhof*, den *Dante*, der zeitweise in Pula gelebt haben soll, in seiner ›Göttlichen Komödie‹ (IX, 114) erwähnt.
Hinter dem Sergibogen führt die Ulica Prvi Maj in die belebte Alt-

Detail des Sergibogens

stadt. Die bedeutendsten sakralen Denkmäler dieses Viertels sind die spätgotische Kirche *Sv. Milošrdje* (im 15. Jh. vollendet) und Reste der frühchristlichen Basilika *Sv. Maria Formosa* (Ulica Rade Končar), die auf das 6. und 7. Jh. zurückgehen. Die schlichte, im byzantinischen Stil ausgestattete Kapelle, die über einem Kreuz erbaut wurde, bildet nur noch einen Teil der einstigen Basilika. Sie erhebt sich längsseits der ehemaligen Apsiden von Sv. Maria Formosa; im Innern sind noch Fragmente eines Mosaiks und Wandmalereien (6./7. Jh.) erhalten. Die Basilika besaß drei weite Schiffe sowie eine monumentale Mittelapsis und glich ähnlichen Gotteshäusern in Poreč und Aquileia (Grado). Ihre Reliefs, Ornamente und Säulen fanden, nachdem die Venezianer die Kirche abgerissen hatten, in San Marco eine neue Heimat.

In der Ulica Jan Hus gestalteten einheimische Baumeister und Künstler die (heute) orthodoxe Kirche *Sv. Nikola*. Sie stammt aus dem frühen Mittelalter (Frühromanik), wurde aber im 13. und 18. Jh. durch wiederholte Umbauten und Renovierungen stark verändert. Sehenswert sind eine hölzerne Ikonostase sowie einige veneto-byzantinische Ikonen aus dem 16. und 17. Jh. Im Hinterhof des Hauses Nr. 16 in der Ulica Prvi Maj legten Archäologen ein herrliches Mosaik, die ›Bestrafung der Circe‹, frei. Es gehörte zu einer luxuriösen Stadtvilla (Villa urbana), deren Gärten sich bis zum Meer ausdehnten (1. Jh. v. Chr.).

Die Franziskaner siedelten sich im 13. Jh. unterhalb des Burgbergs an

(Ulica Lupetine) und begannen bald darauf mit dem Bau von Kirche, Kloster und Kreuzgang. Durch das reich verzierte romanische Portal, über dem eine frühgotische Fensterrose die schlichte Fassade schmückt, betritt man den weiten Innenraum der Kirche. Höhepunkte monacensischer Kunst sind die schöne Doppelkanzel und ein spätgotisches Polyptychon, dessen Meister in der Tradition der Schule *Vivarinis* (Venedig, 15. Jh.) arbeitete. Neben der Kirche kündet auch der doppelgeschossige Kreuzgang von der reifen istrischen Klosterbaukunst. Im 15. Jh. fügte man dem gotischen Kreuzgang elegante Renaissance-Arkaden, die von hübschen Pfeilern getragen werden, an. Jüngst sind hier eine Sammlung mittelalterlicher Skulpturen und Kopien der wichtigsten istrischen Wandmalereien zusammengetragen worden.

Die Ulica Prvi Maj mündet in das Zentrum der mittelalterlichen Stadt, den *Trg Republike*. Hier fand sich in römischer Zeit der politisch-sakrale Mittelpunkt von Pula, das *Forum*. Am Ende des langgestreckten, das Areal des Forums nachzeichnenden Platzes, steht der *Augustustempel*, der der Göttin Roma geweiht war und während der Regierungszeit von Kaiser *Augustus* (um 10 n. Chr.) hochgeführt wurde. Er gehört zu den besterhaltenen römischen Baudenkmälern überhaupt. 6,14 m hohe korinthische Marmorsäulen tragen den reich ornamentierten Giebel. Meisterhaft ausgeführt sind auch die Seiten und die Rückfront des kaiserlichen Kultbaus, in dem nun eine Abteilung des Archäologischen Museums untergebracht ist. Neben dem Tempel steht das auf den Fundamenten des Dianatempels ruhende mittelalterliche *Rathaus* (1296). 1653 gaben venezianische Architekten der Hauptfassade eine neue Renaissance-Gestalt, während die Seitenfronten ihr gotisches Aussehen behielten. Den unteren Teil der Vorderseite ziert nach alter Gepflogenheit eine zierliche *Loggia*.

Die schmale Ulica Gorana Kovačića führt zum hafenseitigen *Domplatz*, in dessen Mitte die Kathedrale von der bewegten Geschichte der alten Diözese erzählt. *Sv. Maria* ist eine dreischiffige Basilika, die auf den Fundamenten eines antiken Tempels und den Grundmauern eines frühchristlichen Gotteshauses steht. Im 14. und 15. Jh., als Pula Sitz venezianischer Stadtherren und Bischöfe war, reifte der Plan zu einem vollkommenen Umbau des alten Domes. Antike Spolien und Säulen dienten den Baumeistern als willkommene Fundgrube für die neue, prächtig ausgestattete Kathedrale, die man 1640 neuerlich renovierte. Durch das Hauptportal der schönen Renaissance-Fassade betritt man das festliche Innere, dessen Wände von romanischen Säulen getragen werden (rechtes Schiff). Ein altchristlicher Sarkophag ist in den Hauptaltar umgewandelt. Unter dem jetzigen Fußboden sind Mosaiken des ersten Domes erhalten. Das südliche Sei-

tenportal stammt von 1456 und ist ebenfalls ein Werk der Renaissance. Der Campanile des Domes wurde im 17. Jh. auf Steinblöcken aus dem Amphitheater errichtet.
In der Nähe der Kathedrale (Ulica G. Kovačića Nr. 11) steht ein hübscher Zeuge aristokratischer Wohnkultur, der *Demartini-Palast*, dessen Fassade den Stil der späten venezianischen Gotik (14./15. Jh.) nachempfindet.
Eine Treppenanlage bei der Ulica M. Gupca geleitet zum *Stadthügel* hinauf. An Stelle der illyrischen Siedlung entstand zunächst das römische Kapitol, später eine mittelalterliche Festung. Das heutige *Kastell* wurde im 15. und 16. Jh. unter venezianischer Leitung errichtet und im 17. Jh. neuerlich durch Vorwerke und Kasematten verstärkt. Während der österreichischen und französischen Herrschaft im 19. Jh. paßte man die Festung der veränderten Kriegstechnik an. Jetzt enthält es das Museum der nationalen Volksbefreiung. Von hier oben bietet sich ein schöner Ausblick auf Pula, seinen Hafen, die Arena, die weite Küstenlandschaft und die Inselgruppe Brioni.

Nördlich von Pula liegt das Fischerdorf *Fažana*, das sich in den letzten Jahren zu einem ansehnlichen Städtchen entwickelt hat. Bekannt wurde die römische Gründung (Keramikateliers) im Jahre 1379, als sich zwischen dem Festland und den Brioni-Inseln venezianische und genuesische Schiffe eine erbitterte Seeschlacht lieferten. Die kleine einschiffige Kirche *Sv. Eliseo* geht auf das 6. Jh. zurück und wurde auf den Grundmauern eines römischen Gedäudes, vielleicht einer Villa suburbana, errichtet. In der ebenfalls einschiffigen Kirche *Sv. Maria od Karmela*, die ins 14. Jh. datiert wird, sind schöne spätgotische Wandmalereien (15. Jh.) erhalten. Die spätgotische Pfarrkirche *Sv. Cosma i Damiano* wurde in späteren Jahrhunderten mehrmals umgebaut und renoviert. Aus dem 16. Jh. stammt das Hauptportal. Die Renaissance-Fresken des Inneren und der Sakristei (Kreuzigung, Pietà), schufen vermutlich Künstler aus Friaul.
In *Vinkuran* liefert seit römischer Zeit ein Marmorsteinbruch luxuriöses Baumaterial. Die illyrisch-römische Gründung *Premantura* entwickelte sich zu einem für ihren Fischreichtum, ihre Muschel- und Austernbänke bekannten Ausflugsort. In *Banjole* sind die Ruinen der frühchristlichen Kirche *Sv. Mikula* (7./8. Jh.) konserviert worden, obschon die meisten Gäste nicht der Kirche, sondern der Austern- und Fischlokale wegen hierher strömen. In der Umgebung von *Medulin* sei zu einem Spaziergang zu den Ausgrabungen einer römischen Villa (Vižula) geraten. 2 km nördlich von *Valtura* liegt das ausgedehnte Grabungsfeld der illyrisch-römischen Städte *Vizače* und *Nesactium* (Funde im Archäologischen Museum von Pula). *Vizače* war eine der größten illyrischen Siedlungen Istriens und fiel 177 v. Chr. römischen Truppen in die Hände. Unter Kaiser *Augustus* stieg der nun *Nesactium Augusta* genannte Ort zu einer blühenden römischen Kolonie auf, die später die Rechte eines Munizipiums erhielt. Das Ende der Stadt schlug mit dem Einbruch der Slawen und Awaren im 7. Jh., die Nesactium weitgehend zerstörten. Die überlebende Bevölkerung flüchtete damals nach Pula, das die ›Nachfolge‹ von Nesactium antrat.
Empfehlenswert ist ein Ausflug zu den inneristrischen Städtchen und kunsthistorischen Zentren *Pazin* und *Beram* (über Labin) sowie zur Inselgruppe *Cres* und *Lošinj* (Nr. 9) – Autofähren von Brestova nach Porozina auf Cres.

6 Opatija · Lovran

Die Riviera von Opatija gehört zu den landschaftlich reizvollsten Regionen der Adria. An den Abhängen der Učka-Berge, die die Küste vor den kalten Nordwinden schützen, entfaltet sich eine schöne Parklandschaft, die sich besonders durch ihre subtropische und artenreiche Vegetation auszeichnet. Zwischen ausgedehnten Park- und Gartenanlagen, die durch lange Wege und Uferpromenaden miteinander verbunden sind, wuchsen seit dem 19. Jh. formen- und farbenfrohe Hotels und Villen in die Höhe, deren Prachtfassaden den Reichtum ihrer Besitzer verraten. Mit der Vollendung der Eisenbahnlinie Wien-Graz-Triest-Rijeka (1873) entwickelte sich dieses Gebiet zur beliebtesten Ferienresidenz begüteter Österreicher, und schon 1899 wurde Opatija zum offiziellen Kurort erklärt. Seine luxuriösen Kur- und Badeanstalten lassen heute noch viele Gäste hier überwintern.
Die eigentliche Geschichte von Opatija aber beginnt bereits im 15. Jh. 1453 wurde auf einer kleinen Felsenanhöhe eine Abtei gegründet, die der späteren Stadt ihren Namen gab: *Abbazia – Opatija*. Von dem Kloster hat sich nur die kleine Kirche *Sv. Jakov* erhalten. Sie geht auf das Jahr 1506 zurück, wurde 1774 barockisiert und 1936 restauriert. Die zweite ›Gründung‹ Opatijas läutete der reiche Kaufmann *Iginio Scarpa* aus Rijeka ein. Im heutigen Park (Botanischer Garten) Prvi Maj ließ er 1844 eine neoklassizistische Villa errichten, der er den Namen ›Angiolina‹ gab. Bald folgten andere Familien, die gegenseitig um die prunkvollste Villa, den schönsten Park und Garten wetteiferten. Der kosmopolitischen Struktur von Opatijas Gästen gleicht die Architektur, die aus ebenso vielen, meist eklektizistischen Baustilen zusammengewürfelt ist.
Nach dem 2. Weltkrieg entwickelte sich die Riviera von Opatija zu einem der besuchtesten und mondänsten Ferienzentren Jugoslawiens. Es entstanden neue Hotels, Kongreßzentren, Sportarenen und eine Freilichtbühne, in denen international besetzte Konzerte und Sportereignisse sowie das alljährliche Sommerfestival für Abwechslung der Ferien- und Kurgäste sorgen.
Lohnenswert ist ein Ausflug (Busfahrt oder Wanderung) auf den Berg *Učka* (1396 m), von dem sich eine prachtvolle Aussicht auf die Küste, die Inseln, aber auch das Innere Istriens bietet. Auf dem Weg dorthin lädt das versteckte Bergdorf *Veprinac* mit einer alten Loggia und einer schlichten barokken Pfarrkirche zu einer Rast ein.

Lovran, an der Riviera von Opatija, besitzt ebenfalls schöne, gepflegte Parks, Villenviertel und Hotels. Die räumliche Beengtheit des schmalen Küstenstreifens führte schon seit dem 19. Jh. dazu, daß sich Lovran zu einem ›Vorort‹ von Opatija entwickelte
Lovran ist eine kroatische Gründung (8. Jh.) und gelangte im 13. Jh. unter die Herrschaft der Grafen von Pazin. Überfälle venezianischer Schiffe und dalmatinischer Piraten konnten dennoch nicht verhindern, daß Lovran bis zum 19. Jh. unter kroatischer und österreichischer Hoheit blieb. Erhalten hat sich die schöne Altstadt, deren Mauern jedoch im 19. Jh. verfielen. Durch das Seetor betritt man das mittelalterliche Stadtgefüge, in dem noch zahlreiche alte Patrizierhäuser zu sehen sind. Mittelpunkt von Lovran ist die Pfarrkirche Sv. Juraj (im 14. Jh. begonnen und im 16. Jh. vollendet), mit ihren gut erhaltenen Fresken. Der romanische Campanile und ein schlichter Wehrturm gehen auf die kroatischen Herrscher zurück, denen es weniger um stilistische Qualität als um die Sicherung ihrer stets gefährdeten Städte und Besitzungen ging.

7 Rijeka

Rijeka ist die größte Stadt der östlichen Adriaküste und zugleich der bedeutendste Hafen Jugoslawiens. Vor der mittelalterlichen Altstadt breiten sich die Geschäftsstraßen des 19. Jh., der große Hafen, neuzeitliche Trabantenstädte, Industriebetriebe und Werften aus; im Norden liegen Villenviertel und die Riviera von Opatija. Seit dem 19. Jh., mit Vollendung der Eisenbahnlinie Wien-Graz-Triest-Rijeka, entwickelte sich die Hafenstadt zu einem wichtigen wirtschaftlichen Zentrum. Touristen benützen sie meist nur als Durchgangsstation von der Bahn zum Schiff oder zur Küstenmagistrale in den Süden des Landes. Dennoch aber sei zu einem Spaziergang durch das mittelalterliche Stadtgefüge, das sich beiderseits des Flüßchens *Rečina* ausbreitet, geraten. Hinter den historistischen Palästen, die reiche österreichische, italienische und jugoslawische Kaufleute im 19. Jh. und frühen 20. Jh. an der Hafenallee errichtet haben, findet sich der Zugang zur Altstadt über den Korso Narodne Revolucije und die Ulica Rade Končar.
Die Geschichte der Stadt (früher ›Fiume‹ = ital. ›Fluß‹) beginnt um 60 v. Chr., als die Römer auf dem nahen Stadthügel ein befestigtes Kastell zur Sicherung ihrer östlichen Grenzen errichteten. Mit der Verschiebung der damaligen Staatsgrenze ins kroatische (pannonische) Hinterland, verlor die alte Grenzfeste ihre ursprüngliche Bedeutung. Im frühen Mittelalter war Rijeka ein unbedeutender Fischerort, der keine den südlicheren Städten vergleichbare Kunst- und Baudenkmäler hinterlassen hat. Erst mit dem Machtzuwachs der kroatischen Fürsten *Frankopani* und *Zrinski* im 13. und 14 Jh., die befestigte Städte und Kastelle im norddalmatinischen Raum gründeten, entfaltete Rijeka seine urbane Gestalt und wurde ein wichtiges handelspolitisches Zentrum Kroatiens. 1509 brandschatzten die Venezianer die Gemeinde, die immer wieder Zankapfel kroatischer Grafen, italienischer und österreichischer Fürsten war, konnten aber dennoch nicht verhindern, daß Rijeka weiterhin im Besitz der Habsburger blieb. Im 17. Jh. erlebte die Stadt eine reiche Blütezeit, die durch ein Dekret Kaiser *Karls VI.* (1717), das Rijeka zum Freihafen erklärte, ihren Höhepunkt fand. Nach einer kurzen Interimsregierung der Franzosen (1809 – 1816) gelangte die neben Triest bedeutendste Hafenstadt der K. & K.-Monarchie erneut an Österreich; 1848 – 1868 stand sie unter autonomer kroatischer Verwaltung. Nach dem legendären Putsch *Gabriele d'Annunzios* (1919) ging Rijeka in italienische Hände über, wurde 1920 Freistaat und 1945 endgültig Teil des neuen jugoslawischen Staates.
Die lange österreichisch-ungarische Herrschaft prägte die urbane und kunstgeschichtliche Evolution der Stadt, die kaum mit den mittelalterlichen Stadtgebilden Dalmatiens verglichen werden kann. Im großen und ganzen beherrschen Spätrenaissance und Barock österreichischer Provenienz die Gestalt der reichen Handelsmetropole; nur die ältesten Monumente gehen auf italienische Einflüsse zurück. Die nahezu quadratisch angelegte Stadt wurde bis zum 18. Jh. von einem barocken Festungsgürtel und dem von Österreichern umgebauten Kastell *Trsat* beschützt. Die tiefgreifende städtebauliche Veränderung Rijekas im 19. Jh. war Folge einer rapiden, den Bedürfnissen der industriellen Revolution angepaßten Entwicklung, die im östlichen Adriaraum ohne Nachfolge blieb. Neue Straßenachsen wurden angelegt, ein moderner Hafen, der Bahnhof und schöne klassizistische Büro- und Wohnpaläste errichtet. Auch in der Altstadt bekamen alte romanisch-gotische Baudenkmäler eine meist historistische Gestalt oder mußten neuen Gebäuden weichen.

Der Zugang zur verwinkelten Altstadt und zum Trg Ivan Koblera öffnet sich hinter dem barocken *Uhrturm*, der auf die mittelalterliche Porta Marina zurückgeht und 1801 eine neue Kuppel erhielt. An die österreichische Herrschaft erinnern der Doppeladler und die Büsten *Leopolds I.* und *Karls VI.*, die noch in der Fassade zu sehen sind. Auffälligstes Baudenkmal des mittelalterlichen Hauptplatzes von Rijeka ist der *Ratspalast*, der an Stelle eines gotischen Vorgängers zwischen dem 16. und 18. Jh. gebaut wurde. Um 1780 fügte man dem barocken Stadtpalast ein weiteres Stockwerk hinzu und renovierte die schöne Fassade (heute Musikschule). Links vom Ratspalast steht das erste mittelalterliche Stadttor, *Stara Vrata*, das vermutlich auf das Peristyl eines römischen Tempels zurückgeht. Rechts führt eine der typischen, von alten Patrizierhäusern umsäumten Gassen (Užarska Ulica) zum *Dom Sv. Maria*. Der dreischiffige Bau ist ein Werk des 13. Jh., wenngleich seine heutige Gestalt in das 17. und 18. Jh. zu datieren ist; die neoklassizistische Monumentalfassade konnte sogar erst im frühen 19. Jh. vollendet werden. Das Innere, in einem etwas provinziellen Barock, birgt keine nennenswerten Kunstschätze. Der freistehende Campanile von 1377 besitzt gotisch-venezianische Fensterbögen und gleicht einem spätromanischen Wehrturm. Unmittelbar neben dem oberen Stadttor errichteten die Bürger Rijekas ihre einfache romanische Votivkirche *Sv. Vid*, die zwichen 1632 und 1742 einer nach italienischem Vorbild gestalteten barocken Anlage weichen mußte, die mit dem ehemaligen Jesuitenkolleg verbunden ist. Den feierlichen Zentralraum krönt eine große, von wuchtigen Säulen getragene Kuppel.

Vom alten *Stadtkastell*, an dessen Stelle 1905 der historistische *Justizpalast* hochgeführt wurde, kündet nur noch ein unscheinbarer Mauerrest (Pod Kaštelom). In der Ulica Fašizma steht der Palast des österreichischen Gouverneurs, den *Alois Hausmann* 1896 in eklektizistischer Manier plante und in dem nach dem Putsch *d'Annunzios* der selbsternannte Stadtherr residierte. Heute beherbergt er das *Stadt- und Marinemuseum* von Rijeka. Zurück durch die Ulica Fašizma gelangt man zum Titov Trg, zum Rečina-Fluß und zum alten Stadtgraben (Mrtvi-Kanal), den ursprünglich der Fluß selbst mit Wasser versorgte. In der Mitte des Platzes mahnt eine Skulptur (1955, von *Matković*) an die Befreiungskämpfe Titos, an der Nordseite geleitet ein Treppenweg hinauf zum alten *Stadtkastell Trsat*, das die Fürsten *Frankopani* an Stelle der römischen Grenzfestung im 13. Jh. errichteten. In den folgenden Jahrhunderten wechselte es mehrmals den Besitzer und kam endgültig 1826 an Österreich. Heute enthält es ein Museum, eine Freilichtbühne und ein Restaurant. Von dem im 18. und 19. Jh. modernisierten vierflügeligen Kastell bietet sich ein schöner Ausblick über die Stadt, den Kvarner Golf und die nahen

Rijeka

Inseln Krk und Cres. Zum alten Burgkomplex gehören die beiden Kirchen *Sv. Juraj* (13. Jh.) und *Sv. Maria Lauretanska* (1453), die eine ältere Marienkapelle aus dem 12. Jh. ersetzte. In der 1824 zur zweischiffigen Halle umgebauten Kirche sind einige Frankopani-Fürsten und der berüchtigte Piratenführer *Petar Kružić* beigesetzt. Zu der Kirche gehörte einst das mittelalterliche *Franziskanerkloster*, welches sich der Fürbitte für das Fürstenhaus angenommen hatte. Die reiche Ausstattung von Kirche und Kloster ist der Spendenfreudigkeit wohlhabender Bürger Rijekas zu verdanken. Zu erwähnen sind die barocken Altargemälde, ein von Papst *Urban* 1367 gestiftetes Mariengemälde am Hauptaltar, eine Bibliothek und eine Sammlung mittelalterlicher liturgischer Geräte. Klosterkonvent und Refektorium erhielten im 16. Jh. eine neue barocke Ausstattung.
Ein weiterer Rundgang führt zum Stadtteil *Dolac*, der sich unmittelbar an die ehemaligen Stadtmauern (13.–17. Jh.) anschließt. Er ist der geschäftigste Teil des modernen Rijeka (Fußgängerzone) und bietet schöne neoklassizistische Paläste, frühe Hochhäuser, kommunale Behörden und Schulen. Vor dem Corso mit seinen Jugendstilcafés, Geschäften und dem monumentalen Jadran-Palast in der Mitte breitet sich der *Stadthafen* aus. Von hier sind es nur wenige Schritte zum Žabica Trg (Autobusbahnhof), hinter dem die einfache neogotische Fassade (frühes 20. Jh.) der *Kapuzinerkirche* in den Himmel ragt. Die von alten Kastanienbäumen flankierte Geschäftsstraße Ulica Kidrič führt zum Bahnhof, zu den großen Werften, aber auch zu den schönen Villenvierteln am Stadtrand.
Die beiden wichtigsten Museen Rijekas, das *Historische* und das *Marine-Museum*, sind im ehemaligen Gouverneurspalast in der Ulica V. Nazor untergebracht. Sie zeigen eine Dokumentation der Geschichte des kroatischen Küstenlandes sowie eine Sammlung alter Schiffsmodelle. In dem zum Museum gehörigen Park liegen römische und mittelalterliche Spolien. Neben dem Park steht das Gebäude des *Staatsarchivs* mit *Stadtbibliothek*, *Archiv* und *Naturwissenschaftlichem Museum* (Aquarium und Botanischer Garten). Die *Galerie moderner Kunst* (Malerei 19. und 20. Jh.) kann in der Ulica Dolac besucht werden.

8 **Die Insel Krk**

Krk gehört zur Inselgruppe des Kvarner Golfs und nähert sich der Küste, mit der sie durch eine Hängebrücke verbunden ist, bis auf 1 km. Die unmittelbare Nachbarschaft zu den großen Zentren Rijeka, Opatija und Pula führte in den letzten Jahrzehnten zu einer Verstädterung der Insel. Zwischen den mittelalterlichen Städten *Krk*, *Malinska*, *Omišalj* und *Punat* wuchsen viele Villenviertel, Hotels und Industrieansiedlungen empor. Der östliche, der Küste zugewandte Teil ist nicht zuletzt durch die Borastürme verkarstet und weitge-

hend unfruchtbar. Zum Westen hingegen entfaltet sich der ganze Reichtum subtropischer Vegetation. An den Abhängen der bis zu 500 m hohen Inselhügel, die flach zu den malerischen Buchten und Meerengen abfallen, gedeihen Getreide, Wein, Oliven und Mais. Salinen, Schiffswerften und kleinere Braunkohlelager förderten seit dem Mittelalter den Reichtum der alten Siedlungen. In den vergangenen Jahren entwickelten sich vor allem *Punat* und *Krk*, die beide in einer weiten und geschützten Bucht liegen, zu Mittelpunkten des sommerlichen Tourismus.
Omišalj liegt am Ende einer Meerenge, deren Abhänge von Pinien- und Föhrenwäldern bedeckt sind. Wie die nahen Küstenstädte, so war auch Omišalj Sitz der kroatischen Fürsten *Frankopani*, die die Insel Krk von Venedig als Lehen erhalten hatten. Von ihrem Kastell hat sich nur ein umgebauter Wehrturm erhalten (glagolitische Inschrift). Das mittelalterliche Städtchen hat dagegen seine urbane Geschlossenheit nahezu unberührt bewahren können. Mittelpunkt von Omišalj ist der große Platz mit der 1213 erstmals erwähnten Pfarrkirche *Sv. Maria*. Der romanischen Basilika wurde im 16. Jh. eine Renaissance-Kuppel aufgesetzt; die Fensterrose stammt aus dem Jahre 1403. Loggia und Campanile gehen auf das 15. Jh. zurück und sind Werke einheimischer Architekten. Die östliche Seite des Platzes ziert die um 1470 errichtete spätgotische Kirche *Sv. Jelena*. Erwähnung verdienen auch die beiden kleinen Kirchen *Sv. Antun* und *Sv. Ivan*, die Ruinen des *Rektorenpalastes* (15. Jh.) sowie das schöne gotische *Patrizierhaus Pančirov*. In der Nähe der Stadt sind Reste einer römischen Siedlung (Sepen) und die Grundmauern einer dreischiffigen frühchristlichen Basilika (5. Jh.) zu sehen. Etwas beeinträchtigt wird Omišalj allerdings durch die Ölraffinerie, die hier entstand.

Malinska, wenige Kilometer von Omišalj entfernt, hat sich in jüngster Zeit zu einem Ferienzentrum entwickelt. Von der alten Pfarrkirche blieb nur der 1618 errichtete Campanile erhalten. In *Bogovići* sind die barocke Kirche *Sv. Maria* (1644), in *Žgombići* die spätgotische Kirche *Sv. Andrija* und in *Strilčići* die Ruinen einer gotischen Kapelle *Sv. Nikola* erwähnenswert. Von Malinska führt die Straße zu den beiden Hauptorten der Insel, Krk und Punat.
Krk, eine antike Gründung (›Curicum‹), entfaltete sich im hohen Mittelalter zu einer autonomen Stadt mit eigenem Stadtrecht und Rektor. Im 14. und 15. Jh. gelangte sie in den Hoheitsbereich der Fürsten *Frankopani*, die sich mit Venedig wechselseitig in der Stadtherrschaft ablösten. Aus dieser Zeit stammen auch die wuchtigen Wehrtürme und Mauern, die im 19. Jh. teilweise eingerissen wurden. Mittelpunkt der Gemeinde ist neben dem Hafen der markante *Dom*, der auf eine dreischiffige frühchristliche Basilika zurückgeht, die im 5. Jh. erstmals Erwähnung fand. Unter und neben der Kirche sind Reste römischer Thermen gefunden worden. Ihre heutige Gestalt erhielt die Kirche im 13. und 14. Jh.; den barocken Campanile von 1760 schmückt eine schöne Zwiebelkuppel. Die Säulen und Kapitelle der Arkadenhochwand gleichen einem kunsthistorischen Bilderbuch von der Romanik bis zum Barock. Im linken Seitenschiff steht die hübsche Kapelle der Frankopani (15. Jh.). Der *Domschatz* birgt die vergoldete *Altarpala* der Frankopani, die *P. Koller* 1477 entwarf. Von der Renaissance beeinflußt sind die beiden steinernen Kanzeln sowie die Wappenschilder der Bischöfe von Krk. Zu den vorzüglichsten Altarbildern gehört die ›Grablegung Christi‹ von *Giovanni Pordenone*. Im *Bischofspalast* wird eine erlesene Sammlung venezianischer Bilder aufbewahrt (u. a. *Paolo Veneziano*).
Vor der Kathedrale erhebt sich die kleine romanische Basilika *Sv. Kvirin*, die zwei übereinander liegende Kirchenhallen besitzt und im 11./12. Jh. gestaltet wurde. In der schlichten Fassade erkennt man noch romanische Ornamente und Zierleisten, im oberen Schiff Reste hochmittelalterlicher Fresken und die in Holz geschnitzte Skulptur des hl. Quirin. Zwischen Dom und Bischofs-

palast richteten sich die Fürsten *Frankopani* in ihrem seit 1191 erwähnten *Kastell* ein. Im Zuge großzügiger Erweiterungen im 16. Jh. kam ein für diese Kastelle typischer runder Eckturm hinzu, von dem aus sich ein vortrefflicher Rundblick über die Kvarner Inselwelt bietet.
Im Norden von Krk lebten die Franziskaner, deren Kirche, *Sv. Franjo (Frane)*, im 14. Jh. geweiht und im 17. Jh. barockisiert wurde. In der recht malerischen Altstadt sei noch der romanische *Kotter-Palast* erwähnt. Durch das Stadttor *Mala Vrata*, das zu den venezianischen Wehranlagen gehörte, gelangt man zum Tito-Platz (Titov Trg). In einem der wuchtigen Wehrtürme ist jüngst ein Café eingerichtet worden. Auf der gegenüberliegenden Seite steht das einstige Arsenal. Vom Hafen aus fahren mehrmals täglich Schiffe (Fähren) nach Rijeka, Lošinj und Rab.
Punat (von ›Villa di Ponte‹) liegt gegenüber von Krk, am Beginn einer kleinen Bucht, die besonders bei Schiffseignern beliebt ist, da sie Schutz vor den gefährlichen Borastürmen bietet. Die in subtropische Vegetation eingebettete Stadt ist der größte Ort der Insel und Mittelpunkt des sommerlichen Festivals (Fischernächte, Folkloreveranstaltungen u. a.). Die Pfarrkirche *Sv. Trojstvo* (Hl. Dreifaltigkeit) errichteten einheimische Baumeister 1773; allerdings ist ihre spätbarocke Gestalt durch verschiedene Restaurierungen stark verändert. Neben dem Barockaltar ist auch eine gotische Skulptur der hl. Anna beachtenswert. Die zierliche Friedhofskapelle *Sv. Andrija* geht auf das 16. Jh. zurück. Die Kapelle *Sv. Dunat* zählt zu den ältesten kroatischen Kirchen Dalmatiens. Der über einem Kreuz errichtete kuppelüberwölbte Raum gleicht eher einem archaischen ›Steiniglu‹ als einer Kirche. Das schlichte, aus unbehauenen Steinen zusammengefügte Mauerwerk wird ins 8. Jh. datiert.
Auf der kleinen *Insel Košljun* steht ein Franziskanerkloster, vermutlich aus dem 12. Jh. Empfehlenswert ist der Besuch der Bibliothek und des Museums.

9 Die Inseln Cres und Lošinj

Cres, die größte Insel der Kvarner Bucht und über eine Brücke mit der südlicheren Insel Lošinj verbunden, ist im Durchschnitt nur 5 km breit und ca. 64 km lang. Fährverbindungen gibt es von Rijeka und Brestova (Istrien) nach Porozina, von wo aus eine Straße weiter nach *Cres*, *Vrana*, *Osor* und *Lošinj* führt. Cres ist, wie Rab und Krk, auf seiner Ostseite verkarstet und nahezu unbewohnt, im Westen hingegen ein ›mediterranes Arkadien‹. Schöne, ruhige Buchten, saubere Sandstrände, eine vielfältige Vegetation und nicht zuletzt der *Vransko-See*, ein vom Festland mit Süßwasser gespeister Binnensee, waren seit der Antike Grund zur Besiedlung. Auf Illyrer folgten Griechen und Römer, schließlich kroatische Fürsten, Bauern und Bischöfe. Am längsten gehörte die Insel zu Venedig, das seinen Machteinfluß um das Jahr 1000 auch auf Cres ausdehnte und, von einer kurzen kroato-ungarischen Interimsregierung im 14. Jh. abgesehen, das Zepter in den bedeutenden Städten bis 1797 fest in der Hand hielt. Heute lebt die Bevölkerung hauptsächlich von Fischfang, Landwirtschaft und Tourismus.
Cres, die größte Inselstadt, erstreckt sich in einer weiten Bucht, deren bewaldete Abhänge auf ca. 360 m ansteigen. Zwischen vereinzelten Felsformationen breiten sich kleinere Buchten und Sandstrände aus, die über eine hübsche Uferpromenade bequem von der Stadt aus zu erreichen sind. Die urbane Gestalt von Cres geht im großen und ganzen auf das 13. und 14. Jh. zurück, als einheimische und venezianische Strategen die Stadt mit hohen Mauern umgaben. 1332 kodifizierten die Stadträte das ›Statut‹ (Gesetzbuch der autono-

men Kommune); seit 1459 war die Gemeinde Sitz der obersten venezianischen Verwaltungsbehörde für beide Inseln. Türkisch-ungarische Kriegsgefahr veranlaßte die Serenissima, die Wehranlagen im 16. Jh. neuerlich zu verstärken. Die wichtigsten staatlichen Bauten, wie Loggia, Regierungspaläste, Patrizierhäuser und Depots wuchsen am Hafen empor. In ihrem architektonischen Äußeren vereinen sie Elemente der Spätgotik mit jenen der frühen Renaissance.
Durch das schöne *Stadttor* (Uhrturm), das eine manieristische Rustikafassade erhielt, gelangt man in die Altstadt. Blickfang ist die im Übergangsstil von der Gotik zur Renaissance errichtete *Pfarrkirche* (15. Jh.) sowie der niedrige, im obersten Geschoß von einem hohen Triforiumsfenster unterteilte Campanile, der aber erst im 17. Jh. vollendet werden konnte. Zu den wertvollsten Gemälden der Kirche zählen venezianische Altarbilder aus dem 15. und 18. Jh., darunter das Polyptychon von *Alvise Vivarini* (›Hl. Sebastian‹). Vom Hafen bzw. Stadtplatz führt eine Gasse zu dem nahen *Regierungspalast*, der im 16. Jh. entstand und in seinem Innenhof ein kleines *Lapidarium* birgt. In den alten Stadtmauern sind noch zwei Tore erhalten, im nordwestlichen Stadtteil ein Renaissance-Wehrturm. In den Räumen des ehemaligen Lagerhauses (Fontik) ist heute ein Hotel eingerichtet. Am Hafen befinden sich auch der zierliche *Petris-Palast* und die spätromanische Kirche *Sv. Sidar*, deren Apsiden und Portal schon gotische Elemente zeigen. Die Holzskulptur der frühen Renaissance im Kircheninneren stellt den Kirchenpatron St. Isidorus dar. Im südlichen, neuzeitlichen Ortsteil errichteten die Franziskaner im 15. und 16. Jh. ihre bescheidene Kirche *Sv. Franjo* und zwei stille, reich bepflanzte Klosterhöfe. Die kleine Bibliothek besitzt sehenswerte Prachthandschriften.
Auf dem Weg nach Osor sei zu einem kurzen Besuch einer frühchristlichen Basilika in *Lovreščina*, des hübschen Fischerdorfes *Martinšćica*, vor allem aber des einzigartigen Naturdenkmals, des Süßwassersees *Vransko Jezero*, geraten.
Osor, mit Lošinj durch eine drehbare Eisenbrücke verbunden, war bis zum 15. Jh. die alte Hauptstadt von Cres. Die römische Siedlung fiel der Völkerwanderung zum Opfer und wurde im 9. Jh. von den Sarazenen verwüstet. Das zerstörte Zentrum der antiken und romanischen Gemeinde lag an jener Stelle, wo sich nun der alte Friedhof befindet. Aus der Gründungszeit der

Der Süßwassersee Vransko Jezero auf der Insel Cres

Diözese im 6. Jh. stammen eine frühchristliche Basilika und das Baptisterium, aus dem 11. Jh. das Benediktinerkloster in der Nähe der Stadtgrenze. Mit dem Beginn der venezianischen Herrschaft, um das Jahr 1000, nahm die Gemeinde, die bald darauf über 20 000 Einwohner gezählt haben soll, einen ungeahnten wirtschaftlichen Aufschwung. Das 12. und 13. Jh. markierte den Höhepunkt in der bewegten Geschichte der kleinen Bischofsstadt. Venezianische Architekten errichteten die noch erhaltenen Mauern, Tore und Hafenanlagen, gaben luxuriöse Paläste in Auftrag und riefen eine Kunstakademie ins Leben. Die kurze ungarisch-kroatische Oberhoheit im 14. Jh. konnte den italienischen Charakter, der noch heute allenthalben zu spüren ist, nie ganz verdrängen. Bis ins 16. Jh. war der geschützte Hafen eine der wichtigsten Anlegestellen der Adriaschiffahrt. Dann verlor er seine Bedeutung, da die Schiffe zu groß wurden, um in die seichte Bucht zu segeln.
Auf dem Hauptplatz, dem heutigen Mittelpunkt von Osor, steht die *Kathedrale* (15./16. Jh.) mit einem schönen Renaissance-Portal. Der Hochaltar (17. Jh.) und die zahlreichen Heiligenbilder stammen von venezianischen Künstlern. In der *Domschatzkammer* sind eine schöne Holzplastik und vergoldete liturgische Geräte zu erwähnen (14.–18. Jh.). Der *Regierungspalast*, der im 15. und 16. Jh. umgestaltet wurde, beherbergt heute das örtliche *Museum* und ein *Lapidarium*. Aus derselben Zeit stammt auch der nahe *Bischofspalast*. Fragmente von Wandmalereien haben sich in der Friedhofskirche *Sv. Gaudenzio* erhalten, die im 15. Jh. über den Fundamenten einer romanischen Kapelle errichtet wurde.

Lošinj **Nr. 9**

Im südlichen Teil der schmalen, zerklüfteten Insel liegen die beiden Städtchen *Mali* und *Veli Lošinj*, die von schönen Parks, Olivenhainen, Weingärten und Uferpromenaden umgeben sind.
Mali Lošinj, heute der größte Hafen der Insel, ist eine antike Gründung, von der jedoch kaum etwas übriggeblieben ist. Es wurde 1398 erstmals erwähnt, kam im 15. Jh. zu Venedig und entwickelte sich in den folgenden Jahrhunderten zu einem wichtigen Schiffahrtszentrum. Die Häuser der Altstadt, meist von hübschen Gärten umgeben, konnten ihren etwas provinziellen barocken bzw. neoklassizistischen Charakter fast unverändert bewahren. Auf dem geschäftigen Hafenplatz steht ein 1953 enthülltes Denkmal, das an die nationalen Befreiungskämpfe der Kroaten erinnert. Erwähnt seien noch der barocke *Dom* mit seinem an venezianische Campanili erinnernden Turm und die schlichte Friedhofskirche *Sv. Martin* (15. Jh.). Die nahe Halbinsel *Čikat* entwickelte sich im 19. Jh. zu einem vornehmen Villenvorort von Lošinj mit Hotels, Badestränden und Parkanlagen.
Veli Lošinj ist über eine Straße und einen Fußweg (ca. 40 Gehminuten) von Mali Lošinj zu erreichen. Das verträumte Dorf besitzt zwei kleine Schiffsanlegestellen, hübsche Bürgerhäuser mit Gärten sowie einen gepflegten und artenreichen Park. Um die Stadt vor den Piraten aus Senj zu schützen, erstellten die Venezianer mitten im Ort einen wuchtigen *Wehrturm*, die ›Uskokenbastion‹. Die im spätromanischen Stil geplante Pfarrkirche *Sv. Nikola* (15. Jh.) ist neben der einschiffigen Klosterkirche *Sv. Antun*, die 1450 geweiht und 1774 barockisiert wurde, ein typisches Beispiel des provinziellen Charakters dieser Inselregion (schöne barocke Stuckreliefs). Sv. Antun zeigt eine unerwartet reiche Sammlung italienischer Gemälde, u. a. von *Vivarini*, *Strozzi*, *Querena* und *Cossa*. Unweit des Hafens ragt die ebenfalls barockisierte Kirche *Sv. Maria* in den Himmel. Auch sie birgt eine kleine, aber erlesene Kollektion venezianischer Bilder (16.–18. Jh.).
Zu empfehlen sind Ausflüge und Spaziergänge zu den Höhenzügen von Lošinj, von welchen sich schöne Ausblicke auf die Kvarner Inseln bieten.

10 Kraljevica · Crikvenica · Novi Vinodolski

Die alten kroatischen ›Fürstenstädte‹ Kraljevica, Crikvenica und Novi Vinodolski haben sich aufgrund ihrer relativen Nähe zu den großen Städten Rijeka, Zagreb und Lubljana zu mondänen ›Vororten‹ und Feriensiedlungen entwickelt und bilden seit langer Zeit attraktive Anziehungspunkte der nördlichen Adriariviera. Um die mittelalterlichen Ortskerne haben sich unzählige Villenviertel, Hotels und versteckte Ferienzentren gelegt. Die Schönheit dieser Landschaft, die sich erst hinter Novi in jene wilde und zerklüftete Felsenwildnis Mitteldalmatiens verwandelt, war schon seit der Antike willkommener Grund, sich hier niederzulassen. Römische Veteranen, kroatische Fürsten, italienische Kaufleute und Bischöfe sowie jugoslawische Unternehmer errichteten luxuriöse Villen, Paläste, Kastelle und Parkanlagen. Zwischen den feudalen Gütern entstanden allenthalben schlichte Fischerdörfer, die kaum etwas von ihrer alten Schönheit verloren haben.

Kraljevica (›Kral‹ = ›König‹) ist nur 23 km von Rijeka entfernt und über eine neue Hängebrücke mit der Insel Krk (Flughafen) verbunden. Die Stadt, deren Umgebung schon von Illyrern und Römern besiedelt war, geht auf die Fürsten *Frankopani* und *Zrinski* zurück, die ihre Kastelle, die später in luxuriöse Schlösser verwandelt wurden, im 16. und 17. Jh. an den Rand der alten Fischerorte stellten. Im Ortsteil *Stari Grad* erhebt sich das *Zrinski-Schloß*, das einen barocken Turm (1790) und einen kleinen Innenhof besitzt, dessen Renaissance-Arkadenbögen teilweise zugemauert sind. Eine Inschrift nennt den fürstlichen Gründer: Comes Petrus a Zrinio (C. P. A. Z. – 1651). Die gegenüberliegende Kirche *Sv. Nikola* diente bis 1790 als Lagerhaus für den Hafen, der sein Marktrecht von Kaiser *Karl VI.* erhielt (Militärhafen der Habsburger).
Das schönere *Schloß der Frankopani*, im Stadtteil *Novi Grad* (Forticahalbinsel), wurde 1650 begonnen und geht in seiner äußeren Form auf italienische Spätrenaissance-Schlösser zurück. Trotz verschiedener, nicht immer gelungener Restaurierungen, hat die fürstliche Residenz nichts von ihrer ursprünglichen, repräsentativen Erscheinung eingebüßt. Das über einem rechteckigen Grundriß errichtete Schloß besitzt vier zylindrische Ecktürme und einen durch schöne Arkadenbögen geprägten Innenhof. Auf dem Brunnen sind die Familienwappen der *Frankopani* und *Zrinski* zu sehen (1651). 1671 wurden die fürstlichen Güter von den Österreichern beschlagnahmt, nachdem ein geheimes Komplott der Frankopani gegen die unerwünschten Habsburger aufgedeckt worden war. Seit dieser Zeit diente Kraljevica als Stützpunkt und Schiffswerft der Österreicher.

Crikvenica, in einer malerischen Bucht, geht ebenfalls auf die Fürsten *Frankopani* zurück, deren Heimatort *Bribir* war. 1412 rief *Banus Nikola* den Paoliner-Orden hierher und schenkte ihm das heutige Kastell, dessen Kirche (Crkva) dem Ort seinen Namen gegeben hat. Italienische Renaissance-Schlösser dienten auch hier als Vorbild der fürstlichen Bauherren. Sehenswert ist vor allem der schöne Park (Eingangsportal), der, wie das Schloß, im 18. Jh. barockisiert wurde. 1871 verwandelte sich der kleine Fischerort in eine moderne Hafenstadt, die die Österreicher generalstabsmäßig planten; denn Hafen und neue Küstenstraße sollten dazu beitragen, diese Region dem wirtschaftlichen Niveau der nördlichen Kronländer anzugleichen. Nach dem Krieg entwickelte sich Crikvenica zu einem Zentrum des sommerlichen Tourismus. Eine schöne Uferstraße verbindet die Altstadt mit den neuen Villenvierteln, die sich bis Kraljevica und Novi entlangziehen.
Über *Selce*, das ebenfalls von den Fürsten Frankopani gegründet wurde, gelangt man nach Novi Vinodolski.

Novi Vinodolski

Novi Vinodolski zieht sich von der weiten Hafenbucht den leicht ansteigenden Stadthügel hinauf, dessen Spitze die Pfarrkirche und ihr frühbarocker Campanile bekrönen. Archäologische Funde zeugen von der langen Siedlungskontinuität dieser Region, die während der römischen Antike den Namen ›Ad Turres‹ erhielt. Danach war Novi ein unscheinbarer Fischerort, mit schlichten Kirchen und Häusern. Die schutzlose Gemeinde kam im 13. Jh. unter die Herrschaft der Fürsten *Frankopani*, die bald darauf eine Burg erstellten, die im 16. und 18. Jh. umgestaltet bzw. barockisiert wurde. In ihren Räumen unterzeichneten kroatische Fürsten das unter dem Namen ›Vinodolski Statut‹ bekannt gewordene älteste kroatische Gesetzeswerk, das 1288 in glagolitischer Schrift aufgezeichnet wurde. Am Stadtplatz hat sich der alte Festungsturm ›Kvadrac‹ erhalten. Der südwestliche, runde Wehrturm beherbergt seit seiner Renovierung und Vergrößerung die Ratsbehörden von Novi. Die 1520 gegründete *Pfarrkirche* steht in der Tradition frühchristlicher Basiliken und bekam im 18. Jh. eine barocke Inneneinrichtung (schöne barocke Figurenzyklen). Zum Meer hin weitet sich der Kirchenplatz zu einer Terrasse aus, von der sich ein schöner Blick über die Küstenberge, den Kanal von Velebit und die Insel Krk bietet. In der Nähe des Platzes steht der spätmittelalterliche Fürstenpalast *Modruš*, in dem heute das *Museum* von Novi untergebracht ist. Auf halber Höhe des Stadthügels erkennt man die kleine gotische Kapelle *Sv. Trojstvo* (Hl. Dreifaltigkeit), am Hafen die Ruinen des 1462 gestifteten *Paoliner-Klosters* und die Kirche *Sv. Maria*. Über eine von Bäumen flankierte Hafenpromenade gelangt man zum Badestrand *Lopar*, in dessen Nähe Reste eines römischen Wehrturmes gefunden wurden.
Nordwestlich von Novi und Selce liegt der kleine Ort *Bribir*, der Stammsitz der Fürsten *Frankopani* und *Zrinski*. Von den hochmittelalterlichen Burgen, Türmen und Schlössern sind nur noch Ruinen übriggeblieben.

II Senj

Senj gehört zu den landschaftlich schönsten Kleinstädten Dalmatiens und ist nicht zuletzt seiner Geschichte wegen bekannt geworden. Wie Omiš, war auch Senj ein berüchtigtes Piratennest. Venezianer, Italiener und Osmanen versuchten bis 1617 vergeblich, der Freibeuterer der Piraten, der sog. ›Uskoken‹, Einhalt zu gebieten. In jenem Jahr wurde die Bevölkerung ins kroatische Hinterland zwangsumgesiedelt, ihre Flotte verbrannt und der Ort eingeäschert. Später siedelten sich hier einfache Fischer, Handwerker und Kleriker an, die Senj wiederaufbauten. Es blieb ein von Kroaten beherrschter Ort, in den sich immer wieder auch slawische Fürsten zurückzogen.

Mittelpunkt von Senj ist die Hafenallee mit alten Patrizierhäusern, modernen Hotels und einem Hafen (Schiffsfähre nach Rab). Von den Wehrmauern und Toren des 13. und 14. Jh. sind noch der Hafenturm und die Tore ›Velika Vrata‹, ›Lipica‹, ›Leone‹ und ›Mala Vrata‹ erhalten. Die quadratische Stadtanlage wird von zwei Festungen beherrscht: dem *Frankopani-Kastell* (1430 begonnen und im 18. Jh. barockisiert, heute Schulgebäude) und der *Festung Nehaj*; sie stammt aus dem Mittelalter und erhielt ihre heutige Gestalt im 16. Jh.

Neben dem Hotel Nehaj biegt eine schmale Gasse in die verwinkelte Altstadt. An der ersten Kreuzung steht der *Posedarić-Palast*, an dessen Fassade das Wappenschild der Familie angebracht ist. Dahinter erhebt sich ein einfaches gotisches Bürgerhaus, an dem die Gasse in die alte Hauptstraße Potok mündet, die dann weiter zum Stadtplatz, dem *Trg Marka Balena*, führt. Dieser rechteckige Platz, dessen Stirnseite das alte *Frankopani-Schloß* schmückt, gehört zu den gelungenen Barockensembles in Dalmatien und läßt den Einfluß der Habsburger Monarchie, zu der Senj nach 1526 formell gehörte, deutlich fühlen. Der hübsche neoklassizistische Brunnen wurde nach dem Krieg, während dem Senj mehrere Male deutsch-italienischen Fliegerangriffen ausgesetzt war, restauriert. Linkerhand liegen die Ruinen des 1558 gegründeten Franziskanerklosters sowie die Kirche *Sv. Duh* (1489). Das Frankopani-Schloß diente im 17. und 18. Jh. als Sitz der Stadtherren von Senj. Daneben führt die Gasse durch das Stadttor *Velika Vrata*, vor dem die alte Kaiser-Franz-Joseph-Straße endete (Inschrift über dem Portal).

In der Uskočka Ulica haben sich schöne alte Bürgerhäuser erhalten. Beachtung verdient auch der Patrizierpalast der Petrovski mit seiner Renaissance-Fassade und dem malerischen Innenhof (›Corte Leone‹).

Die romanische Kathedrale *Sv. Maria* ist ein Werk des 11. Jh., wenngleich ihre heutige Gestalt in das 13. und 14. Jh. zu datieren ist. Den schönen barocken Hauptaltar zieren vier marmorne Heiligenfiguren. Die einfache Sakristei entstand 1497, der Kirchturm um 1900, nachdem sein Vorgänger eingestürzt war. Vor der Kathedrale erhebt sich der *Vukasović-Palast*, der sich über die Tiefe des gesamten Häuserblocks erstreckt und somit eine zweite, rückwärtige Fassade besitzt. Der Palast erscheint im Übergangsstil von Gotik und Renaissance und birgt heute die Sammlungen des *Stadtmuseums.*

Nördlich vom Dom beginnt der älteste Stadtteil von Senj, *Gorica*, der ein eigenes Tor, *Mala Vrata*, besaß. Vor diesem errichteten im 18. Jh. österreichische Baumeister den barocken *Ferajna-Palast*, von dem sich ein schöner Blick auf den Hafen und die nahen Inseln bietet. In dem Palast war eine der ältesten nationalkroatischen Bibliotheken und Lesesäle eingerichtet, die das Bewußtsein der Bevölkerung für ihre eigene slawische Geschichte wecken sollte.

Eine schmale Gasse führt hinter den Häuserblocks der Hafenpromenade zum *Daničić-Palast*, der zu den schönsten Zeugnissen patrizischer Wohnkultur in Senj gehört. In der Fassade, die im 15. Jh. gestaltet wurde, erkennt man ein seltenes gotisches Triforiumsfenster.

Oberhalb von Senj liegt die niedrige, mit ausladenden Erkern verzierte *Festung Nehaj*. Sie wurde 1553 von Stadtkapitän *Ivan Lenković* in Auftrag gegeben. Im Innenhof befinden sich große Zisternen und Brunnen, auch Wappenschilder und glagolitische Inschriften sind erhalten.

Von Senj aus bietet sich ein Ausflug in das zerklüftete und meist unbewohnte Hinterland an, vor allem zu den mächtigen Wasserfällen im *Nationalpark von Plitvice*.

12 Die Insel Rab

Rab, ca. 22 km lang und bis 10 km breit, erstreckt sich zwischen den Inseln Pag im Süden und Krk im Norden und bietet mit seinen 400 m hohen Bergrücken einen schönen landschaftlichen Akzent vor dem Velebitgebirge des nahen Festlandes. Schiffsverbindungen von Senj und Jablanac. Wie auf Krk und Pag, so kennzeichnen auch hier immergrünes Buschwerk, Steineichenwälder, Zedern und Föhren das äußere Bild von Rab, wenngleich der Jahrhunderte währende Raubbau – vor allem der Venezianer – seine Spuren hinterlassen hat. Die Bevölkerung lebt vorwiegend von Wein-, Gemüse- und Olivenanbau sowie vom Tourismus.
Die größte Stadt der Insel, *Rab*, entwickelte sich in den vergangenen Jahren zu einem bedeutenden Ferienzentrum und erhebt sich auf einem schmalen Felsen, der zwischen der Insel *Frkanj* auf der einen und dem unbewohnten Riff *Dolin* auf der anderen Seite ins Meer ragt. Im Westen fallen die zerklüfteten Klippen steil zur See ab.
Rab (Arbe, Arbium) wurde im 2. Jh. v. Chr. von römischen Soldaten, die die illyrischen Ureinwohner besiegt hatten, errichtet. Aus der gut befestigten Kolonie ging zur Zeit des Kaisers *Augustus* ein ansehnliches Munizipium, eine regelmäßige Stadtanlage, ähnlich jenen Mitteldalmatiens (Zadar, Nr. 14), hervor, mit einem wichtigen Flottenstützpunkt und Hafen, der auch von den späteren Herren der Insel eifrig benützt wurde. Nach der Völkerwanderung war Rab Hoheitsgebiet des Byzantinischen Kaiserreiches, ab etwa 800 gehörte es zu Kroatien. Damals begann die heute sichtbare Stadtentwicklung; Benediktiner- und Franziskanerorden ließen sich hier nieder und bauten die ersten Kirchen und Klöster. Bald gesellten sich in der ›Unterstadt‹ Handwerker, Kaufleute und Seefahrer hinzu und errichteten ihre noch einfachen Wohnburgen und Lagerhäuser, verstärkten die Stadtmauern und befestigten den kleinen Hafen. 1409–1797 regierten venezianische Stadtherren und Bischöfe die blühende Handelskommune. Im 15. und 16. Jh. hatte die Stadt schwer unter Pestepidemien, Piratenüberfällen, Feuersbrünsten sowie den türkisch-venezianischen Kriegen zu leiden, die Handel und Güterproduktion nahezu lahm legten. In dieser Epoche versank die florierende venezianische Provinzstadt in einen ungewollten und langen ›Dornröschenschlaf‹, aus dem sie erst im 20. Jh. wieder erwachen sollte.

Weltlicher Mittelpunkt Rabs war und ist der *Tito-Platz (Trg Maršala Tita)* unmittelbar am Hafen. Markantestes Gebäude dieses rechteckigen Platzes ist der alte *Rektorenpalast*, der aus einem romanischen Wehrturm hervorging. Im 14. und 15. Jh. wandelten ihn venezianische Baumeister in den Palast des Stadtherrn um, ersetzten die kleinen hochmittelalterlichen Biforien durch größere und lichtere Maßwerkfenster und fügten einen niedrigeren Seitenflügel hinzu,

Insel Rab

dessen Fassade durch einen Balkon geschmückt wird. Im spätgotischen Innenhof (Lapidarium) sind Gegenstände aus römischer Zeit und aus dem Mittelalter zu sehen. Das Innere des quadratischen Palastes ist bescheiden und läßt sich kaum mit den Leistungen der Stadtbaukunst von Split, Zadar oder Dubrovnik vergleichen.
Durch das alte *Seetor* – früher Teil des Rektorenpalastes – blickt man auf den *Marktplatz* von Rab, den *Trg Plokata*, was soviel wie ›Platea Communis‹ (Stadtplatz) bedeutet, mit Getreidespeicher *(Fontik)* und gotischer *Loggia*. 1509 erhielt der nach außen offene Sitzungsraum der Stadträte und Richter neue Renaissancesäulen und Balustraden.
Neben der Loggia steht die kleine Kirche *Sv. Duh* (Heiliggeist). Sie gehörte seit dem Mittelalter der Bruderschaft der Seefahrer und wurde 1750 im damals vorherrschenden Provinzbarock erneuert.
Vom Marktplatz führt die *Ulica Stjepan-Radić* – eine ehem. römische Hauptstraße Rabs und später auch Prozessionsweg zum Dom – zum Stadthügel hinauf. Links von ihr befand sich der älteste Stadtteil von Rab, *Kaldanac*, der nach den Pestseuchen abgebrannt und nie wieder aufgebaut worden ist. Rechts erstreckt sich das regelmäßig geplante Stadtgeviert, das im großen und ganzen auf das 13. und 14. Jh. zurückgeht. Die reichen Familien errichteten hier ihre prunkvollen Paläste: Die Residenz der *Crnota* geht wahrscheinlich auf *A. Aleši* zurück, der im 15. Jh. auch in Trogir, Zadar und Šibenik wirkte. Im *Cassio-Palast* gegenüber wohnten im 15. und 16. Jh. die Bischöfe der Diözese, die zu den ältesten Dalmatiens zählt (seit 530 urkundlich erwähnt). Am Ende der leicht ansteigenden Gasse ragt der *Galzinga-Palast* in die

Höhe (heute Krankenhaus), der im Übergangsstil von der Gotik zur Renaissance ausgeführt wurde. Von hier oben bietet sich ein schöner Blick auf die norddalmatinischen Inseln und die Adria. Die *Ulica Rade Končar* führt an den großen Abteien vorbei zum Ende des Stadtfelsens, wo im 19. Jh. an Stelle der alten Befestigungsanlagen ein schöner Park angelegt wurde.

Die *Kathedrale* (Trg Slobode) weihte Papst *Alexander III.* im Jahre 1177. Sie wurde 1278 bzw. 1438 umgebaut und verschönert. Die dreischiffige romanische Basilika gleicht im wesentlichen den Domen Mitteldalmatiens und besitzt drei durch kleine Fenster beleuchtete Apsiden. Die Arkadenhochwand wird von je 5 wuchtigen romanischen Säulen und schönen Kapitellen getragen. Die einfache, aus weißen Hausteinen hochgeführte Fassade schmücken flache Blendarkaden und ein von zwei Ädikulen flankiertes Radfenster. In der Lünette über dem Hauptportal (1490) steht eine zierliche ›Pietà‹ von *Petar Trogiranin* (1514). Der *Campanile*, von einheimischen und italienischen Architekten errichtet, steht etwas abseits und zählt zu den gelungensten romanischen Kirchtürmen Dalmatiens. 1459 ließ Bischof *Petar Zaro* die quadratische Sakramentskapelle (a) an das linke Seitenschiff anfügen. Ausführender Künstler war *Andrija Aleši*, der auch für die anschließende Kapelle des hl. Petar (b), die einige Jahre zuvor in Auftrag gegeben worden war, verantwortlich zeichnete. Das Taufbecken (c) stammt von *Petar Trogiranin*. Im 17. und 18. Jh. barockisierten vor allem venezianische Bischöfe die beiden schönen Renaissance-Kapellen und versahen sie mit Bildern aus ihrer Heimatstadt. Das dunkle Chorgestühl (d) mit Familienwappen aus Rab schnitzten 1455 einheimische Bildhauer. Hauptaltar (Ciborium; e), Antependium, Chorschranken und Bilder sind vorwiegend Werke italienischer Künstler. Finanzielle Not und der Verfall von Rab im 16. und 17. Jh. ließen kaum an aufwendige Bestellungen denken, so daß die meisten Kunstwerke dieser Kirche eher bescheidene Zeugen des dalmatinischen Provinzbarock sind. In der Ulica V. Gortana kann das *Museum der Dompfarrei* besucht werden.

Kathedrale von Rab: Grundriß

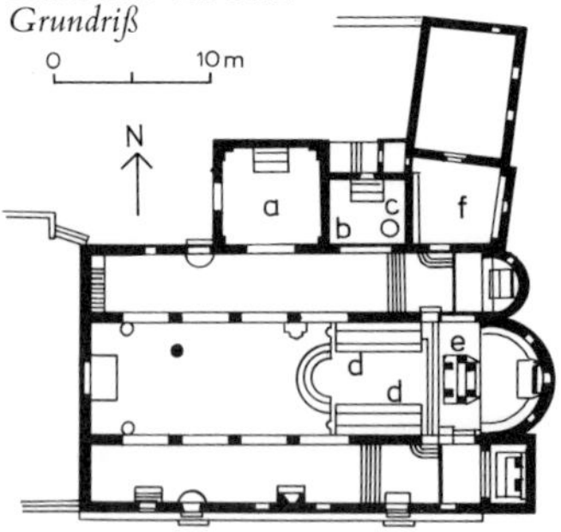

Das *Franziskanerkloster* versteckt sich hinter der Kathedrale und steht an der äußersten Spitze von Rab. Es wurde 1497 von einer kroatischen Fürstin, die vor den Türken geflohen war, gegründet. In der Kirchenfassade ist ein Relief des hl. Antonius eingelassen (1541). Die Grabsteine begüterter

Patrizierfamilien findet man im linken Seitenschiff. Den Hauptaltar ziert ein frühbarockes Gemälde des hl. Antonius.
Kehrt man zum Domplatz zurück, so kommt man an der *Benediktinerinnenabtei* vorbei. Die nüchterne romanische Basilika *Sv. Andrija* geht auf Bischof *Majus* zurück, der das Kloster 1020 ins Leben rief. Im späten 12. Jh. entstand der schlanke romanische Campanile. Die im frühen 16. Jh. im Stil der Renaissance umgestaltete Kirche birgt ein farbenfrohes venezianisches Barockgemälde (Hauptaltar).
Auf der dem Meer zugekehrten Seite des Domplatzes erhebt sich das *3. Kloster* der Stadt, das den Benediktinern gehörte. Die kleine, einschiffige Kirche *Sv. Justina* wurde im späten 16. Jh. errichtet. 1672 setzten klösterliche Baumeister dem Campanile eine barocke Zwiebelkuppel auf. Neben den venezianischen Altargemälden verdient insbesondere eine Grabplatte (St. Johannes) von *Andrija Aleši* größere Aufmerksamkeit (1455). In den alten Klostergebäuden entstand im 19. Jh. eine hübsche Patriziervilla. Die *Kirche zum Hl. Kreuz* (Sv. Križ) geht auf das 16. Jh. zurück und steht an der Stelle der älteren romanischen Antoniuskapelle, die zum benachbarten verfallenen Kloster der Benediktiner gehörte, das im 13. Jh. an die Franziskaner überging. Auf dem Hauptaltar von Sv. Križ hängt ein Bild von *Pellegrini* (18. Jh.), das die hll. Christophorus, Antonius und Ignatius zeigt. Durch ein kleines Portal hinter Sv. Križ, (Ulica Rade Končar) gelangt man in einen weiten Hof, hinter dem die Klippen zum schmalen Strand hin abfallen. Hier erhob sich einst das letzte und prächtigste Kloster von Rab, das die Reihe der alten Abteien beschließt. Heute sind nur noch die Grundmauern der Kirche sowie einige Ruinen des Chores zu sehen; den Quellen zufolge war sie die einzige in Dalmatien mit gotischem Umgangschor. Die große Klosterkirche geht auf das 10. und 11. Jh., der gut erhaltene Campanile auf das 12. Jh. zurück.
Hinter den Ruinen führt ein Weg am Stadtturm *Kristofor* vorbei in den *Komrčar-Park* und hinab zum Hafen. Vom Boraca-Platz führt die zweite Hauptstraße von Rab, die *Ulica I. L. Ribara*, zurück zum Stadtplatz Maršala Tita. Auch in dieser Straße errichteten Aristokratenfamilien ihre Paläste. Gleich zu Beginn der Straße (in der Nähe des alten Landtores) ragt die Fassade des *Palastes Dominis-Nimira* in die Höhe. Die im 15. Jh. gestaltete Residenz besticht vor allem durch die reichen Maßwerkfenster und das schöne Renaissance-Portal. Auf der gegenüberliegenden Seite steht das barocke *Sv. Anton-Kirchlein* (1675), am Beginn der Ulica Oreškovića der durch Borastürme beschädigte ältere *Kleine Dominis-Nimira-Palast*, dessen Portal ein spätgotisches Familienwappen ziert. Aus der Übergangsperiode zwischen Gotik und Renaissance stammen der Palast der veneto-kroatischen Familie *Marčić-Galzinga*, mit schönen Renaissance-Portalen und spätgotischen Fenstern sowie die Paläste *Tudorin* und *Kukulić*.

13 Die Insel Pag

Pag stellt die Verbindung der Inseln des Kvarner Golfs mit denen Norddalmatiens (Nr. 15) dar und erstreckt sich in einer Länge von 60 km vor dem mächtigen Velebitgebirge der nahen Küste. Pag gleicht den verkarsteten Inseln Norddalmatiens und ist ebenso wasserarm. An der Seite des schmalen Velebitkanals neigt sich das Terrain sanft zum Meer hin, während die Westküste steil abfällt. Der größte Teil der Insel ist öde und hat nur wenige Baumgruppen, Buschwerk oder immergrüne Macchia. Kaum ertragreiche Weinkulturen, Obst- und Gemüseanbau sowie ausgedehnte Schafweiden sind wirtschaftliche Grundlage der hier lebenden Bauern und Fischer. Die Hauptorte wurden jüngst durch eine Asphaltstraße verbunden, die über eine Brücke nach Süden, zum Festland und Zadar führt. Fähren bringen einheimische Pendler und Touristen von Jablanac und Karlobag auf die Insel. Von dem Berg *Sveti Vid* (348 m) schweift der Blick über die grandiose Szenerie der bizarren Inselwelt und zur Küste.

Schon die Römer bemächtigten sich der Insel und schufen einen langen Festungswall, Burgen und Siedlungen (Ruinen bei Caska und Novalja). In Pag gründeten sie eine regelmäßige Stadtanlage. Im Mittelalter stritten sich vor allem Rab und Zadar um die strategisch wichtige Insel, mit dem Ergebnis, daß sie zwischen beiden Parteien aufgeteilt wurde. Während der venezianischen Herrschaft entwickelte sich das neue Pag *(Novi Pag)* zum bedeutendsten Zentrum der Insel, während *Novalja*, eine slawische Gründung, Refugium kroatisch-bosnischer Siedler blieb. Nach dem 2. Weltkrieg, vor allem aber in den letzten Jahren, entwickelten sich die Städte Pag und Novalja zu schönen und beliebten Ferien- und Erholungsorten.

Pag ist größte Stadt der Insel und liegt in einer der Küste zugewandten geschützten Bucht, in der auch Salz gewonnen wird. Das seit 1251 verbriefte Salzmonopol begründete den Reichtum dieser Stadt. Bekannt und berühmt sind aber auch die Produktion des guten, trockenen Pager Käses und der Pager Spitzen für die Volkstrachten. Zahlreiche Badeanstalten, auch Heilbäder (gegen Rheuma) und Sandstrände tragen zur Attraktivität des malerischen Ortes bei.

Das römische Pag (von lat. ›Pagus‹ = ›Dorf‹) lag ungefähr 3 km südlich des heutigen Novi Pag. Die Stadt erhielt 1244, als die königstreuen Bürger ihrem Herren, König *Bela IV.*, Schutz vor den Tartaren boten, den Status einer rechtmäßigen und autonomen Kommune. Der blutige Aufstand gegen den mächtigen Nachbarn Zadar führte zur Einschränkung der alten Freiheiten, die aber schon 1376 durch König *Ludwig von Anjou* wieder aufgehoben wurde.

Seine höchste Blütezeit erlebte Pag aber erst nach der Übernahme durch Venedig (1409). Damals entstand eine vollkommen neue Stadtanlage: *Novi Pag*, die 1433 auch ein überarbeitetes Stadtrecht erhielt. 1602 verwüsteten Piraten (Uskoken) die Gemeinde und verschleppten venezianische Generäle in die Stadt Senj. Novi Pag gebührt in der dalmatinischen Kunstgeschichte vor allem deshalb Beachtung, weil es die letzte eigenständige Stadtgründung dieses Landes war. Es ist eine nach Maßgabe italienischer Renaissance-Architekten geplante und gebaute Idealstadt. Sie stammt überwiegend von *Juraj Dalmatinac*, der u. a. auch den Dom von Šibenik (Nr. 17) errichtete. 1433 gingen er und seine Gehilfen an das Wagnis, eine neue Stadt auf den karstigen Boden der Insel zu stellen, in der sich antike und humanistische Gestaltungsprinzipien in einzigartiger Weise verbinden. Um den zentralen Marktplatz reihen sich die parallel ausgerichteten Straßen sowie die Hauptstraße, die die Anlage in nahezu gleiche Bereiche teilt. Römischer Tradition folgend, errichtete er am Ende der Hauptachsen vier große Tore; die alten Stadtmauern und Festungen wurden allerdings im 19. Jh. zum Teil abgerissen.

Sv. Maria: Fassade

Vom Schiffsanlegeplatz und Autobusbahnhof gelangt man zur Hauptstraße von Pag. Der *Uhrturm* rechterhand gehört eigentlich zum *Benediktinerkloster*, das selbst Teil der Befestigungsanlagen war (Renaissance-Portal von *Ivan Pribislavlijić*, 1467). Daran schließt sich der *Rektorenpalast*, der als Sitz venezianischer Statthalter diente. Den Hof des wehrhaften Palastes schmücken ein Brunnen aus dem späten 16. Jh., Fragmente einer Vorhalle sowie ein reichverziertes venezianisches Maßwerkfenster.
Zentrum der Stadt ist der Hauptplatz, *Trg Bratstva i jedinstva*, an dem sich die unvollendete Kathedrale *Sv. Maria* erhebt. Unerfüllt blieb auch der Wunsch, eigenständiges Bistum zu werden, so daß die Kirche seit 1500 nur noch Pfarrkirche ist. Das dreischiffige Gotteshaus errichteten einheimische Architekten zwischen 1433 und 1488, jedoch ohne Apsiden. Die Lünette des Hauptportals ziert eine schöne spätgotische Muttergottesfigur. Darüber sind zwei ritterliche Heilige (Mittelfries) in die weiße Stirnwand eingelassen. Das spätgotische Radfenster, das auf sehr harmonische Weise in den ersten Giebelarchitrav eingehängt ist, flankieren der Erzengel Gabriel und Maria. Zu den nennenswerten Kunstschätzen der im Übergangsstil von Gotik und Renaissance gestalteten Kirche zählen ein Altar aus dem zerstörten Dominikanerkloster in Zadar und ein hübsches Altargemälde aus der Schule *Tintorettos* (um 1560).
Auf der gegenüberliegenden Seite des Domes erhebt sich der ebenfalls unvollendete Bischofspalast, den *Juraj Dalmatinac* entwarf. In der Vela Ulica (Große Straße) stifteten reiche Bürger und Patrizier die Renaissance-Kapelle *Sv. Juraj*; unweit davon ist die Kirche *Sv. Mandalenja* über dem Grundriß eines griechischen Kreuzes hochgeführt worden. Die recht einfachen Patrizier- und Bürgerhäuser gehen im wesentlichen auf das vom wirtschaftlichen Verfall bestimmte 16. und 17. Jh. zurück.

14 Zadar

Geschichte: Seit dem 4. Jh. v. Chr. wurde Zadar in griechischen Quellen mit dem Namen ›Idassa‹ erwähnt. Aus der illyrischen Siedlung wurde eine griechische Kolonie, dann eine römische Stadt, die unter Kaiser *Augustus* zum Munizipium avancierte. Auf der langgestreckten Halbinsel entstand eine rechtwinkelige Stadtanlage. Zwei sich kreuzende Hauptstraßen unterteilten sie in nahezu vier gleichmäßige Stadtteile. Im westlichen Viertel befand sich das monumentale Forum Romanum, das kultische und politische Zentrum. Eine Quadersteinmauer umgab die Kommune, die vom Land durch ein Triumphportal betreten wurde. Eine auf antiken Grundlagen aufbauende Verwaltung sicherte die romanische Stadttradition Zadars. Neben den Staat trat nach 300 n. Chr. die Kirche, die das politische Schicksal Zadars bis zum Jahre 1000 bestimmte. Der Bischof regierte als oberster Stadtherr und sorgte mit dem Domkapitel für das wirtschaftliche Auskommen aller. Im 7. Jh. entging Zadar der Zerstörung durch slawische Volksstämme und wurde vielleicht gerade deshalb die Hauptstadt der byzantinischen Provinz Dalmatien. Nach einer unbedeutenden Herrschaft *Karls d. Gr.* zogen erneut byzantinische Strategen in Zadar ein. Andererseits machte sich seit 700/800 der Einfluß des kroatischen Königreiches bemerkbar und führte zur ersten Blütezeit der nachantiken Stadt Zadar. Das romantische Baugefüge richtete sich ganz nach den Vorstellungen von Kirche und Bischof und hatte italienischen Charakter.
Nach 1100 erlangten die Bürgerräte und Adligen politische Macht. Ein Rektor, 3 Richter und die Versammlung aller Adligen, der ›Große Rat‹, bestimmten fortan die Politik. Das ungarisch-kroatische Reich, zu dem Zadar nach 1102 formell gehörte, mußte die Autonomie der Gemeinde mehrmals bestätigen. Neben prächtige Kirchen- und Klosterstiftungen durch Könige und Fürsten trat nach 1200 auch eine weltliche Auftragsflut für reiche Paläste und Stadthallen, die im Übergangsstil von der Romanik zur Gotik errichtet wurden.
Seit 1100 machte sich der Einfluß Venedigs bemerkbar. Ein venezianisches Kreuzfahrerheer belagerte und verwüstete die Stadt im Jahre 1212. – Bis 1409 stand Zadar entweder unter der Herrschaft königlicher Vasallen oder republikanischer Venezianer, des öfteren aber auch unter der Verwaltung ansässiger Räte und Rektoren. Aus diesem Konflikt ging die hochmittelalterliche Stadtanlage hervor, in der nun nicht mehr Dom und Klöster, sondern Paläste, Stadtmauern und Kastelle beherrschend waren. Zwei Trutzburgen der Venezianer bestimmten bis 1808 das Stadtbild.
Im Jahre 1409 kam Zadar endgültig und legal zur Serenissima und wurde als Provinzhauptstadt Dalmatiens Zentrum der obersten Militärbehörde Dalmatiens und Albaniens. Die Türkenkriege des 16. und 17. Jh. führten zu einer Befestigungskampagne Zadars, dessen gotisches Stadtgefüge hinter mächtigen Mauern, Festungen, Kastellen und Vorwerken verschwand. Im Stadtinneren erlahmte fast jede Bautätigkeit, da Kirche und Bürgertum verarmten oder durch schlimme Pest- und Hungerkatastrophen heimgesucht wurden.
Im 18. Jh. trat eine gewisse Besserung ein; die Wirtschaft erholte sich, Kriegsschäden wurden beseitigt und bereits begonnene Bauten im Stil des Barock vollendet. 1797 kam Zadar zur K. & K.-Monarchie, kurz darauf zu Frankreich, das Zadar 1913 wieder an Österreich abtreten mußte. Nach dem 1. Weltkrieg versuchte Italien, neuerlich die Herrschaft über die Stadt an sich zu reißen. 1944 befreiten jugoslawische Partisanen die von Italienern und Deutschen arg in Mitleidenschaft gezogene Stadt.
Heute ist Zadar ein kultureller und wirtschaftlicher Mittelpunkt Dalmatiens. Hochschulen, Reedereien, Industriebetriebe und der Tourismus machten Zadar zu einer der reichsten und wichtigsten Städte des Landes. Feriensiedlungen, Hotelanlagen, Campingplätze und ausgedehnte Strände tragen zur Attraktivität Zadars bei (Flug- und Bahnverbindungen, Schiffsfähren).

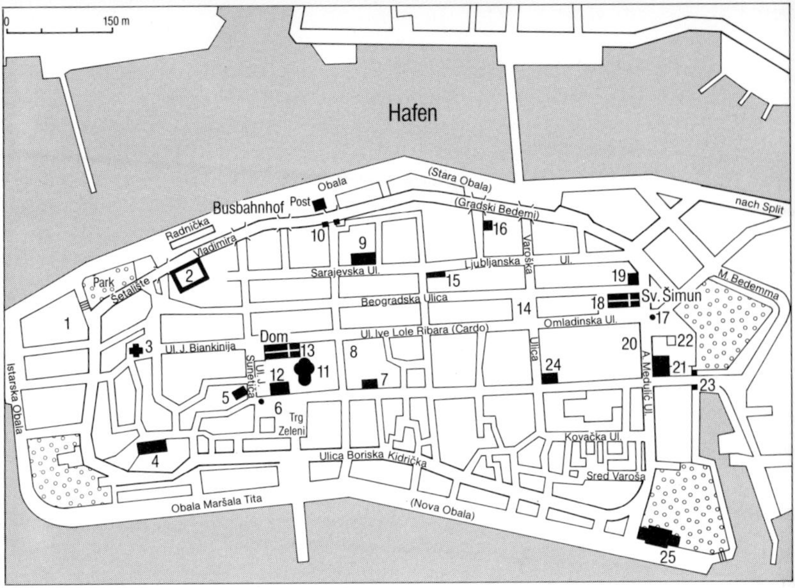

Zadar: Orientierungsplan

1 Kastell/Hotel Beograd – 2 Arsenal – 3 Kirche Gospe od Kaštela – 4 Franziskanerkloster – 5 Sv. Ilija – 6 Römisches Forum – 7 Benediktinerinnenkloster – 8 Archäolog. Museum – 9 Sv. Ivan Krševan – 10 Seetor – 11 Sv. Donat – 12 Bischofspalast – 13 Dom – 14 Stadtplatz, Wache, Loggia – 15 Sv. Petar und Sv. Andrije – 16 Sv. Marija Velika – 17 Triumphbogen – 18 Sv. Šimun – 19 Pal. Grisogono-Vovo – 20 Pal. d. venezian. Statthalters – 21 Pal. d. venezian. Militärgouverneurs – 22 Platz der fünf Brunnen – 23 Porta di Ferma – 24 Sv. Mihovil – 25 Universität (ehem. Stadtkastell)

Die neben Dom, Kirchen und Palästen wichtigsten Bauwerke der mittelalterlichen Kommune waren *Stadtmauern* und *Tore*, seit dem hohen Mittelalter auch die großen *Kastelle*. Schon 1204 hatte Venedig begonnen, im nordwestlichen Stadtteil ein *Kastell* (1; h. *Hotel Beograd*) zu errichten, das freilich nicht nur dem Schutz der Stadt, sondern mehr noch dem der Venezianer dienen sollte. Aus der alten vierflügeligen Wehranlage entwickelte sich nach dem ersten Umbau 1347 eine hohe, fast uneinnehmbare Trutzburg. Durch einen Wassergraben war dieses an italienische Vorbilder in Mantua und Verona erinnernde Bollwerk vom Lebensraum der Bürger abgeriegelt. Hier residierten seit dem frühen 13. Jh. der meist auswärtige Rektor, seine Beamten und Soldaten, nach 1409 der dalmatinische Statthalter und venezianische Provinzverwalter. Ein eigener Landeplatz machte die Besatzer vom eigentlichen Hafen unabhängig. Von diesem Kastell aus konnte Zadar jederzeit in Schach gehalten werden, und eine der Kanonen war immer gegen die Stadt selbst gerichtet.

Auf der gegenüberliegenden Seite, an der Stelle der heutigen *Universität* (25), wuchs im 15. Jh. eine zweite, ebenso ›klotzige‹ *Festung* in die Höhe. Sie war durch geschützte Wehrgänge mit den Stadtmauern verbunden. Dem Besucher, der von der Seeseite kam, muß sich ein unvergeßlicher Anblick der zwischen den beiden Bollwerken eingeschlossenen Stadt geboten haben. Im 19. Jh. haben Österreicher und Jugoslawen die steinernen Zeugen militärischer Macht beseitigt und an ihrer Stelle schöne Uferpromenaden angelegt.
Während der Türkenkriege im 17. Jh. boten die alten Wassergräben des Kastells idealen Raum zur Errichtung zusätzlicher *Zisternen*, die die Wasserversorgung zur Zeit der Belagerung sichern sollten. Drei der alten Brunnen sind noch hinter dem Hotel Beograd zu sehen. In unmittelbarer Nähe des Kastells erhebt sich auch die geräumige Halle des großen *Arsenals* (2), in dem Schiffe gewartet sowie Munition und Waffen gelagert wurden. Das 1752 hochgeführte Gebäude beherbergt heute Sonderausstellungen des *Stadtmuseums*. In der Mitte des ›Platzes der drei Brunnen‹ (Trg Tri Bunara) steht das Fragment der 1572 gestifteten Kirchenrotunde *Gospe od Kaštela* (3), die in ihrer Anlage sicherlich auf die viel ältere Bischofskirche Sv. Donat (11) zurückgeht. Das lange Kirchenschiff ließ Bischof *Zmajević*, der hier begraben liegt, im Jahre 1703 errichten. Langhaus und Kuppel fielen den Fliegerangriffen des 2. Weltkriegs zum Opfer.

In Zadar gab es vier große Ordensgemeinschaften: *Benediktiner* und *Benediktinerinnen* (seit 900), *Franziskaner* und *Dominikaner* (seit etwa 1200). Ihre Klöster bildeten natürliche Zentren der Stadt; denn in ihnen spielte sich ein wichtiger Teil mittelalterlichen Lebens ab, zumal die Orden dem Volk meist näher standen als die adligen Kleriker des Domkapitels. Der Pracht bischöflicher Kunst stand die auffallende Bescheidenheit der Klöster gegenüber. Sie waren Orte der Andacht und Volksfürsorge, meist auch Zufluchtsstätte der lange benachteiligten slawischen Bürger. Im Vergleich zu den herrlichen Klöstern des Stadtstaates Dubrovnik (Nr. 26) nehmen sich die nüchternen Hallenkirchen von Zadar recht bescheiden aus. Ihr Schmuck konzentrierte sich im wesentlichen auf Portale, Fenster und Kapellen sowie Altäre, Chorgestühl, Fresken und Bilder. Ihre eigentliche Schönheit zeigt sich erst dann, wenn man sie als Teil der gleichermaßen bescheidenen Architektur der Bürger begreift. Beide verdanken ihre Einfachheit derselben provinziellen und bürgerlichen Lebenseinstellung. Kunsthistorisch zählen die Klöster von Zadar zu der langanhaltenden romanisch-gotischen Epoche; nur selten hatten Renaissance und Barock Zugang zur hiesigen Klosterbaukunst.

Das Franziskanerkloster *(Sv. Frane)* (4)

Es ist eine der ältesten gotischen Abteien Dalmatiens und geht auf das Jahr 1283 zurück, erfuhr jedoch im 15. und 18. Jh. mehrere Umbauten. Über dem 1780 hinzugefügten Eingangsportal erkennt man noch das gotische Biforium. Das Innere der aus einfachen Steinquadern hochgeführten Kirche zeigt eine für die Bettelorden typische

Anlage: Die einschiffige Halle besitzt eine flache Eichenholzdecke; nur die rechteckige, eingestellte Apsis ist von einem Kreuzrippengewölbe überdacht. Die heutige Ausstattung geht im großen und ganzen auf das 18. Jh. zurück, als das Kloster barockisiert wurde. Hinter der nördlichen Seitenwand, die im 15. Jh. durchbrochen wurde, verbirgt sich eine schöne dreijochige *Renaissance-Kapelle*, die wahrscheinlich ein Werk *Niccolò Fiorentinos* ist und 1670 vollendet werden konnte. Drei reich verzierte Arkadenbögen geben den Blick in den breiten Kapellenraum frei. Die verschiedenen Gewölbe und Deckenformen der drei Joche zeigen die lange Bauzeit der Kapelle, in der sich spätgotische und Renaissance-Elemente harmonisch vereinen. Im Mittelteil der Kapelle erhebt sich ein Barockaltar, auf dem ein silbernes Relief der Gottesmutter steht, das 1627 eine ältere gotische Holzskulptur ersetzte.
Rechts neben der Kapelle (an der nördlichen Kirchenwand) hängt ein schönes Madonnenbild des Venezianers *Lazarus Bastiani* (1450), vor den Chorschranken ein barockes Gemälde des ›Hl. Franziskus‹ von *Giustinian Pitteri* (um 1770). Der Hauptaltar ist ein recht bescheidenes barockes Werk von 1672. Links und rechts stehen Steinskulpturen des ›Hl. Franziskus‹ und des ›Hl. Antonius‹. Aus derselben Zeit stammt das schlichte Madonnengemälde des Hauptaltars.
Gegenüber dem Franziskus-Altar steht der Antonius-Altar (südliche Kirchenwand), der von Bologneser Künstlern um 1670 ausgeführt wurde. Schmuckstücke der Kirche sind ein Gemälde von *Jacopo Palma d.J.*, das den ›Hl. Franziskus mit anderen Heiligen‹ darstellt (um 1600) und über dem zweiten südlichen Seitenaltar zu sehen ist, sowie das schöne gotische Chorgestühl. Es stammt von *Ivan de Borgosansepolcro* (1394) aus Venedig.
Vom Chorraum gelangt man in die südlich gelegene *Sakristei* und in die *Schatzkammer*. Beide gehen auf das 14. und 15. Jh. zurück und sind recht einfach gestaltete Räume. In der Sakristei wurde 1358 der *Friede von Zadar* geschlossen, demzufolge die Venezianer die Stadt verlassen mußten. Zu den sehenswerten Kunstschätzen gehören zwei barocke Sakristeischränke (1724), ein spätgotisches Polyptychon von Meister *Dujmu Vušković* aus Split (1480), eine kleine Bronzestatue von *Ivan Meštrović* (20. Jh.) sowie einige meist venezianische Gemälde in der Schatzkammer (16.–18. Jh.). Ergänzt wird die Sammlung durch eine seltene Kollektion liturgischer Geräte aus dem 15. und 16. Jh.
Durch den ehemaligen Kapitelsaal, in dem heute die kleine *Antoniuskapelle* eingerichtet ist (15. Jh.), gelangt man in den *Renaissance-Klosterhof*, den einheimische Meister unter der Leitung von *Ivan Trifunović* 1556 gestalteten. An den Wänden erkennt man zahlreiche Fragmente des alten gotischen Klosters, das im 16. und 18. Jh. mehrfach umgebaut wurde.

Römisches Forum

Zum Franziskanerkloster gehören auch eine reich ausgestattete *Bibliothek* und eine *Sammlung mittelalterlicher Handschriften.* Der schlichte *Campanile* – östlich der Kirche – wurde im 19. Jh. errichtet.
Die *orthodoxe Kirche Sv. Ilija* (5; Ulica Kuzmanićeva) erhebt sich über den breiten Fundamenten des antiken römischen Kapitolstempels und wurde zwischen 1350 und 1400 errichtet. Im späten 18. Jh. übereigneten die Venezianer die Kirche den orthodoxen Angehörigen ihrer Streitkräfte und barockisierten ihr Äußeres im Zuge einer Erweiterung der bisher einfachen Saalkirche. Sehenswert ist die erlesene *Sammlung alter Ikonen.*

Das *Römische Forum* (6) verdient, nachdem es in diesem Jahrhundert vollkommen freigelegt werden konnte, ungeteilte Bewunderung, zumal es das einzige diesen Ausmaßes in Dalmatien ist. Auf einem Areal von 90 × 45 m erstellten römische Architekten ein monumentales Forum spätkaiserzeitlichen Stils, das von großen und vortrefflichen Kolonnaden (Portikus, Tabernae) umgeben war. Dahinter verbarg sich – seewärts – eine weiträumige Basilika, die als Markt-, Gerichts- und Versammlungshalle der Bürger diente. Zwischen zwei hohen, in der Mitte des Forums aufgestellten Säulen, deren rechte erhalten blieb und im Mittelalter als Schandpfahl diente, schritt man über eine breite Freitreppe zum Kapitolstempel hinauf. Die an ähnliche Foren in Rom erinnernde Anlage war von eleganten Säulenhallen (Peribolus) umschlossen. Hier lag das politische und kultische Zentrum nicht nur Zadars, sondern auch Dalmatiens während der frühen Kaiserzeit.

Das Benediktinerinnenkloster Sv. Maria (7)

Das Kloster begrenzt das alte Forum zur Stadtseite hin und steht an jener Stelle, an der sich einst die antiken Thermen von Zadar befanden. Die dreischiffige Basilika wurde 1091 errichtet und ersetzte einen älteren Vorgänger, der vermutlich ins 10. Jh. zu datieren ist. Zu Beginn des 16. Jh. erhielt die Kirche eine Prachtfassade mit einem eleganten Renaissance-Portal, deren Künstler, dalmatinische Bildhauer aus Korčula und Split, nicht nur venezianische Bauten, sondern auch die Domfassade von Šibenik (Nr. 17) zum Vorbild nahmen.
War die zweite Kirchengründung um 1060 eine Stiftung der Stieftochter des Königs von Kroatien, *Petar Krešimir IV.*, so verdankt Sv. Maria ihren kunstvollen *Campanile* dem späteren ungarischen König *Koloman*, der den Grundstein um 1105 legte. Der wuchtige Turm romanischer Prägung geht wahrscheinlich auf ähnliche Campanili in Rab und Norditalien zurück. Turm und Kirchenfront bildeten bis zum 15. Jh. eine einheitliche Fassade. Als man dann die neue Fassade plante, wurden der durch drei runde Apsiden begrenzten Basilika zwei weitere Joche hinzugefügt, so daß die Marmor-Blendfassade um etwa 5 m vorragt. Das Innere der Kirche erfuhr im Jahre 1744 eine barocke Umgestaltung, die, vergleicht man sie mit den Leistungen des deutsch-österreichischen Barock und Rokoko, vergleichsweise derb und aufgesetzt wirkt. An manchen Stellen erkennt man noch die älteren romanisch-gotischen bzw. Renaissance-Säulen und -Wände, die damals kurzerhand mit Stuck überzogen worden sind, der dann, als die Basilika während des letzten Weltkrieges bombardiert wurde, herunterfiel. Neuerliche Restaurierungen versuchten, beiden Bauepochen dieser schönen Kirche gerecht zu werden.
Zu den erwähnenswerten Kunstwerken des Inneren zählen die beiden ersten *Renaissance-Säulen* im Hauptschiff (ehem. Fassade), linkerhand das *Grabmal* des 1707 verstorbenen Adligen *S. Fanfogna*, über dem linken Zugang zum Klosterhof eine *Inschrift* der ersten Stifter (11. Jh.) sowie eine *Skulptur* in der rechten Seitenapsis, die die ›Trauernde Muttergottes‹ darstellt (frühes 15. Jh.). Der niedrige romanische *Kapitelsaal* (12. Jh.) schließt sich unmittelbar an die Kirche und den Campanile an und ist sozusagen das ästhetische Verbindungsglied beider. Im 1. Geschoß des Turmes, der im 15. Jh. im romanischen Stil renoviert wurde, ist eine *Inschrift* des Stifters, König *Kolomans*, ›R (Rex) CO-LLO-MAN-NUS‹, zu lesen. Das seitliche *romanische Portal* führt zum teilweise zerstörten Klosterhof, zum Kapitelsaal und zum *Museum mittelalterlicher Kunst.* In den jüngst renovierten Ausstellungsräumen verdienen insbesondere sechs Heiligenbilder Beachtung, die um 1480 von einem Abt aus Zadar bei *Vittore Carpaccio* in Venedig bestellt wurden.

Das *Archäologische Museum* (8), dessen glatte Marmor- und Glasfassaden in eindrucksvollem Gegensatz zu den mittelalterlichen Häusern des Domplatzes stehen, birgt eine reiche Sammlung prähistorischer und antiker Kunst. Auf drei Etagen ist die neben Split (Nr. 19) sicherlich wertvollste Dokumentation steinzeitlicher, illyrischer und römischer Kunst in Jugoslawien zu sehen, die durch anschauliche Modelle und Karten ergänzt wird (Eingang neben der Benediktinerabtei, Ulica Petranovića).

Das Benediktinerkloster Sv. Ivan Krševan *(St. Grisogono)* **(9)**

Dieses Kloster erhebt sich über einer römischen ›Insulae‹ bzw. einem antiken Marktplatz und liegt in derselben Straße (Ulica Petranovića) wie die Abtei der Benediktinerinnen (7). An dieser Stelle verlief einst eine der beiden römischen Hauptstraßen, der ›Decumanus‹, der *Forum* und *Seetor* (10), das seine jetzige Gestalt um 1570 erhielt, verband. Die zweite Straßenachse, der ›Cardo‹, kreuzte den ›Decumanus‹ im Bereich des Archäologischen Museums (heute Ulica I. Lole Ribara). 1175 begannen einheimische Architekten, die alte frühromanische Kapelle durch eine neue Basilika zu ersetzen. Hinter der unvollendeten Blendfassade verbirgt sich die dreischiffige, in drei bzw. sechs lange Joche gegliederte Basilika. Antikisierende Säulen mit markanten korinthischen Kapitellen tragen die Arkadenhochwand. Die Außengestaltung der drei Apsiden, ihre hübschen Blendarkaden und die durch Lisenen unterteilten Wandfelder gehören zu den vorzüglichen Leistungen der dalmatinischen Romanik.
Wie andere Kirchen jener Jahrhunderte, war auch Sv. Ivan Krševan flachgedeckt. Die geplanten Kreuzrippengewölbe kamen nie zur Ausführung. Im 18. Jh. haben Stukkateure Decke und Innenwände des Gotteshauses dem barocken Stilempfinden anzugleichen versucht. Das Ergebnis ist einfach und ›provinziell‹. Ein Blick zum nahen Dom Sv. Anastasia (13) erlaubt den Schluß, daß beide Kirchen von derselben Dombauhütte ausgeführt wurden. Ihre Innenräume, Fassaden und ornamentalen Details entspringen derselben Epoche romanischen Stils und sind letztlich nichts anderes als vereinfachte Abwandlungen italienischer Vorbilder (Pisa, Lucca). Dadurch, daß die Benediktiner der erste Orden in Zadar waren, genossen sie die besondere Wertschätzung des Bischofs und der Aristokratie, so daß es nicht weiter verwunderlich erscheint, daß der Bischof seine Bauhütte zur Verfügung stellte. Die traditionelle Verbindung von Bischof, adligem Domkapitel und Klöstern fand ihren Ausdruck in der Ähnlichkeit der beiden großen und gut erhaltenen Kirchenensembles. Der im 15. Jh. begonnene wehrturmartige *Campanile* blieb Fragment. Im Innern der Kirche sei das Augenmerk vor allem auf die in den Apsiden erhaltenen *Fresken* (›Johannes d. T.‹, ›Hl. Donatus‹, ›Hl. Anastasia‹ und ›Christus‹) gerichtet. Sie zählen zu den ältesten und gleichwohl seltenen Wandmalereien Dalmatiens (13./14. Jh.).

Von dem alten Kloster der Benediktiner ist bis auf ein kleines romanisches Portal neben den Apsiden kaum Nennenswertes zu erwähnen; denn auch dieses Baudenkmal fiel den Bomben des letzten Krieges zum Opfer.
Neben dem Kloster liegt der Zugang zum *Stadtmuseum* von Zadar *(Narodni Muzej)*, das eine Sammlung antiker und mittelalterlicher Spolien, Stadt- und Architekturmodelle sowie eine ausführliche Dokumentation zur Stadtgeschichte Zadars besitzt.
Der *Domplatz*, der einen Teil des einstigen *römischen Forums* bildet, war und ist seit der Antike sakraler Mittelpunkt von Zadar. Nach dem Beginn der frühmittelalterlichen Stadtentwicklung (um 500/600 n. Chr.) erhoben sich hier die bedeutendsten Kirchen und der Bischofspalast. Freilich glich die Anlage damals nicht der heutigen, sondern eher einem gut befestigten Palast. Allmählich ersetzte man unzulängliche und ältere Kirchen durch die monumentale Sv. Donat-Rotunde, gefolgt vom romanischen Dom, der Sakristei und dem neuromanischen Campanile, der erst im 19. Jh. vollendet werden konnte. Nach dem rasanten Wachstum von Zadar im 13. und 14. Jh. riß man die Mauern ein und versuchte das Stückwerk der Jahrhunderte einer sichereren und ästhetisch ausgewogeneren Planung zuzuführen, was, wie man heute noch erkennt, nie recht gelungen ist.

Sv. Donat (11)

Die wuchtige Kirchenrotunde, bis um 1050 der Hl. Dreifaltigkeit geweiht, gehörte seit ihrer Gründung im frühen 10. Jh. (oder 9. Jh.) zum Bischofspalast und war durch einen nicht mehr vorhandenen Anbau mit letzterem verbunden; denn Sv. Donat ist eigentlich nie Pfarrkirche, sondern ›Hauskapelle‹ der Bischöfe und Könige gewesen. In Anlage und Ausstattung muß sie mit den damals in Europa

Sv. Donat: Chor (links) und Arkadenhochwand (rechts)

üblichen Hofkapellen (Aachen, Ravenna) verglichen werden. Ihre Entstehung und Baugeschichte sind jedoch weitgehend ungeklärt; die einzig gesicherte Quelle stammt aus dem 10. Jh. und gibt nur eine kurze Bestandsaufnahme. Ungeklärt ist auch ihre Verwandtschaft zum Mausoleum Diokletians in Split, das den damaligen Baumeistern sicherlich bekannt war.
Sv. Donat ist die höchste und raumfüllendste Rundkirche in Dalmatien. Vielleicht übernahm sie die symbolische Nachfolge Roms, dessen Erbe die kroatischen Könige für sich beanspruchten. Um den hellen Mittelsaal, der sich über zwei Stockwerke erstreckt, schließt sich ein breiter Umgang, der im 2. Geschoß zum Balkon wird. Rundsaal und Umgänge kommunizieren durch hohe Arkadenwände. Im Osten ist die Rotunde durch eine größere und zwei kleinere Apsiden begrenzt. Hier standen einst der Altar und die altkroatischen Chorschranken. Von der prächtigen romanischen Ausstattung sind nur noch Fragmente der alten bemalten und mit Ornamenten verzierten Deckenbalken sowie einige Grabsteine, römische Spolien und Mosaikreste erhalten. Die in den letzten Jahren purifizierte und sanierte Kirche besticht durch ihre Nüchternheit. Jüngste Restaurierungen, die auch die großen Fensterbiforien wieder zum Vorschein brachten, gaben dem Bau jene Würde zurück, die ihm in den letzten Jahrhunderten abhanden gekommen war. Viel von der Gewohnheit frühmittelalterlicher Architekten verraten die zahllosen römischen Spolien (Säulenstücke, Inschriftentafeln, Architrave, Friese u. a.), die man scheinbar wahllos in die Mauern von Sv. Donat eingelassen hat. Römisch sind auch die beiden hohen Säulen des Chorraumes vor dem Altar, die Architrave der Portale und einige Fragmente der übrigen Türen und Fenster. Heute ist Sv. Donat festlicher Rahmen für die Sommerkonzerte von Zadar.

Der *Bischofspalast* (12) ist sehr wahrscheinlich älter als Sv. Donat und geht auf eine frühmittelalterliche Burganlage zurück. Nach ihrem ersten Umbau im 10. Jh. erfuhr die bischöfliche Residenz eine zweite Umgestaltung, die dem neuen Repräsentationsbedürfnis des Kirchenfürsten gerecht werden sollte. Im 15. Jh. erhielt der Palast eine venezianisch-gotische Prachtfassade, die jenen der gleichen Epoche in Venedig ähnlich sieht. Große und reich geschmückte Maßwerkfenster, kleinere Figurennischen und ein schöner Balkon – nun im Stadtmuseum aufbewahrt – zierten die nahezu symmetrisch ausgerichtete Steinfassade, die von zierlichen Zinnen und einem Wehrturm bekrönt war. Im frühen 19. Jh. erachtete man die alte Fassade für unangebracht und ersetzte sie durch eine einfache neubarocke Schöpfung.

Der Dom Sv. Stošija *(St. Anastasia)* (13)

Die Kathedrale geht, wie die Hauskapelle des Bischofs, Sv. Donat, wahrscheinlich auch auf das 10. Jh. zurück und sollte in erster Linie Volks-und Bischofskirche, manchmal auch Versammlungsort der

Hauptportal des Doms

städtischen Räte und Gerichte werden. Über den Ruinen einer an das römische Forum grenzenden antiken Basilika (Markthalle) ragte seit dem 9. Jh. die erste frühromanische Kathedrale empor, deren Gestalt kaum bekannt ist. St. Anastasia ist eine der Schutzheiligen von Zadar. Bischof *Donatus* ließ ihren Sarkophag um 860 in den Dom überführen (linke Apsis; a).
Nachdem die alte Kirche zu klein und während der venezianischen Belagerung 1202 teilweise zerstört worden war, konnte man sich zu dem längst fälligen Neubau durchringen. Traditionelle Handelsbeziehungen und ein gerade erfolgter Wirtschaftsvertrag mit Pisa brachten es mit sich, daß der dortige Dom zum Vorbild der neuen Kathedrale von Zadar wurde, und sicherlich sind damals auch italienische Architekten nach Zadar gekommen, um der Dombauhütte beratend zur Seite zu stehen. 1285 konnte die dreischiffige Basilika nach relativ kurzer Bauzeit geweiht werden; vollendet wurde sie aber erst 1324, worauf eine Inschrift im Hauptportal verweist. Die schöne Fassade hat ihre Vorbilder in Pisa und Lucca. Im unteren Teil der unverputzten Steinwand führen drei romanische rundbogige und nach innen abgestufte *Portale* in den monumentalen Kirchenraum. Die Skulpturen (Tiere, Fabelwesen, Heiligengestalten und Ornamente) sind erlesene Zeugen romanischer Kunst in Dalmatien. Den oberen Abschnitt der durch klar geformte Säulenarkaden verblendeten Giebelfassaden zieren zwei spätere gotische *Radfenster*. Gleichermaßen gelungen sind die langen Steinwände der niedrigeren Seitenschiffe, die den Dom zur Stadtseite hin abschirmen. Ihre Gliederung durch vorgesetzte Pilaster und Lisenen entspricht der der Hauptfassade und verleiht dem Äußeren des Domes einen unvergleichlich schönen Charakter.

Das Innere ist von hohen Arkadenwänden charakterisiert, die durch einen über fünf lange Joche gekennzeichneten Stützenwechsel von Pilastern und Rundsäulen gegliedert sind. Die schweren Säulen – mit korinthischen und romanischen Würfelkapitellen – tragen die eigentliche Arkadenwand, die von einem ›antikisierenden‹ Lichtgaden gebildet wird, der nach außen durch jeweils sechs gestelzte und von Doppelsäulen getragene Bögen in Erscheinung tritt. Darüber sind die schlichten, scharf in die Hochwand eingeschnittenen Fenster zu erkennen. Die über den Doppeljochen aufsteigenden Wandlisenen verraten, daß hier, wie in Trogir, einmal ein Kreuzrippengewölbe geplant war, das aber nie zur Ausführung kam. Ein offener, von Eichenbalken gestützter Dachstuhl neuromanischer Gestalt schließt den festlichen Raum nach oben ab. Der breite Raum des Hauptschiffes endet nach romanischer Tradition vor dem monumentalen Spitzbogen (Triumphportal), der den Zugang zum Aller-

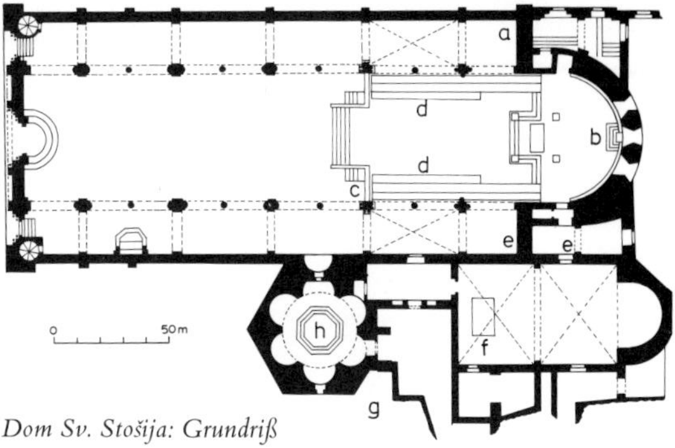

Dom Sv. Stošija: Grundriß

heiligsten bzw. zur halbtonnengewölbten Apsis freigibt. Hier saßen nach antiker Manier die Stadtherren und Richter bzw. später die Bischöfe (b). Vor der erhöhten Apsis befindet sich der Zugang zur dunklen frühromanischen, überwölbten *Krypta* (c). Sie ist beredtes Kennzeichen romanischer Kirchen und geht wahrscheinlich auf den Vorgänger des heutigen Doms zurück. Die aus Marmor gefügten Apsidenbänke sind Werke des 13. Jh.; das hölzerne, grotesk geschnitzte *Chorgestühl* (d) stammt von *Matej Morozon* und wurde 1418–1450 gefertigt. In den Hauptaltar sind Fragmente des ersten Altars (9. Jh.) eingefügt; darüber erhebt sich der gotische *Steinbaldachin* (um 1332). In den niedrigeren Seitenapsiden sind Reste *spätromanischer Fresken* (13. Jh.) erhalten. Neben den zahlreichen, meist barocken Bildern der Seitenaltäre sei die Aufmerksamkeit besonders auf den zweiten, linken, Seitenaltar gerichtet, den ein Allerheiligenbild des Venezianers *Jacopo Palma d. J.* (um 1580) ziert.
In der *Sakristei* (f), die zwischen Dom und Sv. Donat errichtet wurde und einst die Kirche *Sv. Barbara* war, sind Reste *römischer Mosaikböden* gefunden worden, die ehedem zum Forum gehörten. Die frühgotische Gewölbedecke ist ein Werk einheimischer Baumeister. Von Dom und Sakristei führen zwei Portale in einen *Innenhof* (g), der an die nördliche Seite von Sv. Donat und Bischofspalast grenzt. Hier stand bis zum 2. Weltkrieg das *Baptisterium*, dessen Grundmauern wiederhergestellt sind – möglicherweise soll die ganze Kapelle rekonstruiert werden. Das runde, von sechs schmalen Apsiden umgebene Baptisterium ist der nachweislich älteste christliche Kultbau in Zadar und geht ins späte 6. Jh. zurück. Die damals noch übliche ›Immersionstaufe‹ machte ein tiefes Taufbecken notwendig, in das der Gläubige hinuntersteigen mußte.

Stadtplatz, Stadtwache und Loggia (14)

An derselben Achse wie der Dom (dem römischen ›Cardo‹, der Ulica I. Lole Ribara) liegt auch das spätere politische Zentrum von Zadar, der bürgerlich-aristokratische *Stadtplatz*, der Sinnbild der hochmittelalterlichen Macht der Stadtherren, Stadträte und Patrizier sein sollte, die dem Bischof seit 1100 die Gewalt über Recht, Ordnung und Wirtschaft mühsam abgerungen haben. Als Zadar nach 1409 ganz im Zeichen der venezianischen Herrschaft stand, richteten sich hier Statthalter, Militärverwalter, Gericht und Stadtwache ein. Ihre Architektur prägt bis heute das Erscheinungsbild des quadratischen Platzes. Jeder der dalmatinischen Stadtplätze sollte, wenn nicht bildlich, so doch inhaltlich eine Wiederholung des Markusplatzes sein, und so entwickelten sich Loggia, Ratspalast und Wache zu einem ungemein schönen Ensemble venezianischer Prägung.
Die *Loggia* entstand im späten 13. Jh., war Treffpunkt der Bürgerräte und Gerichte und ist 1565 nach Plänen *Sanmicheles* neu gestaltet worden. Der Vorgängerbau glich den sonst in Dalmatien üblichen Stadtloggien (Rab, Trogir und Korčula). Das hauptstädtische Selbstverständnis der neuen Herren, der Venezianer, hat im 16. Jh. den Anlaß zu einem noch schöneren Bauwerk gegeben. Seine Schönheit versuchte der des Domes gleichzukommen; denn auch seine Außenform ist aus dem Kirchenbau entlehnt, und die Dreiteilung der Fassade der Loggia verweist auf die kirchlicher Innenräume und römischer Triumphbögen. Aus beiden Institutionen – Kirche und Imperium Romanum – war die bürgerliche Kultur erwachsen, und ihre Architektur verlieh dem sinnfälligen Ausdruck!
Über einem schweren Rustikapostament erhebt sich die dreiteilige Fassade, deren drei Renaissance-Bögen von wuchtigen Doppelsäulen flankiert sind. Über eine Treppe in der mittleren Achse schreitet man in den feierlichen Innenraum, der heute durch große Glasfenster erhellt wird (Ausstellungen). Über dem mit den Säulenkapitellen verkröpften Architrav erscheint eine abschließende Balustrade. Die sichtbare Erhöhung der hier tagenden Richter glich der des Bischofs in der Apsis des Domes. Steintisch in der Loggia und Altar im Dom setzten die Beziehung zwischen weltlicher und kirchlicher Baukunst fort. Abgesehen von den Stadtkastellen, war die Loggia immer wichtigster Ort in der Stadt und bis 1400 auch Symbol bürgerlicher Freiheit und Autonomie.
Die alte *Stadtwache* von Zadar steht der Loggia gegenüber. Hier saß die Polizeigewalt, die die Beschlüsse der Richter zu vollziehen hatte; hier sorgten bewaffnete Soldaten dafür, daß jeder Aufstand im Keim erstickt werden konnte. Politisch und architekturgeschichtlich gehören Loggia und Wache zusammen, weswegen man sie meistens

Stadtwache

auch an ein und demselben Platz errichtete. Ihre Fassaden steigerten sich gegenseitig zu einer deutlichen Aussage staatlicher Autorität. Ihre heutige Gestalt geht auf das Jahr 1562 zurück. Hinter einem schmiedeeisernen Zaun, der zwischen bossierten Säulen eingefaßt ist und in den Platz ragt, erhebt sich die Spätrenaissance-Architektur der Wache. Drei hohe Portale, die in die von vier Rustikapilastern gegliederte Fassade eingelassen sind, öffnen den Zugang zum Innern. Über den Seitenportalen hat man kleine Nischen in die Wand gebrochen, die einst die Büsten zweier venezianischer Statthalter bargen. Über den drei Portalen erkennt man ein über die ganze Breite der Wache verlaufendes Architravgesims, über dessen Mitte der *Uhrturm* von Zadar emporragt, der aber erst im 19. Jh. fertiggestellt wurde. Zwei große manieristische Voluten verbinden die Seitenflügel mit dem Uhrturm, der somit nicht abrupt, sondern organisch aus dem unteren Teil des Gebäudes hervorwächst. Über dem Balkon des Mittelrisalits ist eine große Uhr in die Wand eingelassen. Eine voluminöse neubarocke Balustrade krönt dieses geglückte Denkmal venezianischer Herrschaft in Dalmatien.

An Stelle des alten *Ratspalastes* errichteten einheimische Baumeister im 20. Jh. einen eklektizistischen ›Marmorpalast‹, der sich kaum mit seinem gelungeneren Vorgänger messen kann. Er glich jenen venzianisch-dalmatinischen Rats- und Bürgerpalästen, die im 15. und 16. Jh. in Dubrovnik, Split und Trogir geschaffen worden sind.
Nördlich des Stadtplatzes erstreckt sich das alte *Hafenviertel* von Zadar, in dem vor allem Kaufleute wohnten; es ist durch die beiden *Seetore* mit dem Hafen verbunden. Hier sind noch Teile der barocken, sternförmigen *Festungsanlagen* zu erkennen, die sich unmittelbar an die mittelalterlichen Mauern anschließen.

Zu den ältesten Kunstdenkmälern dieses Stadtteils gehören die kleine romanische Kirche *Sv. Lovro* (hinter dem Büro des Kvarner Express, am Stadtplatz), die im 10./11. Jh. erbaut wurde, und die Doppelkirche (15) *Sv. Petar–Sv. Andrije* (Ulica Sarajevska), an der man zwischen dem 7. Jh. und 15. Jh. gearbeitet hat. Sehenswert sind die hochmittelalterlichen, im byzantinischen Stil gehaltenen Freskenfragmente, römische Spolien sowie die romanischen Ornamentverzierungen. Ebenfalls in der Ulica Sarajevska steht der während der Renaissance umgestaltete Patrizierpalast Fanfogna.
Das neben dem Dom einst stattlichste Kirchenensemble von Zadar ist heute nur noch Stückwerk. Die kostbar ausgestattete dreischiffige Basilika *Sv. Marija Velika* (16) zählte bis 1570, als die Venezianer sie den neuen Stadtmauern opferten, zu den größten gotischen Kirchen von Zadar. Sie geht ursprünglich auf das 12. Jh. zurück und wurde nach der Überführung der Reliquien des hl. Simeon 1290 vergrößert und verschönert. Die Arbeiten dauerten bis ins späte 15. Jh. Daneben ist die turmartige Kapelle *Sv. Rok* (heute Ladengeschäft) und die unvollendete neue Hallenkirche *Sv. Šimun* zu sehen. Sv. Rok und die antikisierende ›Tempelfassade‹ sind schöne Werke der dalmatinischen Spätrenaissance.
Vom Stadtplatz gelangt man über die Ulica Omladinska zu den Ruinen des *Triumphbogens* (17) aus trajanischer Zeit, der jenem in Pula (Nr. 5) glich. Die Epoche langen Friedens in der Provinz machte dieses einzigartige Denkmal möglich, das später durch bewehrte Torburgen und Festungen ersetzt worden ist. – Fragmente des Portals finden sich in den Grundmauern von Sv. Donat. Vor dem ehemaligen Triumphbogen erkennt man eine der beiden frühkaiserzeitlichen *Prachtsäulen*, die im 18. Jh. vom Forum hierhergebracht wurde. In der Antike führte von diesem Platz die Handelsstraße nach Osten, um nach wenigen Meilen in die Hauptstraße Senj–Salona zu münden.

Sv. Šimun (18)

Die Kirche vor der römischen Säule ist Nachfolger der Kapelle *Sv. Stjepan*, die im 12. Jh. erstmals Erwähnung findet. Im frühen 17. Jh. überführte man die Gebeine des hl. Simeon aus der zerstörten Kirche Sv. Marija Velika hierher. Die im 15. und 16. Jh. errichtete dreischiffige Basilika bekam zu Ehren des neuen Patrons eine neue Barockfassade. Die drei Hauptportale von 1512 und 1572 blieben bestehen. Antike Kunsttradition spiegelt sich in dem weiträumigen Inneren. Weite Arkadenbögen und Säulen tragen die Hochwand des breiten Mittelschiffs, das in einem barocken Triumphbogen endet. Die Seitenaltäre stammen aus dem 17. und 18. Jh. und sind eher bescheidene Werke der provinziellen Barockkunst, die nach dem Ende der Türkenkriege über Venedig und Rom in Zadar Einzug gehalten hat.
Der *Sarkophag des hl. Simeon* darf zu den großen Kunstwerken der dalmatinischen Spätromanik gezählt werden. Im frühen 14. Jh. gaben fünf Adlige aus Zadar sowie *Elisabeth*, Tochter des bosnischen Fürsten *Kotromanić* und Gemahlin des ungarisch-kroatischen Königs *Ludwig I. von Anjou*, den Silbersarkophag bei *Antonio da Sesto* aus Mailand in Auftrag. Er vollendete zusammen mit Gehilfen der Goldschmiedezunft von Zadar 1381 das Werk, das von drei 1647 aus türkischen Kanonenkugeln gegossenen grazilen Barockengeln getragen

Sarkophag des hl. Simeon

wird. Auf mehreren, von gewundenen Säulen eingefaßten und in Silber getriebenen Reliefplatten sind die Geschichten aus dem Leben des hl. Simeon sowie historische Begebenheiten des 14. Jh. dargestellt: u. a. ›Der festliche Einzug König Ludwigs I. in Zadar‹, ›Fürst Šubić mit Gemahlin‹, ›Königin Elisabeths Totenklage um ihren Vater, Fürst Kotromanić‹. Das mittlere Relief zeigt die ›Darstellung Christi im Tempel‹, das linke die ›Auffindung der Gebeine des hl. Simeon‹. Die ausdrucksstarken spätromanischen Figuren gehen auf ältere Vorlagen italienischer Buchmalerei zurück. Die illusionsistischen Architekturdarstellungen sind von minutiös gearbeiteten Ornamenten und Pflanzenranken umgeben. Blickfang der schräg aufgebahrten Figur ist das markante bärtige Gesicht des Heiligen, das jenem eines spätantiken Königs gleicht.
Der hohe *Campanile* neben der Kirche geht auf das Jahr 1707 zurück. In den einzelnen Stockwerken sind schmale Arkadenfenster eingelassen. Das oktogonale, an venezianische Vorbilder erinnernde Pyramidendach erhebt sich über einer einfachen Laterne.

Der *Palast Grisogono-Vovo* (19; Ulica Zagrebačka und Cingrije), in dem heute das *Amt für Denkmalpflege* untergebracht ist, gehört aufgrund seiner jüngsten und mustergültigen Restaurierung zu den schönsten Vertretern aristokratischer Baukunst in Zadar. Er entstand durch die Zusammenlegung zweier älterer romanischer Hausburgen und wurde im 15. Jh. im Stil der ›blühenden venezianischen Gotik‹ umgestaltet. Grazile Spitzbogenfenster, kannelierte Renaissance-Pilaster, schöne Rosetten und schwungvoll gebildete Blattkapitelle schmücken die roh belassene Steinwand. Von dem kunstvoll eingerichteten Innenhof gelangt man durch niedrige Arkaden und schmale Treppen in den Festsaal des Obergeschosses. Dieser Palast, der sich freilich nicht mit den monumentalen Ensembles in Italien messen kann, steht in einer langen Tradition bescheidener provinzieller Wohnkultur dalmatinischer Aristokraten. Im 15. und 16. Jh. haben vor allem einheimische Architekten die Paläste *Ghirardini* (Ulica Prvi Novembar; Werkstatt *Niccolò Fiorentinos*), *Petrizio* (Ulica Zagrebačka) und *Nassis* (Ulica Žrtava fašizma), dessen Portale von der Bauhütte Korčulas gefertigt wurden, umgebaut und verschönert.

Der Palast des venezianischen Statthalters (20; Trg Oslobodenja) war das eigentliche politische Zentrum, die Machtzentrale der Venezianer in Dalmatien. Hier residierte seit dem 15. Jh. der Statthalter der Provinz Dalmatien, dem alle Rektoren in den einzelnen Städten unterstellt waren. Kurz nach der Herrschaftsübernahme Venedigs, im frühen 15. Jh., errichtete man an Stelle eines älteren gotischen Palastes die befestigte und teuer ausgestattete Residenz, in der nicht nur der Statthalter, sondern ebenso Beamte, Richter und Gesandte wohnten. Im 16. und 17. Jh. erfuhr die Anlage mehrere Erweiterungen, so daß er seine ehemalige Renaissance-Gestalt allmählich verlor. Zu Beginn des 19. Jh. ersetzten einheimische Architekten den unzulänglich gewordenen Bau durch einen neoklassizistischen Stadtpalast. Es war das erste neuzeitliche Bauwerk, das in Zadar nach dem Ende der venezianischen Regierung errichtet worden ist.
Mit dem *Palast des Statthalters* verbunden war der *Palast des Rektors* von Zadar, den venezianische Baumeister im frühen 17. Jh. entwarfen. Im Zuge der Veränderungen dieses Ensembles im 19. Jh. verband man beide zu einem Palast, in welchem heute verschiedene kommunale Behörden untergebracht sind. Zu diesem Komplex gehören auch *Sammlungen des Stadtmuseums*, darunter eine naturwissenschaftliche Kollektion und die Galerie moderner Kunst des 20. Jh. (Eingang Ulica Medulića).

Der *Palast des venezianischen Militärgouverneurs* (21; Ulica Medulića) erhebt sich gegenüber der Statthalterresidenz und war Sitz des obersten Feldherrn der Serenissima in Dalmatien und Albanien. Ihm und den hier stationierten Offizieren galt nicht nur die militärische Kontrolle des dalmatinischen Archipels, sondern auch die der Unterstützung und Koordination der venezianischen Streitkräfte der östlichen Adria überhaupt. Hier war auch die eigentliche Polizeizentrale und die berüchtigte venezianische Geheimpolizei, die manchmal auch den Statthalter und seine Rektoren zu überwachen, notfalls auch anzuklagen hatte. Von dem im 15. und 16. Jh. errichteten Palast, der im 19. Jh. mehrfach umgebaut wurde, hat sich ein schöner Renaissance-Innenhof erhalten.

Platz der fünf Brunnen (Trg Pet Bunara; 22): Zwischen dem ehemaligen römischen Triumphportal und dem barocken Festungsring von Zadar sind noch Reste der Stadtmauer sowie Türme und Tore erhalten. Die innerste Linie markiert den Verlauf der antiken Mauern. Einige Schritte landwärts sind Fragmente der frühmittelalterlichen Wehranlagen zu sehen, gefolgt von den spätgotischen Mauern, zu welchen auch der fünfeckige Turm *Bablja Kula* gehört, der ein schönes Beispiel schon von Italien beeinflußter Militärbaukunst ist. Die Zinnenkrone des hohen Turmes geht noch auf das späte 13. Jh. zurück. An Stelle des tiefen Wehrgrabens errichtete man 1574 fünf große Zisternen und Brunnen, die die Wasserversorgung während der Türkenkriege zu sichern hatten. Der mit Wasser gefüllte Graben war nutzlos geworden, als venezianische Architekten die breiten und wuchtigen Barockbastionen in Auftrag gaben. Im 19. Jh. verwandelte man sie in eine Parkanlage mit subtropischen Pflanzen, die die Stadt vom Festland trennt. Interessant sind die

Landtor Porta di Ferma

in den Mauern dieses Festungsringes eingelassenen Fragmente älterer, meist gotischer Kirchen und Paläste, die die Venezianer im 16. Jh. abgebrochen haben, um den neuen Stadtmauern Platz zu machen.

Das *Landtor Porta di Ferma* (23) schließt unmittelbar an die barocken Stadtmauern bzw. den ›Platz der fünf Brunnen‹ an. Seit dem 16. Jh. ersetzte es das mittelalterliche Landtor, das neben dem Turm Bablja Kula lag und dessen Zugang durch die neuen Bastionen versperrt wurde. Auf Geheiß der Serenissima kam 1543 *Micheli Sanmichele* nach Zadar, um dieses Stadttor zu errichten. Es erinnert an ähnliche Werke des Meisters in Norditalien (Verona) und war eines der ersten profanen Renaissance-Denkmäler in diesem Land. Ein hohes Rundportal, das wie die beiden niedrigeren, rechteckigen Tore von vier bossierten Halbsäulen flankiert wird, gibt den Zugang zur Stadt frei. Die markanten Säulen, im äußeren Feld von Pilastern unterstützt, rahmen das untere Torfeld. Darüber erkennt man eine schwere Attika, in der zahlreiche martialische Verzierungen und Ornamente antiker Provenienz angebracht sind, wie das Tor überhaupt seine Herkunft von antiken Triumphbögen nicht leugnen kann. Der Löwe über dem Hauptportal zeigte den Ankommenden deutlich, wo er sich befand: im Gebiet des vom Markuslöwen geschützten bzw. beherrschten venezianischen Reiches! Die Wucht der Porta di Ferma wird noch dadurch gesteigert, daß sich der Besucher von unten, über eine Rampe nähert. In Gestalt und Bedeutung übernimmt das Tor die Tradition des nur wenige Schritte entfernten *römischen Triumphbogens* (17).
In der Nähe des Landtores (Ulica Žrtava fašizma) sind die Ruinen der 1280 geweihten *Dominikanerkirche* zu sehen, die, wie auch das allerdings längst aufgelassene *Dominikanerkloster*, im letzten Krieg weitgehend zerstört wurde. Erhalten blieben lediglich Teile des Chores und des Portals.
In derselben Straße steht auch die kleine Kirche *Sv. Mihovil* (24), die auf das späte 14. Jh. zurückgeht. Bemerkenswert sind das gotische Michaelsrelief über dem Portal, ›Maria mit dem Kinde‹ im Architrav, ein römischer Grab-

stein im Giebel sowie die Fresken des einfachen Kirchenschiffs. In unmittelbarer Nähe des Hotels Zagreb liegen noch die Fundamente des frühromanischen kroatischen Kirchleins *Stomorica*, das im Zuge der venzianischen Festungsbauten des 16. Jh. abgebrochen worden ist. Über die schöne Uferpromenade vor dem Hotel erreicht man die Spitze der Landzunge von Zadar, von wo sich ein einzigartiger Blick auf das Meer sowie die Inseln Pašman und Ugljan bietet. Am Platz der heutigen philosophischen Fakultät stand bis zum 19. Jh. das zweite venezianische *Stadtkastell* (25), das jenem an der Westspitze von Zadar (1) glich.

Nin **Nr. 14**

15 km nordwestlich von Zadar liegt die kleine und gut geschützte Inselstadt Nin, die durch zwei Brücken mit dem Festland verbunden ist. Nin zählte in der Antike und im Mittelalter zu den bedeutendsten Städten Dalmatiens, und nur dem Schicksal ist es zu verdanken, daß Zadar und nicht Nin zur Hauptstadt Dalmatiens wurde. Die mächtigen Bischöfe von Zadar haben die langen Auseinandersetzungen mit den kroatischen Königen und Fürsten zu ihren Gunsten entschieden; denn letztlich zeigte sich das römische Erbe, vor allem aber die günstigere topographische Lage Zadars der Situation Nins überlegen. So wurde diese in ihrer Entwicklung immer eingeschränkte Stadt zum Rückzugsort und mit Biograd und Šibenik zur letzten Domäne des kroatischen Königreiches. Bis ins 16. Jh. verlief die Geschichte Nins nahezu parallel mit der Zadars. Das Ende kam, als die Türken Dalmatien zum ersten Mal überfielen. Nachdem Zadar Hauptstadt Dalmatiens geworden war, konnte und wollte es sich Venedig nicht leisten, auch noch Nin zu befestigen. Vorsorglich evakuierte man seine Bürger nach Zadar und steckte die Stadt in Brand, um den Osmanen keinen Unterschlupf zu gewähren. Kurz darauf mußte die venezianische Flotte Nin bombardieren; denn trotz des Feuers hatten sich die Türken in ihr verschanzt. Dies war das Ende Nins, das erst im 18. und 19. Jh. notdürftig wieder aufgebaut wurde.
Trotz der vielen Zerstörungen haben sich einige bedeutende Kunstwerke Nins erhalten. Sie sind heute im antiken und mittelalterlichen Museum in Zadar sowie im neuen mittelalterlich-altkroatischen Museum in Split ausgestellt (u. a. Chorschranken, Altäre und Taufsteine, liturgische Geräte sowie schöne romanische Reliefs und Figurenfriese). Zu den ältesten noch erhaltenen Baudenkmälern Nins zählt die kleine frühromanische Kirche *Sv. Križ*, die auf das 10. und 11. Jh. zurückgeht. Sie wurde über dem Grundriß eines Kleeblattes erbaut, gleicht aber eher einem befestigten Wehrturm, war im Mittelalter verputzt und wahrscheinlich auch bemalt. Ihre mustergültige Renovierung macht sie zu einer der sehenswertesten Kirchen des kroatischen Königreiches in Dalmatien.

15 Die norddalmatinischen Inseln

Die zahlreichen großen und kleinen Inseln von Norddalmatien gehören zu den merkwürdigsten Gebieten der östlichen Adria. Jahrhundertelanger Raubbau führte zu ihrer nahezu vollständigen Verkarstung, und nur mühsam gelingt es, vor allem die siedlungsnahen Regionen wieder aufzuforsten. Nur wenige Dörfer und Weiler beleben die kahlen Inseln, die kaum genügend Wasser für Landwirtschaft, Industrie und den Tourismus haben, so daß sie zu den unterentwickeltsten Gebieten von Dalmatien zählen. Davon ausgenommen sind nur die Inseln Pašman und Ugljan, die zu schönen ›Vororten‹ von Zadar und Biograd geworden sind. Die Inseln verlaufen in drei Reihen von

Nordwest nach Südost, werden von hunderten unbewohnter Felsenriffe umgeben und bieten Sportfischern und Tauchern ungeahnte Möglichkeiten, die ›Welt der tausend Inseln‹ zu entdecken. Die größte Insel ist Dugi Otok, gefolgt von Pašman und Ugljan. Die Bevölkerung lebt hauptsächlich von Landwirtschaft, Fischfang und Seefahrt, neuerdings auch vom Tourismus. Die günstigsten Schiffsverbindungen zu dieser Inselgruppe bestehen von Zadar und Biograd.

Premuda, Silba und Olib grenzen im Norden an die Inseln des Kvarner Golfs, im Osten an Pag. Mit Ausnahme der geschützten Eichenhaine im Westen ist *Olib* nur von kargen Schafweiden bedeckt. Der gleichnamige und einzige Ort der Insel liegt an einer schönen, auch für Schiffe geeigneten Bucht. Die um 1600 erbaute Pfarrkirche birgt einige altkroatische (glagolitische) Prachtcodices. In der Banve-Bucht sind Ruinen einer römischen Siedlung und ein 1200 zerstörtes romanisches Kloster zu sehen. – *Silba* geht auf die Bezeichnung ›silva‹ (= Wald) zurück; historische Quellen beschreiben diese Inselgruppe tatsächlich als reich bewaldet. Der kleine Fischerort Silba verlor seine Bedeutung, als die alten Schiffahrtslinien eingestellt und der überwiegende Teil des Adriaverkehrs auf die neue Küstenstraße verlegt wurde. Zwischen 1500 und 1800 diente Silba als Segelschiffstation, so daß sich nicht nur Kapitäne, sondern auch Kaufleute und Handwerker im Ort niederließen.

Die beiden Pfarrkirchen errichteten einheimische Baumeister im 17. Jh. Abgelegene und geschützte Sand- und Kiesstrände sowie neue Privatpensionen öffneten Silba für Feriengäste, die von Rijeka und Zadar anreisen können. – *Premuda* ist größtenteils unbewohnt und von immergrüner Macchia bedeckt. Die Bucht im Westen bietet Schiffen Schutz vor den Borastürmen.

Dugi Otok (= Lange Insel), die größte der norddalmatinischen Inseln, steigt bis auf 330 m an und ist von struppigem Buschwerk und nur wenigen Baumgruppen bedeckt. Im Osten wird sie von steil abfallenden Klippen charakterisiert; im Westen hingegen erstrecken sich viele schöne, ruhige Buchten und Badeplätze. *Sali* ist wichtigster Ort der Insel und Fischereizentrum. Die beiden barocken Pfarrkirchen beherbergen verschiedene Altarbilder venezianischer und einheimischer Maler, deren Bedeutung aber mehr lokaler Natur ist. Barock sind auch die schönen Hausfassaden begüterter Kaufleute und Kapitäne. Auf der Anhöhe hinter dem Ort wurden Reste illyrischer Wallburgen freigelegt.

Die *Kornaten* umfassen etwa 150 kleinere, meist unbewohnte Inseln und Felsenriffe. Im Westen fallen die von der Brandung zerklüfteten Felsformationen steil zum Meer hin ab und bieten tausenden Vögeln sichere Nistplätze. Ein unwegsames Labyrinth enger Durchfahrten gewährt den Schiffen Schutz, ist aber ebenso gefährlich wie abenteuerlich für den Unkundigen. Das Meer dieser Region ist sehr sauber und zeichnet sich insbesondere durch seinen Fischreichtum aus, der Sportfischer und Taucher aus ganz Europa anzieht. Die Kornaten gehören größtenteils Schafhirten und Bauern der benachbarten Inseln und des Festlandes. Wasser und Strom sind hier ebenso selten wie Dörfer und Straßen, und nur vereinzelte Hütten und Steinhäuser, die neuerdings auch für den Tourismus genutzt werden, unterbrechen die herbe Monotonie dieser Inselwelt. Reste einer mittelalterlichen Burganlage bei dem Dorf *Lučića* sowie die Ruinen einer altchristlichen Basilika deuten darauf hin, daß das Gebiet der Kornaten in illyrischer und römischer Zeit besiedelt war.

Ugljan ist aufgrund seiner Nähe zu Zadar am dichtesten besiedelt und ebenso gut entwickelt wie das Festland; außerdem bietet die Insel eine reiche subtropische Flora. Zahlreiche Reste antiker Villen, mittelalterliche Klöster, Kirchen und Burgen, die meistens von begüterten Aristokratenfamilien aus Zadar und Biograd errichtet wurden, künden von der langen ununterbrochenen Siedlungstradition auf Ugljan. Die malerischen Dörfer und Villenviertel liegen an der flachen und geschützten Nordostküste, während die Westflanke abrupt ins offene Meer abfällt. Im Mittelteil der bewaldeten Insel steigt der Scah-Hügel auf 288 m an. – *Ugljan, Lukoran, Preko* und *Kali* sind die größten Orte der Insel und zeichnen sich vor allem durch ihre weiten Buchten, Hafenalleen und sanft ansteigenden Hügelketten aus. In *Ugljan* wurde 1430 ein kleines Franziskanerkloster gegründet, die einschiffige, gotische Ordenskirche Sv. Maria 1447 geweiht (schönes gotisches Kruzifix). Die zierlichen Kapitelle des Klosterhofes brachten die Mönche aus ihrer Heimatstadt Zadar mit. Reste römischer Villen sind in der nahen Batalaža-Bucht, Ruinen einer altchristlichen Kultstätte aus dem 5. Jh. in der Muline-Bucht erhalten. – *Lukoran* war im Mittelalter im Besitz des reichen Benediktinerklosters St. Grisogono (Sv. Ivan Krševan) in Zadar und geht auf das frühe 11. Jh. zurück. Die romanische Friedhofskapelle barockisierten einheimische Baumeister im 17. Jh. Im Weiler *Mali Lukoran* stehen Ruinen der großen Sommerresidenz der Aristokratenfamilie Da Ponte aus Zadar. In der im frühen 17. Jh. umgestalteten gotischen Pfarrkirche Sv. Eufemia in *Sutomiščića* ist ein barockes Altargemälde der hl. Eufemia des Venezianers *Jacopo Palma d. J.* zu erwähnen. Im nahen Sommerpalast der Familie Lantana traten die venezianischen Statthalter von Dalmatien und Albanien offiziell ihr hohes Amt an. – *Preko* (= Hinüber) ist größter Ort der Insel, entwickelte sich an zwei Buchten und liegt gegenüber von Zadar. Die romanische Kirche Sv. Ivan Krstitelj ist, wie der Ort selbst, antiken Ursprungs. Römische Villen, Zisternen, Gräber und Mosaiken sind in Preko gefunden worden. Die Pfarrkirche Sv. Maria bauten einheimische Architekten im 18. Jh.

Auf dem küstennahen Eiland *Galovac* erhebt sich ein 1443 gegründetes Franziskanerkloster, dessen Vorgänger den Benediktinern aus Zadar eigen war. Die Spätrenaissance-Kirche birgt eine Anzahl barocker Bilder provinziell-dalmatinischer Natur. Vom Aussichtsturm auf dem Hügel Sv. Mihovil (265 m) bietet sich ein schöner Blick auf die norddalmatinische Inselwelt. Das mittelalterliche Kloster Sv. Mihovil (Benediktiner) wurde während der venezianischen Herrschaft zu einer Festung ausgebaut und in jüngster Zeit abgerissen.

Pašman schließt sich unmittelbar südlich von Ugljan an und ist über eine neue Brücke mit dieser Insel verbunden, der es auch äußerlich gleicht. Auch hier liegen die wichtigsten Dörfer, *Tkon, Pašman* und *Nevidane*, an der flachen Ostküste. – Das 1067 in Klosterdokumenten erstmals erwähnte Dorf *Nevidane* bekam seinen Namen von einem mittelalterlichen Kloster, dessen genaue Lage jedoch unbekannt ist. Türkisch-venezianische Kriege und die Pest (17. Jh.) setzten dem Ort arg zu, so daß bis auf wenige Ruinen kaum nennenswerte Kunstwerke erhalten blieben. Im Friedhofsgeviert steht eine romanische Kapelle, die jedoch mehrmals umgestaltet worden ist. Das Relief in der Portallünette zeigt den Kirchenpatron St. Michael (15. Jh.). Westlich von Pašman sind auf dem Hügel *Binjak* Fundamente einer illyrischen Wallburg zu sehen. – *Pašman* ist neben Tkon wirtschaftliches und touristisches Zentrum der Insel. Es geht auf eine römische Siedlung zurück, ist aber erst im 11. Jh. als eigenständige Ortschaft erwähnt. Der romanischen Pfarrkirche Sv. Maria fügte man bei einer Renovierung im 17. Jh. den Campanile und ein weiteres Längsschiff hinzu, so daß die ältere Kapelle zum Chorraum wurde. Im nahen Weiler *Mali Pašman* hat sich die kleine Kapelle Sv. Rok (13. Jh.) erhalten. – In *Tkon*, dem südlichsten Ort der Insel, stehen die Pfarrkirche Sv. Toma und eine aristokratische Sommervilla (beide 18. Jh.). – Auf dem nahen Berg *Čokovac* sei zum Besuch eines der berühmtesten Klöster Dalmatiens geraten. Es geht auf die Benediktiner von Biograd zurück, die nach Plünderung der dortigen Mutterabtei (1125) durch die Venezianer ihr Kloster auf Pašman wiedererstehen ließen. Nach mehreren Zerstörungen durch die Venezianer im 14. Jh. wurde es 1369 wiederaufgebaut und entwickelte sich zu einem bedeutenden Mittelpunkt kroatischer Kultur mit einem altkirchenslawischen (glagolitischen) Seminar. Kaiser *Karl IV.* ließ für die Benediktiner von Tkon die kleine Emauskirche in Prag errichten, um auch dort ein Zentrum der für die Slawen so wichtigen Kirchensprache zu besitzen. – Die Klosterkirche bauten einheimische Architekten zwischen 1367 und 1418 im Stil der immer noch vorherrschenden Romanik, obwohl der Spitzbogen des Chorraumes schon auf gotische Einflüsse hinweist. Die wertvollsten Kunstschätze der 1808 aufgelassenen Abtei sind eine gotische Madonnenfigur (Portallünette), ein Kruzifix aus dem 15. Jh. sowie prächtige glagolitische Inschriften und Codices.

16 Biograd

Kroatische Könige, bosnische Fürsten und dalmatinische Patrizier machten Biograd im frühen Mittelalter zur Residenz- und Hauptstadt des jungen kroatischen Königreichs. Biograd war glanzvoller Mittelpunkt einer aufstrebenden Kultur, die, obgleich an romanischen Vorbildern gewachsen, sich anschickte, ein Zentrum des slawischen Staates zu werden. Gerade als man sich aus den Fesseln des verfallenden Byzanz befreit und die marmorne Stadt erbaut hatte, setzten die Venezianer der Gemeinde ein jähes Ende. In einem barbarischen Feldzug brandschatzten sie Biograd im Jahre 1125 und zerstörten es bis auf die Grundmauern. Nachdem Venedig 1202 auch Zadar verwüstet hatte, zogen viele Flüchtlinge hierher. Bald kehrten auch Klostergemeinschaften und wohlhabende Fürsten zurück, und Biograd erstand zu neuem Leben. Doch diese 2. Blütezeit war nicht von langer Dauer. Um den nahenden Türken keinen sicheren Unterschlupf zu gewähren, entschloß sich der venezianische Statthalter Dalmatiens, *Alvise Grimani*, Biograd neuerlich zu befestigen (Kastell und Stadtmauern im 16. Jh.). Kurz darauf aber zogen sich venezianische Besatzer und kroatische Fürsten endgültig zurück und machten die Stadt 1646 dem Erdboden gleich. Wie schon im 12. Jh. flüchteten nahezu alle Bürger nach Šibenik und Zadar, die Benediktiner auf die Insel Pašman (Tkon) oder nach Zadar. Den Bischofssitz verlegte man ins sicherere Skradin bei Šibenik. Es sollte Jahrzehnte dauern, bis sich auf dem alten Ruinenfeld wieder städtisches Leben regte. Heute ist Biograd ein malerischer kleiner Ort, dessen Einwohner hauptsächlich von Kleinindustrie, Fischfang, Wein- und Gemüseanbau sowie vom Tourismus leben (schöner Stadtplatz am Hafen, Hotels, Camping und Jachthafen).
Aufgrund der beiden großen Zerstörungen sind hier kaum nennenswerte Kunst- und Baudenkmäler erhalten geblieben. Vollständiger sind die schriftlichen Quellen, die die Bauwerke der Vergangenheit, ihre Ausstattung und das königliche wie klösterliche Leben beschreiben (Archiv und Museum am Hafen und Stadtarchiv in Zadar).
Vrana liegt am nördlichen Rand des großen Binnensees *Vransko jezero*. Dieser Küstenabschnitt ist eine der wenigen großen und fruchtbaren Ebenen in Dalmatien. Pinien- und Föhrenwälder, Obst- und Gemüsekulturen, Weinberge und Weiden umgeben das Gebiet zwischen Zadar, Novigrad und Šibenik. Dahinter erst stehen die mächtigen Küstengebirge des Velebit, die bis über 1600 m ansteigen (Paßstraße über Benkovac ins Landesinnere nach Plitvice und Zagreb). In Vrana selbst sind die Ruinen der alten römischen Stadt zu erkennen (Wasserleitungen, Villen, Nymphäum, Straßenreste, Mühlen).
Im Mittelalter gehörte Vrana kroatischen Fürsten, Venezianern und verschiedenen Ordenskongregationen. Nach 1699 besetzten Türken die Stadt und richteten hier ein Verwaltungszentrum ein (Karawanserei). Nach 1750 war Vrana venezianisches Lehen. Aus Vrana stammen auch die beiden bekanntesten dalmatinischen Renaissance-Baumeister, *Luciano* und *Francesco Laurana*, die in Italien wirkten.

17 Šibenik

Geschichte: Wie fast alle dalmatinischen Städte, so war auch Šibenik in vorchristlicher Zeit von illyrischen Stämmen besiedelt. Vor allem die geschützte Bucht, das frische Wasser und ein direkter Zugang zum Hinterland machten den weiten Fjord, den der Krka-Fluß bei Šibenik bildet, zu einem geeigneten Siedlungsplatz. Dennoch wurde Šibenik weder von den Griechen noch von den Römern zur Stadt erhoben, sondern ist eine slawische Schöpfung und somit eine der jüngsten Städte Dalmatiens.
An einem steil abfallenden Hügel, in der ersten Bucht des Fjordes, suchten nach 650 slawische Bauern und Händler im Schatten einer darüber liegenden Burg sicheren Schutz. Die Burg Sv. Ana geht auf kroatische Fürstengeschlechter zurück, die von hier aus ihr Territorium überwachten und Handel mit den benachbarten Gemeinden und dem Hinterland trieben.
Um 1066 wurde diese slawische Festung zum 1. Mal urkundlich erwähnt, als König *Krešimir* seine Vasallen zu einer staatlichen Synode zusammenrief, was darauf hindeutet, daß es sich hier um eine für festliche Versammlungen geeignete ›Pfalz‹ gehandelt haben muß. 1089 wurde diese Burg unter dem Namen ›Castrum Michelis‹ aufgeführt, und schon im 12. Jh. entwickelte sich die mächtige Festung Sv. Ana zu einer ansehnlichen Königsresidenz. Unten am Hafen führten slawische und romanische Siedler ein eher bescheidenes

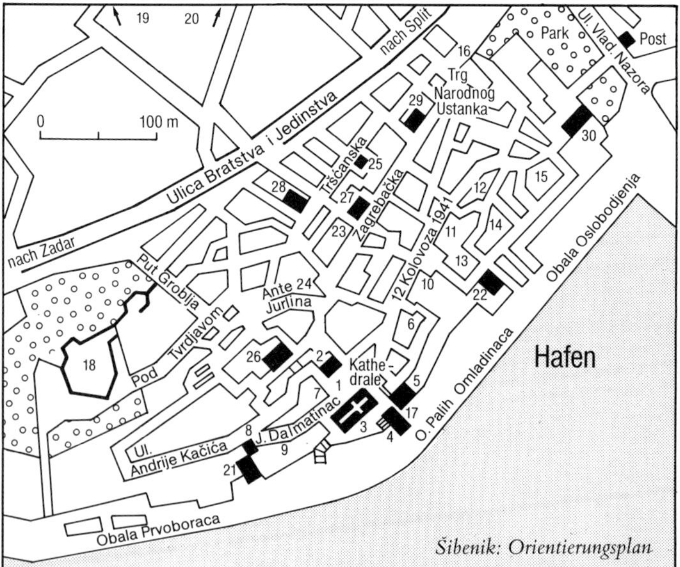

Šibenik: Orientierungsplan

1 Domplatz – 2 Loggia – 3 Kathedrale – 4 Bischofspalast – 5 Rektorenpalast – 6 Barbara-Kapelle – 7–15 Paläste – 16 Landtor – 17 Seetor – 18 Sv. Ana-Festung – 19 Fort Sv. Ivan – 20 Fort Šubičevac – 21 Sv. Dominik – 22 Sv. Nikola – 23 Sv. Antun opat – 24 Sv. Luca – 25 Sv Duh – 26 Sv. Lovro – 27 Sv. Ivan Krstitelj – 28 Kirche Nova Crkva – 29 Maria Himmelfahrt – 30 Franziskanerkloster

ländliches Dasein. Allmählich gewannen die durch Handel und Seefahrt reich gewordenen Bürger an Einfluß und bauten eine Stadtmauer, die Hafen und Burg miteinander verband, errichteten eine Pfarrkirche und einfache Steinpaläste frühromanischen Stils.

Im 10. und 11. Jh. erschienen die ersten venezianischen Schiffe vor der jungen Stadt und zwangen deren Bewohner unter die Herrschaft der Serenissima. Von 1116–1124 und 1125–1133 regierten venezianische Beamte die unterworfene Slawengemeinde. Auf der anderen Seite festigten aber auch die kroatischen und bosnischen Könige ihre Macht und ihren Einfluß dadurch, daß sie der Kommune ihre immer wieder angestrebte Autonomie garantierten. Zwischen 1100 und 1400 rivalisierten mehrere Parteien um die Vorherrschaft in Šibenik, wobei die schlauen und militärisch stärkeren Venezianer meistens die Sieger blieben. Wie schon in Zadar und Split hatten reiche Patrizier die Dogen um Hilfe gegen die eigensinnigen kroatischen Fürsten gebeten, die die Stadtherrschaft anstrebten.

Im Jahre 1298 erst wurde Šibenik zu einer ihren Nachbarn ebenbürtigen Stadt. Schwere Auseinandersetzungen gingen der Trennung Šibeniks von seiner alten Diözese Trogir voraus, und erst auf Vermittlung des Papstes ließ Trogir Šibenik zum Bischofssitz werden. Daraufhin entstand die jüngste und eine der herrlichsten Bischofskirchen Dalmatiens, die Kathedrale Sv. Jakov.

1409 kam Šibenik endgültig zu Venedig, das von da an den Rektor, Richter, Beamte, Soldaten und meist auch den Bischof stellte. Es begann die Zeit der höchsten wirtschaftlichen und kulturellen Blüte, wenngleich die niedere slawische Bevölkerung hart unter dem Diktat der venezianischen Statthalter litt. Mit dem Ausbruch der langen Türkenkriege im 16. und 17. Jh. war auch das Schicksal Šibeniks besiegelt. Stadtmauern und Festungen wurden verstärkt sowie zwei wuchtige neue Trutzburgen in Auftrag gegeben. In der Stadt selbst erlahmte fast jedes erfolgreiche Bauen, und nur mit großer Mühe konnte wenigstens die Kathedrale vollendet werden.

Šibenik

Heute ist Šibenik eine Mittelstadt mit Schulen, Fachakademien, modernen Industriebetrieben und einer Reederei. Die kulturhistorischen Monumente, Museen und ein abwechslungsreiches Kultur- und Sommerfestival sind Gründe, die slawische Fürstenstadt Šibenik für einige Zeit zu besuchen, ganz abgesehen von der landschaftlichen Schönheit des Krka-Fjordes und der Krka-Wasserfälle landeinwärts. Moderne Feriensiedlungen, die in der Nähe Šibeniks errichtet wurden (Solaris, Jadrija, Martinska) ziehen ebenfalls alljährlich viele Besucher an (Zug- und Schiffsverbindungen nach Zagreb und Split).

Mittelpunkt Šibeniks ist der monumentale *Domplatz* (1). Hier reihen sich die wichtigsten Baudenkmäler der kirchlichen und staatlichen Macht aneinander; denn es gehört zum Charakter dalmatinischer Städte, trotz ähnlicher Vergangenheit eine eigene, unverwechselbare Identität zu besitzen. An der Südseite des Platzes erkennt man neben einem einfachen Renaissance-Portal drei halbrunde Arkadenbögen. In dieser schlichten Halle versammelten sich bis etwa 1450 die Stadtratsmitglieder, sofern sie nicht im Dom zusammenkamen. In dieser frühen ›Loggia Communis‹ wurden öffentliche Angelegenheiten verhandelt, Strafdekrete und Anordnungen verlesen und auswärtige Besucher empfangen. Dennoch war die Loggia, wie in anderen Städten Dalmatiens auch, aus einem ehemaligen Adelspalast hervorgegangen, also letztlich kein eigenes, dieser besonderen Funktion dienendes Gebäude. Bald nach 1500 kam es zu einem für Dalmatien einzigartigen Neubau des Rathauses, mit dem Šibenik sogar die Loggien der viel reicheren Städte Split und Zadar übertrumpfen konnte. Um der *Renaissance-Loggia* (2) Platz zu verschaffen, opferten die Baumeister die romanischen Bürgerpaläste des östlichen Platzes. Sie zählt zu den größten Prachtbauten in Dalmatien und bildet vor den

Šibenik: Loggia

sich dahinter auftürmenden Wohnburgen eine majestätische Kulisse mittelalterlicher Stadtbaukunst. In ihr spiegelt sich das immer noch wache aristokratisch-bürgerliche Selbstbewußtsein dieser Stadt wider. Über den weitläufigen Arkadenbögen erhebt sich das schöne Obergeschoß, das von 9 rechteckigen Fensterfeldern gegliedert wird. Der von 10 weißen, schlanken Säulen getragene Architrav bildet einen ästhetischen und wirkungsvollen Abschluß vor dem Hintergrund der unruhigen Häuserfassaden der Oberstadt. In der Mitte der Loggia weitet sich die über die ganze obere Etage verlaufende Balustradenkolonnade zu einem vorstehenden, feingliedrigen Balkon aus. Hier zeigten sich Stadtherren und Gäste ihren Untertanen. Wer auch immer die Architekten dieser 1546 vollendeten Loggia gewesen sein mögen (man vermutet sie in der Schule Sanmicheles'), sie setzten mit ihr den weltlichen Höhepunkt in Šibenik und schufen gleichzeitig eines der vorzüglichsten Renaissance-Denkmäler in Dalmatien, das nach dem Krieg mustergültig renoviert wurde. Bürgern und Kirchenherren gelang es, hier einen der harmonischsten Stadtplätze Dalmatiens zu gestalten, ein mittelalterliches Forum, dem in Šibenik nichts Vergleichbares mehr folgte.

Die Kathedrale Sv. Jakov (3)

Der Sieg über den Bischof von Trogir im späten 13. Jh., die dadurch freiwerdenden Steuern und Abgaben führten in der jungen Diözese zum Gedanken an einen neuen Dom, der die alte Pfarrkirche Sv. Jakov ersetzen sollte. Man wollte die politische Selbständigkeit feierlich verkünden. Freilich begrüßten auch die kroatischen Fürstenfamilien, der Stadtadel und die Bürger, daß sich ihre Gemeinde nun Bischofssitz und Stadt (Civitas) nennen konnte. Die neue Kathedrale sollte daher auch als kroatische Fürsten- und Königskirche ein Mittelpunkt der slawischen Kirche Dalmatiens werden.

Seit 1300 wuchs die erste Kathedrale in die Höhe. Sie wandte ihr Hauptportal noch zum Stadtplatz. Adam und Eva wachten als Urahnen der Menschheit vor dem geheiligten Zugang zur Kirche. Damit hatten Bildhauer und Auftraggeber das biblische Paar des Domes von Trogir bewußt kopiert; denn nun konnten sich Bischof und Bürger von Šibenik ja mit denselben Insignien herrschaftlicher und sakraler Macht zieren. Der politischen Auseinandersetzung folgte die künstlerische. Bis auf einige Fragmente hat sich von der ersten Kathedrale nur dieses *(Nord-)Portal* (a) erhalten (vgl. Trogir; Nr. 18). Seine historische und gestalterische Bedeutung führte zur Wiederverwendung im neuen Dom.

Trotz der venezianischen Machtergreifung, oder gerade deswegen, machten sich Stadtväter, Adlige und Patrizier von Šibenik 1431 an das unerhörte Wagnis, einen neuen Dom zu planen, zu einer Zeit, als

Nordportal der Kathedrale

andere Kathedralen Dalmatiens bereits vollendet und weder Geld noch Kraft für kirchliche Renaissance-Bauten vorhanden waren. Gerade deshalb gehört er zu den erstaunlichsten Leistungen der dalmatinischen Kunstgeschichte. Schließlich gelang es Seefahrern, Patriziern und Kaufleuten, insbesondere mit Unterstützung der Venezianer und kroatischen Fürsten, genügend Kapital zu erwirtschaften, um den kostspieligen Plan überhaupt ausführen zu können. Nachdem sich die Arbeiten an der dreischiffigen Basilika hinzogen und man sich mit den italienischen Architekten überworfen hatte, ging 1441 ein Ruf an den in Venedig arbeitenden *Juraj Dalmatinac*. Er überdachte den Plan der Kathedrale und offerierte den Stadtvätern eine neue Variante. Die bereits fertiggestellten Teile – Haupt- und Seitenschiffe bis zum Lichtgaden, Teile des Haupt- und Seitenportals – wußte *Dalmatinac* harmonisch in seinen neuen Plan miteinzubeziehen. Neben der Vollendung der spätgotischen Portale gelang ihm die Straffung der Kirche, vor allem im Bereich des Chores und der Vierung, die er nach Süden verlängerte. Eine sicherlich gewagte Idee, wenn man bedenkt, daß auf dem sich zum Hafen neigenden Terrain schwere Substruktionen erforderlich waren. *Juraj Dalmatinac*, in Italien und Venedig erzogen, wußte um die Ideale der anbre-

chenden Renaissance, war aber auch mit der heimischen Antike, besonders in Split und Zadar, seiner Geburtsstadt, vertraut. Krönung dieses Monumentes sollte daher die bestimmt mächtigste Kuppel in Dalmatien werden, die er über den an einen antiken Tempel erinnernden Chorbau heben wollte. Damit überwand *Dalmatinac* die bis dahin in Dalmatien übliche mittelalterliche Stiltradition; denn was man heute erkennt, ist eine geniale Verquickung bereits vorhandener älterer Bauformen (Spätromanik, Gotik) mit den neuzeitlichen Vorstellungen der italienischen Renaissance.
Der klare Grundriß der Kirche, die verbreiterte Vierung, ihre von kühnen und breiten Säulen getragene Kuppel, das kurze Querschiff und die eleganten Apsiden, die deutliche Zeichnung der Steinfassaden sowie die unerhörte Dachkonstruktion zeigen die ganze Reife des Meisters. Doch er war nicht nur Architekt, sondern ein ebenso begnadeter Bildhauer. Ein Großteil des bildnerischen Schmucks ist ebenfalls seiner Hand zu verdanken. Am verblüffendsten sind die über 70 (!) Köpfe (c), die er um die drei Chorapsiden verteilte. Gleich einem langen Band reihen sich vitale, fratzenartige, schöne und merkwürdige Gesichter von Kaufleuten, Adligen, Patriziern, Handwerkern, Fischern und Klerikern aneinander. *Juraj Dalmatinac* muß es Freude gemacht haben, die Bürger seiner Heimat zu porträtieren und in Stein zu hauen. Diese Köpfe zählen zum Besten, was der betagte Mann hinterließ und gehen sicherlich auf venezianische Vorbilder und Gebräuche zurück.
Bevor *Dalmatinac* seinem Schüler die Leitung der Dombauhütte überließ, schuf er ein letztes, fast noch kühneres Werk: das *Baptisterium* (k), das vom Dom über eine schmale Treppe (j) betreten und von außen durch ein schmales Fenster beleuchtet wird. Nach seinem Tode (1473) vollendete es *Andrija Aleši*, der sich schon in Trogir

›Kopffries‹ an den Chorapsiden

(Nr. 18) profiliert hatte. Von der niedrigen Decke, einem großen, gewölbten Marmormonolith, bis zu den vier muschelgewölbten Apsiden und dem mittleren, von Engeln getragenen Taufbecken, wirkt dieses Bauwerk wie aus einem Stück gegossen. Mit der gleichzeitig entstandenen Orsini-Kapelle in Trogir zählt es zu den architektonischen Höhepunkten dieses Landes. Zwischen den noch gotischen Ornamenten und Architekturgliedern kündet sich schon die Renaissance an. Klassisch geformte Engelsgestalten und Apostelfiguren sowie der wunderschön proportionierte und durchkomponierte Raum verraten bereits die neue humanistische und rationalistische Kulturepoche.

Nach 1477 übernahm *Niccolò Fiorentino (Firentinac)*, ein Schüler von *Dalmatinac*, die Vollendung des Doms. Zuvor hatte er in Trogir (Ursinikapelle) eine geglückte Probe seines Könnens abgegeben. Nun erstellte er in Anlehnung an die Deckenkonstruktion des antiken Jupitertempels in Split die wohl gewagteste Dachtonne Dalmatiens. Man nannte sie die erste Fertigteildecke Europas. Wie im ganzen Dom, so wurde auch hier kaum Holz verwendet; denn man hatte aus den verheerenden Feuersbrünsten gelernt. Zwischen die sich über das Hauptschiff spannenden steinernen Gurtbögen schob man die einzelnen vorgefertigten Dachelemente und befestigte sie untereinander und wiederholte dasselbe an den Vierteltonnen der Seitenschiffe und an der Kuppel. Es war die modernste und billigste bautechnische Leistung nicht nur in Dalmatien um die Wende zum 16. Jh. Die freitragend aufgehängten Steinbögen garantierten bei den zahlreichen Erdbeben eine weitaus größere Elastizität als der bisher übliche aufgemauerte Gurtbogen oder ein Tonnengewölbe. Die klar und rational denkenden Baumeister der Renaissance hatten somit einen Durchbruch erzielt. Dennoch verbindet sich die spätgotische Kunst (Ornamentik und Bildhauerei) von *Juraj Dalmatinac* in außerordentlich gelungener Weise mit dem reifen Stil seines Nachfolgers *N. Fiorentino*, eine bisher nie dagewesene Einheit und Schönheit, die auch heute noch fasziniert. Man sollte einmal die Treppen der Altstadt emporsteigen, um die Kathedrale von oben zu betrachten. Die

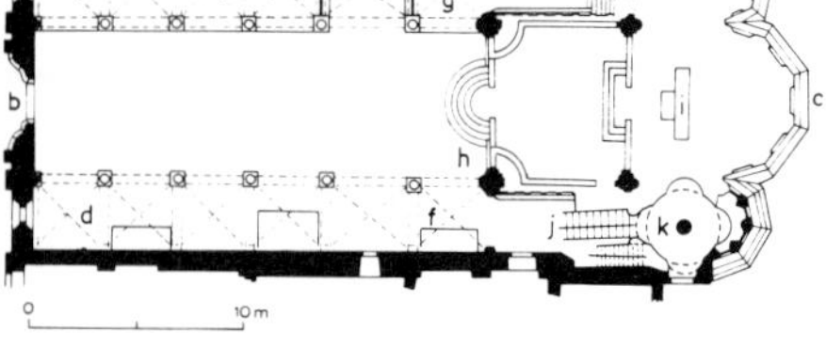

Kathedrale: Grundriß

Vierungskuppel der Kathedrale

symmetrisch gegliederte *Fassade* mit einem reichen gotischen Rundfenster im Obergaden wurde 1536 vollendet. 1555 konnten Bürger und Bischof ihr neues Prunkstück feierlich weihen. Durch die Beseitigung des Campanile im 19. Jh. konnten die Stadtväter den Dom aus seiner mittelalterlichen Enge befreien. An Stelle des Turmes, der eigentlich ein Festungsturm war, und des venezianischen Lagerhauses führt nun eine elegante Freitreppe von der Hafenallee hinauf auf den Domplatz. 1961 schuf *Ivan Meštrović* dort das bronzene Denkmal für *Juraj Dalmatinac.*

Das Innere: Hinter dem Hauptportal (b), in dessen Türlaibungen die ›12 Apostel‹ (gotische Baldachine) und das ›Jüngste Gericht‹ dargestellt sind, öffnet sich das hochaufragende Mittelschiff der Basilika. Im unteren Teil herrscht noch die von den ersten Architekten und von *Juraj Dalmatinac* ausgeführte venezianische Spätgotik vor (Spitzbogen, Blatt- und Knospenornamente an Kapitellen und Friesen), im oberen Abschnitt des Lichtgadens, der Tonne und der mächtigen

Vierungskuppel mit ihren antikisierenden Tambourfenstern die Renaissance (kannelierte Wandpilaster, Rundbögen, Akanthusblätter und Zahnschnittfriese).
In der ersten Kapelle rechts liegt das Grab des Humanisten und Bischofs *Juraj Šižgorić* (d), das 1454 nach Plänen von *Juraj Dalmatinac* von *Andrija Aleši* ausgeführt wurde. In der Kapelle daneben ist Bischof *Štafilić* beigesetzt, während dessen Amtszeit der Dom vollendet wurde. Den schönen Renaissance-Sarkophag gestaltete Meister *Ceccho* aus Padua. Links neben dem Eingang schmückt ein Gemälde von *Bernardo Rizzardi* den prachtvollen Dreikönigsaltar (e). Die Seitenreliefs mit den darauf abgebildeten Renaissance-Engeln sind ein Werk *Niccolò Fiorentinos* (um 1485). Zu den gelungensten Seitenschiffkapellen gehört der *Kreuzaltar* (f) in der letzten rechten Kapelle. Ihn ziert ein reiches spätgotisches Kruzifix von *Juraj Petrović* aus Split (1455). An der gegenüberliegenden Seite fand der bekannte Maler *Juraj Čulinović*, gen. *Schiavone*, seine letzte Ruhestätte (g). Das würdevolle Altarbild stammt von *Filippo Zaniberti*, einem Schüler *Tizians* und wie *Schiavone* in Venedig tätig.
Die holzgeschnitzte *Kanzel* (h) in der Vierung ist ein Werk von *Jerolim Mondella*, der das eher schlichte barocke Kunstwerk 1624 vollendete. Hinter *Fiorentinos Sängertribüne*, die den Einfluß Florentiner Bildhauer verrät, erhebt sich der schwere *Hauptaltar* (i), der eher provinziellen Charakter hat (um 1640). Unter dem erhöhten Chor befinden sich die beiden Sarkophage der italienischen Bischöfe *Calegari* und *Spingarola*, die der einheimische Bildhauer *Antun Nogulović* entwarf. Von der Südapsis führt eine Treppe (j) zum Baptisterium (k) und in die Sakristei. Neben den zahlreichen liturgischen Geräten (14.–18. Jh.) und den illuminierten Handschriften verdienen die kleinen Bilder des italienischen Miniaturmalers *Horatio Forteci* besondere Aufmerksamkeit.

Der *Bischofspalast* (4), gleich hinter der Kathedrale, wendet seine einfach gestaltete Fassade, die ein reiches spätgotisches Fenster mit dem Wappen des Bischofs *Šižgorić* schmückt, zur Uferpromenade. Er wurde im 14. und 15. Jh. errichtet und besitzt einen schönen Innenhof, der durch ein spätgotisches Portal betreten wird, das *Andrija Budčić* im späten 15. Jh. vollendete. An der Innenwand des Hofes erkennt man ein Relief, das zwei in römische Togen gehüllte Adlige zeigt – eine humanistisch-platonische Allegorie. Über der Portalarkade wacht der Stadtpatron von Šibenik, der Erzengel Michael. Das zweite Portal ist ein Werk der Renaissance und geleitet in das Innere des Palastes. Erwähnenswert ist die Kapelle des Bischofspalastes mit einer Sammlung erlesener dalmatinischer Gemälde.
Der *Rektorenpalast* (5) schließt sich unmittelbar an das Seetor (17) und den Bischofspalast an und wurde zwischen dem 14. und 16. Jh. gebaut und mehrfach umgestaltet. An der Hafenseite zieren den bewehrten Palast schöne venezianisch-spätgotische Triforien und Balkone; denn eigentlich sind hafenseitige Palast- und Stadtmauer von Šibenik, wie auch beim Bischofspalast, identisch!

Durch das Hauptportal, gegenüber dem Domchor, mit der Inschrift ›cancelaria criminum‹ (Gericht), gelangt man in den Innenhof. Hier residierten die Stadtherren, meist Venezianer, Richter, Beamte und Staatspolizei Venedigs, worauf auch die Statue des Rektors *Nikola Marcella* (1609–1611) neben dem Eingangsportal hinweist. Im benachbarten Wehrtum waren die Gefängnisse untergebracht. Der kunstvoll ornamentierte Brunnen machte die Besatzer von der städtischen Wasserversorgung unabhängig. Heute beherbergt der Palast, der Stilelemente der Spätromanik, Gotik und Renaissance zeigt, das *Stadtmuseum* und *Lapidarium* von Šibenik.
Die *Barbara-Kapelle* (6; 1447–1451), gehörte einst zum Ensemble des Regierungsviertels und ist neuerdings Teil des *Stadtmuseums.* Die Nikolaus-Statue in der Lünette des Eingangsportals stammt vermutlich aus der Werkstatt *Boninos da Milano* (um 1430). Über der Figur erkennt man das Symbol der Wachsamkeit, einen Gryphon, sowie eine Inschrift, die an den Stifter der Kirche, den Advokaten *Radoslav Mihetić*, erinnert. Darüber ist eine alte Uhr angebracht, deren beide Zifferblätter zierlich geformte Figuren zeigen. Neben dem älteren Renaissance-Turm errichteten einheimische Architekten im 18. Jh. einen schweren barocken Glockengiebel. Auch die Seitenwand der Kapelle birgt ein schönes gotisches Fenster von *Bonino da Milano* und eine von *Marko* gestiftete Madonna mit dem knieenden Stifter (1412). Das Innere der Kapelle gehört zu den schönsten spätgotischen Schöpfungen in Šibenik und ist noch sehr gut erhalten (Altäre von *Ivan Pribislavlijić* und *Stjepan Milgostić*).

Die *Adelspaläste* begüterter Patrizierfamilien in Šibenik sind im großen und ganzen Werke des 14. und 15. Jh., meist aus älteren romanischen Hausburgen hervorgegangen und nach venezianischen Vorbildern vergrößert und verschönert worden. Daß sie im 16. und 17. Jh. erneut restauriert, stilistisch verändert und umgebaut worden sind, tut ihnen keinerlei Abbruch. Baugrund und Geld waren knapp, so daß sich auch die Reichsten mit der Umgestaltung ihrer Residenzen begnügten. Lehrmeister blieben Venedig und mittelitalienische Städte, wenngleich auch lokale Kirchenbaumeister großen Einfluß auf die Baukunst der Adligen hatten.
In den alten Stadtteilen ›Gorica‹ und ›Dolac‹ stehen die meisten der wuchtigen Adelsburgen. Zwischen einfachen Bürgerhäusern sieht man hohe Fassaden, spätgotische Fenster und Renaissance-Balkone, zierliche Kapitelle, Traufsteine und Ornamentleisten des langsam verwelkenden gotisch-venezianischen Stils oder der Renaissance. Breite Rundbogenportale führen in das Innere, wo anmutige Innenhöfe zum Verweilen einladen. Roh behauene Steinquader – nur selten sind Wände in Dalmatien verputzt und bemalt – prägen neben zierlichen Balkonbrüstungen und Erkern die schmalen Straßen und Gassen. Wer es sich leisten konnte, ließ sich ein Tympanonrelief und Familienwappen kunstvoll meißeln, bestellte teure Fensterverzierungen und hielt nach edlen Möbeln und Bildern Ausschau. Ebenso aufwendig waren Renaissance-Brunnensteine und Wandlavabos. In den Wintermonaten heizte man die kühlen Steinpaläste durch große Wandkamine, deren Form dem Provinzstil von Gotik und Renaissance entsprach. Kennzeichen vieler Adelspaläste sind die verzierten

und abgeflachten Ecken des Fußgängergeschosses, die man mit gotischen Rippen, Kapitellen und burlesken Fratzenmasken schmückte als Abwehr von Dämonen und bösen Mächten.

Sehenswert sind vor allem die zwischen 1300 und 1600 errichteten Paläste *Foscolo* (7; Ul. Juraj Dalmatinca und Ul. Jadrijska); *Orsini* (8; Ul. Jadrijska – hier lebte und arbeitete Juraj Dalmatinac); *Pellegrini* (9; Ul. Juraj Dalmatinca, auf den Stadtmauern erbaut); *Fontana* (10); *Dragojević* (11); *Misić* (12; Ul. 12. Kolovoza 1941); *Madonić* (13; Ul. J. Barakovića); *Lavčić* (14; Ul. J. Barakovića); *Divinić* (15; Ul. Dobrić).

Aus Sicherheitsgründen gab es in Šibenik nur zwei große Torburgen: das *Landtor* (16) in der Nähe der Franziskanerabtei (30) und des Theaters (1870 erbaut) und das *Seetor* (17) zwischen dem Bischofspalast (4) und der Residenz des Rektors (5), die einen eigenen Zugang zum Hafen hatte. Vom Seetor führt der kürzeste Weg zum Domplatz und zum alten Markt (Trg Kralja Krešimira). Bischof und Stadtherren konnten so den wichtigsten Zutritt zur Gemeinde überwachen und den Warenverkehr des nahen Hafens, des Lagerhauses und Zollgebäudes kontrollieren. Weder Staat noch Kirche gelang es dadurch, das einmal gefundene Kräftegleichgewicht wesentlich zu verändern. Šibenik stand länger im Zeichen einer ausgewogenen Machtverteilung als seine dalmatinischen Nachbarn. Dies änderte sich erst 1412, als auch Šibeniks Markt- und Zollrechte in venezianische Hände übergingen.

Sv. Ana-Festung (18): Die alte slawische Fürstenburg erlebte schon im hohen Mittelalter mehrfache Verwüstungen und Umgestaltungen; denn sie hatte nicht nur das Hinterland, sondern auch Stadt, Hafen und Mündungsgebiet der Krka zu schützen. Nach der venezianischen Machtergreifung wurde die Festung neuerlich umgerüstet. Die Pläne lieferte 1540 *Micheli Sanmichele*, der auch für die Festung am Hafeneingang – Sv. Nikola – verantwortlich zeichnete. Da bis zum Seesieg von Lepanto 1571 ein Angriff türkischer Flotten zu erwarten war, galt das Interesse der Militärstrategen vor allem dem Schutzring am Eingang des Fjordes. Die barocken Bastionen und Erdwälle, die durch schwere Ketten verbunden waren, sollten verhindern, daß osmanische Schiffe in die Bucht von Šibenik segeln konnten. Einem möglichen türkischen Angriff von der Landseite versuchten die Venezianer durch zwei mächtige Festungswerke zu begegnen; denn von hier waren Stadt, Umland und Küstengebirge am wirkungsvollsten zu sichern.

1645/47 bezog man die beiden Forts *Sv. Ivan* (19) und *Šubičevac* (20), denen es wohl in erster Linie zu verdanken ist, daß Šibenik nie eingenommen wurde. Neben dem Seetor und einigen Resten der Stadtmauer sind sie nach der Schleifung der Wehranlagen im 19. Jh. übriggeblieben. Von hier oben bietet sich ein wunderbarer Blick auf die mittelalterliche Stadt, ihre neuen Siedlungen, das Umland mit dem Krka-Fjord und dem Meer.

Im Stadtteil ›Dolac‹ (an der Obala Palih Omladinaca), der sich zwischen den beiden mittelalterlichen Stadtmauern erstreckt, lagen ehemals das Arsenal, die Werften und die 1446 von *Giacomo Correr* aus Trani erbauten Stadtzisternen (zwischen Ul. Palih Omladinaca und Ul. Jadrijska). Zu den schönsten Kirchen dieses hafenseitigen Stadtteils gehören neben dem Dom die Renaissance-Kirche *Sv. Dominik* (21; Obala Palih Omladinaca), in der Gemälde von *Palma d. J.* und *Matej Pončun* aus Rab (17. Jh.) aufbewahrt werden, sowie die um 1450 erbaute spätgotische Kapelle *Sv. Nikola* (22; südlich der Ul. 12. Kolovoca 1941), die nach Plänen von *Ivan Pribislavlijić* gestaltet wurde und der Seemannsbruderschaft gehörte (Museum der Bruderschaft mit Bildern, Schiffsmodellen und Grabplatten reicher Patrizier). Eine der ältesten Kirchen von Šibenik ist Johannes d. T. (Sv. Ivan) geweiht – heute *Sv. Antun opat* – (23; Ul. Zagre-

bačka). Die romanische Kapelle wurde seit dem 12. Jh. erwähnt. In der Lünette des schlichten Portals hat man ein Relief, die ›Gottesmutter mit Ordensbrüdern‹, eingelassen (1420 von *Antun Busato*). Oberhalb der Renaissance-Loggia, im Stadtteil ›Gorica‹ sei noch auf die kleine Kirche *Sv. Luca* (St. Lucia, 24; Ende der Ul. Zagrebačka) hingewiesen. Sie gehörte den Benediktinnerinnen, wurde seit dem 14. Jh. erwähnt und im 15./16. Jh. umgebaut.
In der Oberstadt ›Gorica‹ (zwischen Dom, Festung Sv. Ana und der Poljana Maršala Tita) sind mehrere kleine und besuchenswerte Kirchen zu empfehlen. Diese eher bescheidenen Kirchen dienten der Religiösität des Volkes, den Bruderschaften und Klöstern. Die schlichte, von einem weiten Arkadenbogen geschmückte Kirche *Sv. Duh* (Heiliggeist, 25; Ul. Tršćanska), errichteten einheimische Architekten zwischen dem 15. und 17. Jh.; daneben steht das bescheidene Haus der Sv. Duh-Bruderschaft. Einige Schritte bergan verbirgt sich die frühbarocke Kirche *Sv. Lovro* (St. Laurentius, 26), in der eine kleine, aber sehenswerte Sammlung liturgischer Geräte, Skulpturen und Bilder aufbewahrt ist (14. Jh.–18. Jh.).
Die Hauptstraße der Oberstadt, Zagrebačka Ulica, und der wohlgestaltete Platz Trg Kralja Krešimira waren bis zur Gründung des neuen Stadtzentrums Mittelpunkt des romanischen Šibenik. Hier steht die Renaissance-Kirche *Sv. Ivan Krstitelj* (Johannes d. T., 27), die aus dem späten 13. Jh. stammt und im späten 15. Jh. ihre heutige Gestalt erhielt. Den schönen Treppenaufgang fügte *Ivan Pribislavlijić* 1460 an. Nachdem Šibenik keinen eigenen Glockenturm besaß, entschlossen sich die Stadtväter, die Glockenloge im Campanile dieser Kirche unterzubringen (der Campanile des Doms war ein Wehrturm und aus strategischen Gründen nicht als Glockenturm geeignet). Im Erdgeschoß ziert eine hübsche, von *Niccolò Fiorentino* gemeißelte Skulptur (›Lamm Gottes‹) die kleine Lünette des schönen Renaissance-Portals.
Oberhalb der Zagrebačka Ulica ist noch die Kirche *Nova Crkva* (28; Ul. Tršćanska) aus dem 16. Jh. zu erwähnen (Kirchturm Mitte 18. Jh.). Ihren besonderen Wert erhielt sie vor allem durch die Ausgestaltung des Portals und der ornamentalen Dekoration durch Dalmatinac und Fiorentino. Im Innern sind die barocke Kassettendecke und Fresken einheimischer Künstler des 18. Jh. beachtenswert.
Die ungewöhnlichste Kirche des Stadtteils ist ›Maria Himmelfahrt‹ (*Vaznesenija Bogorodice*, 29; Ul. Zagrebačka), heute die orthodoxe Kirche von Šibenik. Seit ihrer Gründung im hohen Mittelalter gehörte sie den Benediktinerinnen, die im 13. Jh. nach Šibenik kamen. Das Innere der bescheidenen Hallenkirche erinnert kaum noch an die reiche Ausstattung, die bei der Umwandlung in ein orthodoxes Gotteshaus (16. Jh.) verloren ging. Zu den schönsten Kunstwerken des Inneren zählt die byzantinische Ikonenwand (Ikonostase), eine Sammlung liturgischer Geräte, zwei venezianische Kandelaber (1766) und eine Kollektion wertvoller Ikonen. Selten ist auch der barocke Glockengiebel der Kirche. Nachdem man in der Stadt im 17. und 18. Jh. kaum Geld für große Campanili aufbringen konnte, ganz abgesehen von der räumlichen Beengtheit der Kommune, konzentrierte sich das alleinige künstlerische Interesse auf die Ausgestaltung des schweren Giebels. In den beiden gedrungenen Arkadenbögen, die runde Korbbalkone besitzen, hat man die kleinen Glocken aufgehängt. Die Harmonie der unverputzten Steinfassade wird noch durch einen weiteren gestelzten Arkadengiebel betont.

Das *Franziskanerkloster* (30) steht am Ende der Partizanska Ulica, dort, wo sich einst die Mauern von Šibenik (13./14. Jh.) befanden. Die den Ordensregeln der Franziskaner entsprechende einfache Saalkirche wurde im 14. Jh. errichtet und mehrmals umgebaut. Bemerkenswert ist die später eingefügte barocke Kassettendecke des flachen Dachstuhls. 1674 malte der Venezianer *Marco Capogrosso* mehrere Bilder aus dem Leben des hl. Franziskus in den Feldern

der Decke. Die ebenfalls barocken Seitenaltäre stammen von *Jerolim Mondella*, der auch die alten und schmalen gotischen Fenster zumauern ließ. An ihre Stelle traten die breiten barocken Obergadenfenster. Die Säulen des alten, von den beiden Dombaumeistern *Antun Busato* und *Lovro Pincino* errichteten gotischen Altarbaldachins (interessante Kapitellformen) tragen heute die Orgelempore. Die schön gestaltete Orgel geht auf Pläne des bekannten dalmatinischen Orgelbauers *Petar Nakić* zurück (1762). In der Kirche werden häufig Konzerte veranstaltet. Den barocken Hauptaltar ziert ein großes Bild des berühmten Malers *Matej Pončun* (Ponconi) aus Split, der auch einige Gemälde in der Kassettendecke entwarf (1655). Der Klosterschatz der Franziskaner birgt einige Kostbarkeiten: u. a. reich bestickte Meßgewänder, liturgische Geräte, Kandelaber, silberne Reliquiare und ein Kruzifix (15. Jh.). Gleichermaßen wertvoll ist die große *Bibliothek*, die zu den ältesten Dalmatiens gehört. Hier wird u. a. das älteste kroatische Gebetbuch, das in lateinischer Sprache verfaßt wurde, aufbewahrt (um 1350).
Vom Kloster, das an den Stadtpark grenzt (mit Resten der mittelalterlichen Mauer und einem großem Relief St. Michaels über dem Tor) sind es nur wenige Schritte zur breiten Hafenpromenade von Šibenik.

Zu empfehlen ist eine etwas abenteuerliche Bootsfahrt zu den *Krka-Fällen*. Krka-Fjord und Krka-Wasserfälle zählen neben den Seen von Plitvice zu den schönsten Naturdenkmälern von Dalmatien. In der Nähe der Wasserfälle liegen die Ruinen der römischen Stadt *Scardona (Skradin)*, die auch bereits Königssitz der Illyrer war. Im Mittelalter saßen hier die einflußreichen kroatischen Fürsten von Bribir; denn die Stadt liegt an einem strategisch wichtigen Ort. Über Skradin führte einstmals eine wichtige Handelsstraße, die das bosnische Hinterland mit der dalmatinischen Küste verband. Venezianische Soldaten errichteten im 15. und 16. Jh. ein Kastell, das das Vordringen der Türken verhindern sollte. Im See Visovačko Jezero liegt ein Franziskanerkloster aus dem 15. Jh.

Primošten — Nr. 17

Auf der Fahrt von Šibenik nach Trogir kommt man an der kleinen Stadt Primošten vorbei, die sich auf einem nahezu runden Inselkegel erhebt und Idealbild all jener Siedlungen ist, in denen die Menschen Schutz vor den Feinden des Hinterlandes suchten, seien es illyrische Piraten, Freibeuter der Neretva oder türkische Heere. Primošten (= ›Über die Brücke‹) wurde von Bauern, Fischern und einfachen Bürgern im 17. Jh. befestigt und war bis ins 19. Jh. nur über eine Brücke zu erreichen, die im 20. Jh. einem künstlichen Damm weichen mußte. In der Mitte des Kegels erhebt sich die von weitem sichtbare Pfarrkirche des hl. Georg *(Sv. Juraj)*, die aufgrund der Armut der Bürger Primoštens keine bedeutenden Kunstwerke besitzt. Ebenso einfach wie die Kirche sind die schlichten Häuser der Gemeinde, die zur Diözese Trogir gehörte.
In der Nähe der Stadt befindet sich eine moderne Hotelanlage mit einer glasüberdachten Schwimmhalle und zahlreichen Sporteinrichtungen.

Trogir: Orientierungsplan ▷

1 Kathedrale – 2 Loggia und Campanile – 3 Rektorenpalast – 4 Neuer Čipiko-Palast – 5 Alter Čipiko-Palast – 6 Sv. Barbara – 7 Sv. Maria – 8 Sv. Ivan Krstitelj – 9 Sv. Nikola – 10 Dominikanerkloster – 11 Sv. Petar – 12 Sv. Maria – 13 Sv. Mihovil – 14 Allerheiligenkapelle – 15 Romanische Hausburg – 16 Berislavić-Palast – 17 Stafileo-Palast – 18 Quarco-Palast – 19 Andreis-Palast – 20 Lučić-Palast – 21 Garanjin-Fanfogna-Palast/Stadtmuseum – 22 Kastell Camerlengo – 23 Sv. Marko – 24 Ruine der Barockfestung – 25 Hafentor/-loggia

18 Trogir

Geschichte: Um 300. v. Chr. gründeten griechische Kolonisten der Insel Vis (Nr. 20) auf einer schmalen Landzunge zwischen dem Festland und der Insel Čiovo die kleine Siedlung ›Tragurion‹, die der Verbesserung des einträglichen Handels der Griechen mit den alteingesessenen Illyrern dienen sollte. Während der römischen Antike entwickelte sich Trogir zu einem blühenden wirtschaftlichen Zentrum, neben Zadar und Epidaurum zu einer der bedeutendsten Städte Dalmatiens. Rechtlich allerdings war Trogir damals keine selbständige Kommune, sondern der Jurisdiktion der dalmatinischen Provinzhauptstadt Salona (Nr. 19) unterstellt. Durch den Aufschwung Salonas während der römischen Kaiserzeit verlor Trogir seine bisherige Bedeutung, wurde Veteranensiedlung und Vorort der nahen Metropole.
Nach 450 gehörte die Stadt, deren antike Denkmäler dem Verfall preisgegeben waren, zum Byzantinischen Reich, das den kulturellen Niedergang Trogirs kaum aufhalten konnte. Im 7. Jh. strömten Flüchtlinge aus dem von Awaren und Slawen verwüsteten Salona in die sichere Inselstadt. Allmählich gelang es den romanischen und slawischen Kaufleuten, Patriziern und Klerikern, Trogir neuerlich zu Prosperität und Ansehen zu verhelfen. Seit 900 entfaltete sich die romanische Stadtanlage um den alten Dom- und Stadtplatz; neue Mauern und Tore, ein vergrößerter Hafen und einfache Steinpaläste wuchsen in die Höhe. Obschon immer noch Teil des Byzantinischen Reiches, entrichtete die Gemeinde einen Schutzzins an das allmählich erstarkende kroatische Königreich, dessen innerstädtischer Einfluß nach 1000 stetig zunahm. Slawische Bauern, Handwerker und Adelige strömten nach Trogir, das aufgrund seiner hohen Sterblichkeit auf den Zuzug vom Festland ange-

Trogir: Orientierungsplan

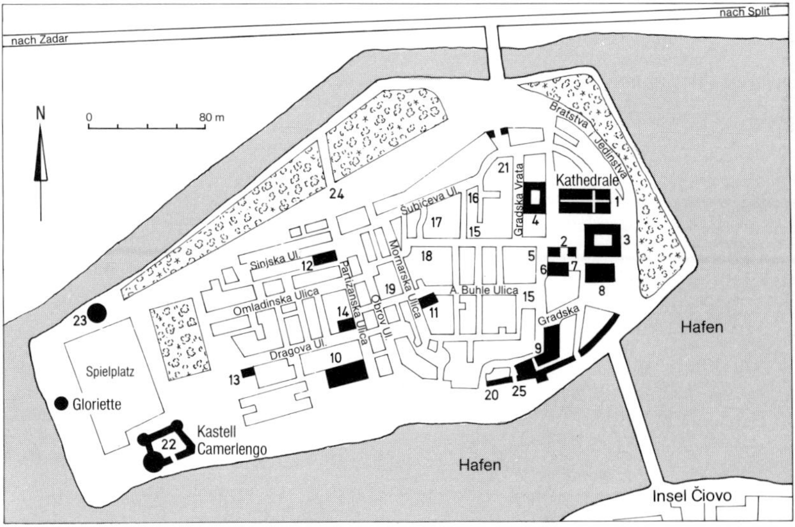

Trogir

wiesen war. Im Gegensatz zu Split und Zadar, den romanischen Hochburgen Dalmatiens, vermochte es der kroatische Landadel, zusehens an Macht in Trogir zu gewinnen.
Als eine der letzten Gemeinden Dalmatiens wurde Trogir um 1080 Bischofssitz und dadurch zur rechtmäßigen Stadt (Civitas). Die autonomen Stadtrechte, Grundlage der freien wirtschaftlichen und politischen Entwicklung einer mittelalterlichen Gemeinde, ließen sich die Bürger 1107 vom neuen, nun ungarisch-kroatischen, König Koloman bestätigen. 1123 zerstörten Sarazenen die wohlhabende Kommune. Bald darauf bauten Bürger und Bischof ihre Stadt noch schöner und großzügiger wieder auf. Das 13. und 14. Jh. bedeutete den Höhepunkt in der Stadtgeschichte Trogirs. An Stelle der alten Pfarrkirche wuchs der herrliche spätromanische Dom in die Höhe – sein Portal ist die reifste Leistung der dalmatinischen Romanik –, errichteten Adlige neue Paläste und Stadthallen und gaben die Orden schönere Klöster in Auftrag.
Dem Beispiel anderer dalmatinischer Städte folgend, lenkte ein aristokratisches Parlament nach venezianischem Vorbild das politische Geschick Trogirs. Dennoch war die Stadt unter den italienisch-gesinnten Nachbarn die Gemeinde mit dem deutlichsten kroatisch-ungarischen Einfluß. Kroatische Fürsten leiteten als rechtmäßig gewählte Rektoren die politischen und wirtschaftlichen Belange, bis Trogir 1409 endgültig von Venedig erobert wurde. Ihren Widerstand gegen die selbstherrlichen Venezianer büßten die Bürger mit dem Verlust nahezu aller ihrer Rechte. Von 1409 bis 1797 regierten venezianische Rektoren, Beamte und Bischöfe die zur Festung ausgebaute Inselstadt. Mit dem Einfall türkischer Armeen in Dalmatien im 16. Jh. war es um die letzte Blütezeit Trogirs geschehen. Dem Verfall des Handels folgte der künstlerische, und nur unter größten Anstrengungen seitens der Bürgerschaft konnten wenigstens Dom und Campanile vollendet werden. Nach der österreichischen Machtergreifung 1797 riß man die die Stadt einengenden Mauern, Tore und Bollwerke ein und gestaltete an ihrer Stelle die breite Hafenallee

und den schönen Stadtpark. 1918 kam Trogir, das sich inzwischen zu einer modernen Klein- und Industriestadt (Werften und metallverarbeitende Industrie) entwickelt hatte, zum neuen jugoslawischen Königreich, 1945 dann zur Föderation Jugoslawiens unter Marschall Tito. Heute ist Trogir eine Kleinstadt mit mittelständischen Industriebetrieben und einer großen Werft auf Čiovo. Die Bevölkerung pendelt hauptsächlich in die nahe Großstadt Split oder lebt von Landwirtschaft und Tourismus. Obschon Trogir kein seinen Nachbarn vergleichbares Fremdenverkehrszentrum ist, gehört es seiner Kunstschätze wegen zu den besuchenswertesten Städten der jugoslawischen Adria.

Die Kathedrale Sv. Lovro *(St. Laurentius)* (1)

Als Trogir Bischofssitz wurde, wollte der neue Kirchenfürst seine Macht auch durch einen Neubau seines Domes sichtbar machen und nicht zuletzt dem alten Konkurrenten Split eine Kathedrale entgegen setzen, die jener an Pracht und Größe überlegen sein sollte. Stiftungen kroatischer Fürsten, ungarischer Könige, reicher Patrizier und die Erträge des neuen Bistums führten in der Mitte des 12. Jh. zum Neubau der Kathedrale, die sicher zu den schönsten sakralen Kunstdenkmälern nicht nur Dalmatiens, sondern ganz Südosteuropas gehört.

Durch die breite, von gotischen Kreuzrippengewölben überdachte *Vorhalle* (a), die durch zwei breite Arkaden zum Stadtplatz geöffnet ist und den hohen *Campanile* (b) trägt – eigentlich war hier eine Doppelturmfassade geplant –, betritt man das Innere. Der Grundriß weist eine *dreischiffige Basilika* mit drei halbrunden Apsiden aus, deren mittlere höher und größer ist als die beiden seitlichen. Die strenge romanische Vollkommenheit des äußeren Aufbaus, die Gliederung der durch Pilaster unterteilten Seitenwände und des Lichtgadens entspricht der Struktur des monumentalen Innenraums. Wie die großen Kathedralen in Dubrovnik, Šibenik und Zadar, so ist auch diese eine

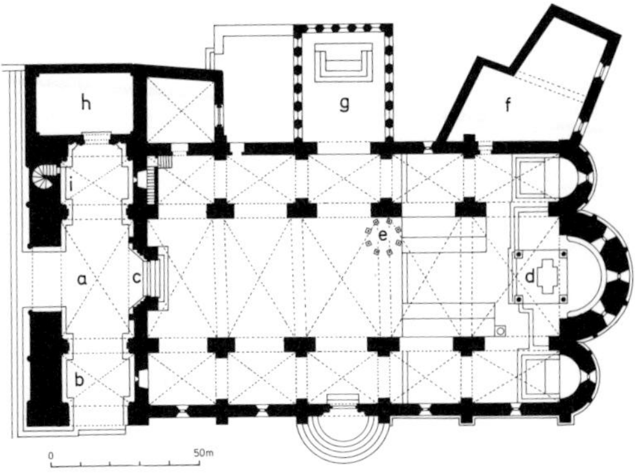

Kathedrale: Grundriß

nie mehr erreichte Einzelleistung, die sich insbesondere durch die sichere und kompakte, von Italien beeinflußte Architektur ausdrückt. Die Gestaltung der Außenfassaden, die durch Lisenen und Blendarkaden rhythmisierten Apsiden und die schmalen Fenstereinschnitte erinnern an Sv. Anastasia in Zadar und an deren Vorbilder in Mittelitalien. Andererseits haben die Wucht des Aufbaus, die glatten, sauber geschnittenen Steinquader sowie der gesamte Raum antiken Charakter. Gerade die massiven und schmucklosen Arkadenbögen der Hochwand im Mittelschiff gleichen römischen Aquädukten, kaiserlichen Palästen (Split) und Triumphbögen. Gleichermaßen geglückt ist das hohe gotische *Kreuzrippengewölbe* (um 1450), das dem fünfjochigen Mittelschiff Geschlossenheit verleiht, aber auch erstaunt, weil man in dem durch Erdbeben gefährdeten Dalmatien seit jeher dem flachgedeckten Holzdach den Vorzug eingeräumt hat.

Das *Portal* (c) in der Eingangshalle (um 1200) ist Höhepunkt romanischer Bildhauerkunst in Dalmatien. Im Portalarchitrav, unter dem Tympanonrelief, hat sich *Meister Radovanus* im Jahre 1204 selbst verewigt. Obgleich nicht das ganze Stufenportal von ihm stammt, einige Teile (Ornamentleisten der Laibungen) älter oder jünger sind bzw. von seinen Schülern vollendet wurden, so kann es doch als einheitlich-romanisches Bildwerk, als eine ›Armenbibel‹ aufgefaßt werden, an der des Lesens Unkundige die wichtigsten Heilswahrheiten und Bildergeschichten des täglichen Lebens (Moral und Tugenden) ablesen konnten. Man sollte auch heute dieses gelungene Meisterwerk länger betrachten; es ist ein ernster, zuweilen grotesker Bericht menschlichen Lebens im hohen Mittelalter.

Der Eingang wird von *Adam* und *Eva*, den Ureltern der Menschen, flankiert. Beide sind frontal und symmetrisch ausgerichtet. Adam ist bärtig, schützt wie Eva seine Blöße mit der rechten Hand und steht auf einem expressionistisch gestalteten Löwen, der das Sinnbild des Bösen, den Drachen, in seinen Klauen hält. Die ängstliche, etwas beleibte Eva erhebt sich über einer Löwin, die sich zum Löwen wendet, zwei Junge schützt und ein Lamm in ihren Tatzen hält. Das halbrunde Bogenportal wurde so in die Wand eingelassen, daß sich drei breite, nach innen verjüngende Abtreppungen (Darstellungsebenen) ergeben, die ihrerseits Träger verschiedener Skulpturen, Reliefs und Tiergestalten sind. Umrahmt wird dieses ›Album‹ von vortrefflichen plastischen Ornament- und Pflanzenbändern. Über den ausladenden Kapitellen werden drei Bänder über das Tympanonrelief geführt, um sich in der Mitte zu verbinden. Dahinter öffnet sich die von breiten Profilstäben gerahmte Flügeltür. An den beiden Portalseiten sind Apostelfiguren, Monatsallegorien und damit verbundene Szenen aus dem täglichen Arbeitsleben (Tugenden) dargestellt. Kämpfende Menschen und Tierleiber versinnbildlichen die

Portal der Kathedrale: Adam (rechts) und Eva (links)

stete Auseinandersetzung des Guten mit dem Bösen. Im halbrunden Tympanonrelief sieht man hinter einem kunstvoll drapierten Vorhang zwei Bibelszenen: im oberen Feld die ›Geburt Christi‹, darunter die ›Waschung des Jesuskindes durch zwei Frauen‹; daneben sitzen Joseph (mit Stab) und ein Hirte. Auf der linken Seite beschäftigen sich Hirten mit der Zubereitung des Mahles; rechts stoßen die Hl. Drei Könige auf vehement geformten Pferden zu dem weihevollen Geschehen. Auf den oberen beiden Segmentbögen wird die ›Dreikönigsszene‹ wiederholt, außerdem ›Maria mit dem Kinde und Joseph‹ und die ›Verkündigung‹. Im obersten Feld umgeben Johannes und Maria das Baumkreuz Christi; unten schließen sich weitere Szenen aus dem Leben Jesu an.

Der krönende *Giebelfirst* mit der spätgotischen Statue des Kirchenpatrons, St. Laurentius, wurde ebenso wie die mächtige Eingangshalle (*Narthex*) im frühen 15. Jh. an den älteren Dom angefügt.

Über die Einflüsse *Radovans* ist man noch strittig, doch dürften zwei vorherrschen: einmal die toskanische Romanik; denn der damalige Bischof, *Treguan*, war Florentiner und kannte die Werke seiner Heimat *(Antelami)*, zum anderen Anregungen aus Süditalien (Bari, Trani), zu dem schon im frühen Mittelalter wirtschaftliche Beziehungen bestanden haben. Neuerdings verweist man auch auf die gleichzeitigen Reliefs am Portal von San Marco in Venedig. Nicht zu übersehen sind schließlich auch antike Impulse (Ornamentik und Figurenfriese des Diokletianspalastes).

Der *mittelalterliche Ciborienaltar* (d) in der Chorapsis erhebt sich über einer quadratischen Marmorplatte, zu der zwei Stufen hinauf führen. Der umlaufende ornamentierte Architrav wird von vier runden Marmorsäulen und üppigen, mit plastischen Blättern umgebenen Kapitellen getragen. Hinter den wuchernden Blattgefügen der Kapitelle verbergen sich Drachen- und Engelsgestalten, die einst vergoldet waren und mit den Kanzelkapitellen in Split (Nr. 19) zu den schönsten in Dalmatien zählen. Darüber zeigt sich der allegorische, zweigeschossige Tempelaufbau mit den zierlichen oktogonalen Kolonnadenreihen. Die lateinischen Worte im Frontarchitrav (›Verkündigung‹) beziehen sich auf die beiden Skulpturen des Überbaus. Der kniende Engel und die gegenüberstehende Maria mit den schön geschwungenen Gewandfalten (sog. ›Schöne Madonna‹) stammen von *Meister Mavro* (Mitte 15. Jh.).
Die *Kanzel* (e) entstand zur selben Zeit wie das vermeintliche Vorbild in Split. Auch hier ruht die oktogonale Kanzel auf mannshohen Säulen mit bemerkenswerten gotischen Kapitellen, die einst vergoldet waren. 16 von schmalen Doppelsäulen gegliederte Arkadenbögen umgeben den Kanzelkorb, der von einem kunstvollen Kreuzrippengewölbe getragen wird. Der das Evangelienbuch tragende Adler (vgl. Split) ist verloren gegangen; geblieben ist die kleine auf einem Löwen ruhende Pultsäule. Die architektonisch schön proportionierte Kanzel wurde Ende des 13. Jh. begonnen und wie das Ciborium im 14. Jh. von *Meister Mavro*, der auch die Domkanzel in Split angefertigt haben soll, vollendet.
Das reich verzierte hölzerne *Chorgestühl* schnitzte *Ivan Berislavić* um 1440. Sein excellenter Erhaltungszustand, die meisterhaft geformten, von wuchernden Ranken umgebenden Sitze und die mit vegetabilen Ornamenten verzierten Giebelbaldachine gehören zu den wertvollsten Leistungen des späten Mittelalters in diesem Land, zumal das Chorgestühl von Split und Zadar nicht mehr in seinem Originalzustand vorhanden ist.
Mit dem reichen Ciborium und der monumentalen Kanzel ist eine romanisch-gotische Kirchenausstattung erhalten geblieben, die in Dalmatien unerreicht blieb.
Man sollte noch einen Blick in die kleine *Sakristei* (f) werfen, in der die *Schatzkammer* untergebracht ist. Beachtenswert sind ein Bild von *Giovanni Bellini* (›Johannes d. T. und hl. Hieronymus‹) und *Paolo Veneziano* sowie ›Maria im Rosengarten‹ aus der Werkstatt des *Blaž Trogiranin* (15. Jh.). Ferner sei auf die schönen liturgischen Geräte (13.–17. Jh.), vergoldeten Reliquiare, silberbestickten Meßgewänder und einige alte Urkunden aus der Kirchen- und Stadtgeschichte Trogirs hingewiesen, die die enge Verbundenheit der Stadt mit Kroatien und Ungarn dokumentieren.

Diė Sv. Ursini-Kapelle (g): Diese Kapelle ist glanzvoller Höhepunkt der dalmatinischen Renaissance und wurde 1468 von *Andrija Aleši*, *Niccolò Fiorentino* (*Firentinac*) und *Ivan Duknović* geplant. Sie durchbrachen die nördliche Domwand und errichteten die an antike Monumente (z.B. Jupitertempel in Split) erinnernde rechteckige, von einem schweren Kassettengewölbe überdachte Kapelle. *Johannes Ursini* (*Orsini*) war römischer Abstammung und im 11. Jh. Bischof von Trogir. Nach Vollendung des ›Renaissance-Tempels‹ (1497) wurden die Gebeine Ursinis, des 2. Stadtpatrons, hier erneut bestattet. Zum ersten Mal seit der Antike wagte es ein Baumeister, ein aus keilförmigen Steinen gefügtes freitragendes Tonnengewölbe ohne Stützen und Querstreben zu errichten. Wahrscheinlich war sie das Gesellenstück *Fiorentinos*; denn einige Jahre später wölbte er, nach exakt demselben technischen Muster, die weitaus monumentalere Kathedrale von Šibenik (Nr. 17).
Die reiche Innendekoration gliedert sich in dreifacher Weise: Ein hoher Sockel, der antiken Grabmälern und Florentiner Renaissance-Denkmälern (Donatello) gleicht, trägt das eigentliche Wandfeld, das durch Nischen und schöne Säulen unterbrochen wird. Über dem friesartigen Zwischengeschoß, in dem runde Fenster und antikisierende Pilaster eingelassen sind, ragt das ausladende Hauptgesims hervor. Den Abschluß bildet das prächtige Gewölbe, das in der vorderen Stirnwand aufgefangen wird, die ein Relief ›Krönung Mariens‹ von *Niccolò Fiorentino* birgt.
Bedeutet der Bau eine Höchstleistung der dalmatinischen Renaissance, so ist auch ihr figuraler Schmuck ein Höhepunkt der Renaissance-Plastik. Die ›12 Apostelfiguren‹ und ›Johannes d. T.‹ von *Fiorentino*, *Aleši* und *Duknović* (*G. Dalmata*) sind von unterschiedlicher Qualität. Zu den besten Figuren gehören ›Johannes d. T.‹ und der ›Ap. Thomas‹ (links, 2. und 3. Nische); wahrscheinlich stammen sie von *Duknović*, der lange Zeit in der Toskana wirkte und von der Kunstgeschichte als der ›dalmatinische Donatello‹ bezeichnet wird.
Das *Baptisterium* (h) in der Vorhalle baute *Andrija Aleši* 1467. Eigentlich war *Aleši* ein Baumeister und Bildhauer, der ganz in der Tradition der ausgehenden Gotik lebte. Erst durch seine Zusammenarbeit mit *Fiorentino* lernte er die italienische Renaissance kennen. So verbinden sich in seinem Werk beide Stilrichtungen zu einem für Dalmatien typischen Übergangsstil. Unterhalb der noch gotischen Spitzbogentonne finden sich bereits renaissanceartige Ornamente, wie Früchte- und Blumenbänder. Das Relief über dem Eingangsportal (›Taufe Christi‹) zeigt noch stilistische Unsicherheiten des Meisters. Von besonderem Einfallsreichtum sind die breiten Renaissance-Pilaster und die kannelierten flachen Wandnischen, die eine neue Raumwirkung zeigen sollen. Wie in der ›gotischen Kassetten-

Stadtplatz mit Loggia und Campanile

decke‹ findet der Künstler immer wieder zurück zu mittelalterlichen Detailformen, die dem Gesamteindruck dieser Taufkapelle aber keinen Abbruch tun.

Den *Domcampanile* (b) erreicht man durch einen kleinen Einlaß (i) neben dem Baptisterium. Von den beiden geplanten Türmen kam allerdings nur der südwestliche zur Ausführung. Über dem romanisch-gotischen Unterbau der Eingangshalle (Narthex) ragt der steile Campanile empor, an dem man zwischen 1300/1420 und 1600 gearbeitet hat. So verbinden sich auch in diesem Monument Stileinflüsse der späten Romanik (unterstes Geschoß), der Gotik nach 1420 (mittlere Geschosse) und der dalmatinischen Spätrenaissance (letztes Geschoß, Pyramidendach und die vier Evangelisten). Während die unteren Geschosse Werke einheimischer Künstler (*Matej Gojković*; 1420 und *Trifun Bokanić*; 1598) sind, stammen die vier barocken Evangelistenfiguren des Pyramidendaches von dem Venezianer *Alessandro Vittori*. 1598 konnte der mehrmals beschädigte und renovierte Turm geweiht werden; er zählt neben seinem Konkurrenten in Split zu den höchsten und markantesten der Adriaküste.

Loggia und Campanile (2)

Die *Loggia* erachtete man als vordringlich, nachdem Patrizier und Aristokraten schrittweise die Macht an sich gerissen hatten. War die Kathedrale bis dahin Gerichts- und Versammlungsort der Räte – der Bischof noch Stadtherr und Richter –, so gingen Regierung und Gerichtsbarkeit im frühen 14. Jh. in die Gewalt der Bürger über. Nachdem Stadtrat und Richter bis zum späten 13. Jh. in verschiedenen Adelspalästen oder im Dom tagten, entschloß man sich um 1340 zu einer Stadtloggia. Sie diente nicht nur Justizbeamten und Ratsgremien, sondern war weltlicher Gegenpol zum Dom. Hier spielten sich städtische Feste, Märkte und farbenfrohe Theateraufführungen ab. Gegenüber der Kathedrale errichteten Baumeister und Bildhauer eine prunkvolle Loggia, wie man sie sicher von Split, Dubrovnik und italienischen Städten kannte. Der Offenheit der damaligen bürgerlich-aristokratischen Staatsordnung entsprach die Öffnung der Loggia zum Hauptplatz. Während der venezianischen Gewaltherrschaft (nach 1409) zogen sich Regierung und Gericht in den neuen Rektorenpalast zurück; die ehrwürdige Loggia benützte man zu Schauprozessen gegen aufwieglerische Bürger Trogirs (eine der schönen Eingangssäulen war gleichzeitig auch Schandpfahl).
Der Saal steht auf einem breiten Postament. Zwischen den beiden Marmorsäulen in der Mitte führt eine Treppe in die Loggia hinauf. Üppig geformte spätromanisch-gotische Kapitelle tragen das flache Holzdach. Ihre heutige Gestalt fand die Loggia im späten 15. Jh., als *Niccolò Fiorentino* das schöne Gerechtigkeitsrelief vollendet hatte. Zwischen zwei großen Kandelabern erkennt man die Gestalten von St. Ursinus (Orsini) und St. Laurentius (Lovro); darüber thront die Göttin der Gerechtigkeit, Justitia.
Im *Campanile* war im hohen Mittelalter die Sebastianskapelle untergebracht. 1476 wurde er zum *Uhrturm* Trogirs umgestaltet, diente aber weiterhin als *Votivkapelle* (Bitten um Befreiung von der Pest). Die zierlichen Fassadenfiguren Christi und des hl. Sebastian kamen aus der Werkstatt *Niccolò Fiorentinos.* Im obersten Geschoß des schlichten Bauwerks hat man die große Uhr angebracht. Sie bestimmte den Lebens- und Arbeitsrhythmus in der mittelalterlichen Kommune. Ihre Glocken riefen zu Versammlungen und warnten vor Feuer und feindlichen Heeren. Den Bürgern Trogirs ist es nie gelungen, einen wirklich eigenständigen, monumentalen Turm, denen von Dubrovnik, Siena oder Venedig ebenbürtig, zu errichten; die Gesellschaftsstruktur war letztlich dafür zu schwach, zu unselbständig – vor allem nach der venezianischen Machtübernahme im frühen 15. Jh. So blieb der Turm – Sinnbild bürgerlichen Stolzes und Reichtums – ein unvollendetes Fragment.

Der Rektorenpalast (3)

Er ist neben der Kathedrale der größte Block im Ensemble des mittelalterlichen Stadtplatzes. Hier saßen Stadtherr, Militärberater, Soldaten und Richter. Gefängnisse, Arsenal und Munitionsdepot waren in einem Gebäude vereint, das der alleinigen Machtausübung der Venezianer diente. Nachdem der Palast im vorigen Jahrhundert kunstvoll saniert wurde, vergleichbare Kastelle in Dalmatien abgebrochen, mehrfach umgebaut worden oder verfallen sind, ragt hier ein Regierungspalast in die Höhe, der Einblick in die Architekturgeschichte Dalmatiens im 15. Jh. verschafft. An Stelle eines älteren Bauwerks ersannen wahrscheinlich venezianische Architekten ein monumentales Stadtkastell, das mit seiner quadratischen Form und dem großen Innenhof an ähnliche Burgen in Norditalien (Mantua, Verona, Padua) erinnert. Die fürstliche Trutzburg war vom Stadtplatz, aber auch vom Hafen her zugänglich. Die Geschichte dieses Palastes gleicht der des Rektorenpalastes in Dubrovnik (Nr. 26; 5). Obwohl im frühen 15. Jh. erbaut, verbinden sich in der mächtigen Fassade, in den Formen der Portale, Fenster und ornamentalen Dekoration Stilelemente der Romanik, Gotik und Renaissance. Im großen und ganzen herrscht freilich jener für Dalmatien typische venezianisch-gotische Eindruck vor.
Über dem Eingangsportal erkennt man das Stadtwappen Trogirs – eine auf Meereswogen schwimmende Stadtfestung, hinter der sich der Domcampanile erhebt. Im Durchgang zum eleganten Innenhof sind zahlreiche Wappenschilder reicher Adliger zu sehen (Orsini, Berislavić, Čipiko, Lučič). Die steile und schöngeformte Treppe, die in die oberen Ratssäle führt, ruht auf schweren, spitzen, von einer Säule getragenen Arkadenbögen. Der Hofbrunnen birgt einen der letzten venezianischen Löwen Dalmatiens; denn wo immer sich die verhaßten Herren zurückzogen, vernichtete man ihre Herrschaftsinsignien! In den ehemaligen Rats- und Rektorensälen (Portalinschrift: ›Aula Consilii Nobilium‹) wurde im 18. Jh. das Stadttheater eingerichtet.

Der Neue Čipiko-Palast (4)

Der Palast schließt die Reihe der luxuriösen Gebäude, die sich um den Hauptplatz gruppieren, ab. Wieder waren es nur die Reichsten der Adeligen, die sich den teuren Baugrund und die besten Baumeister und Bildhauer leisten konnten. Zu ihnen zählte die alte kroatische Familie *Čipiko*. Sie besaß schon einen älteren Palast in der südlichen Hauptstraße Trogirs, die hinüber zum Hafentor (25) führt. Im *Alten Čipiko-Palast* (5), einer spätromanischen und mehrmals umgebauten Hausburg, wohnten die Familienmitglieder bis zum späten

Portal des Neuen Čipiko-Palastes

14. Jh. Die Portale des Innenhofs schmückten im 15. Jh. *N. Fiorentino* und *G. Dalmata* (Wandrelief).
Höhepunkt privater Baukunst in Trogir aber war der im 15. Jh. entworfene *Neue Čipiko-Palast.* Er gleicht einem ›Lehrbuch‹ dalmatinischer Baukunst. Über das symmetrisch in die einfache Quadersteinfassade eingelassene Renaissance-Portal hat man später eine ›Muschellünette‹ (Spätrenaissance) gesetzt. Blickfang und Zierde sind die neben Dubrovnik (Sponzapalast) wohl schönsten Fenstertriforien. Auch sie gleichen venezianischen Prachtfenstern, und sicher hat *A. Aleši,* noch ganz der gotischen Tradition verhaftet, Musterbücher venezianischer Architekten gekannt. Die doppelstöckige Fensterfassade gehört neben dem geschmackvollen, aber gedrungenen Arkadeninnenhof zu den herausragendsten Schöpfungen dalmatinischer Wohnkultur. Der für die Küstenregion typische, immer wieder anzutreffende ›Mischstil‹ zwischen Gotik und Renaissance wird im südlichen Seitenportal fortgesetzt, wobei die Verbindung zweier eigentlich verschiedener Kunstformen hier nie als Gegensatz, sondern als Einheit verstanden wurde. Das von schweren kannelierten Pilastern flankierte Portal trägt einen gleichermaßen überladenen Architrav. Im rechteckigen Giebel-(Supraporte)-feld schuf *G. Dalmata* zwei wunderbare Renaissance-Putti, die den Wahlspruch aristokratischer Familien tragen: ›Erkenne dich selbst‹ (Nosce te ipsum). Zwei katzengleiche Löwen zeigen dem Besucher das Familienwappen. Neben dem Palast befindet sich heute das *Turistbüro.*

Neben dem romanischen Dom besaß die ›mittelalterliche Kunstschatulle‹ Trogir natürlich auch eine Vielzahl kleinerer und größerer Kapellen, Kirchen sowie Klosterbauten der Bettelorden. Ihre wechselvolle Geschichte beginnt im frühen Mittelalter und reicht bis in die Neuzeit; geblieben sind nur die Benediktinerinnen und Dominikaner. Stilgeschichtlich reicht das Spektrum von der frühen Romanik bis zur Spätrenaissance und zum Frühbarock (vgl. Zadar, Nr. 14; Dubrovnik, Nr. 26 – Klosterbauten).

Sv. Barbara (6)

Sie ist sehr wahrscheinlich die älteste Kirche in Trogir und verbirgt sich hinter der Loggia bzw. der Torfassade des benachbarten Wohnhauses. Die Raumnot auf der Stadtinsel und der Bau neuer Kirchen führten dazu, daß Sv. Barbara im späten Mittelalter an Bedeutung verlor. Ihre frühromanische Fassade wurde verbaut und ist nicht einsehbar. Die karge dreischiffige Basilika ist um 900 zu datieren, zählt somit nicht nur zu den ältesten Sakralbauten Trogirs, sondern ganz Dalmatiens und war ursprünglich dem hl. Martin geweiht. Erst 1537 hat man eine Reliquie der hl. Barbara hierher übertragen. Die Kirche stammt aus jener Zeit, als kroatische Fürsten in die Stadt eindrangen. Sie stifteten die ältesten Weihestätten im Stadtgebiet und statteten diese mit kostbaren Reliquien, liturgischen Geräten und Mosaiken aus. In der Apsis ist der Name *Dobrica*, der Frau des mächtigen kroatischen Königs *Krešimir* zu lesen. Mit der Gründung eigener Kirchen versuchte der junge, sich energisch entwickelnde Staat, politischen Anspruch auf die Küstenstädte zu erheben.
Die Klarheit des Grundrisses von Sv. Barbara, die Anlage der drei Schiffe wie der mittleren Apsis, die durch schmale Hochfenster beleuchtet wird, sowie das steile und schmale Gewölbe, verraten etwas von der kühnen Bautradition der Kroaten. Den Willen, die Nachfolge des römischen Staates anzutreten, versinnbildlichen antike Säulen und Kapitelle, die man sich aus dem nahen Salona holte. Sie stützen die würdevolle Kirche, in der sich Bürger, Aristokraten, Könige und Fürsten zur Messe, aber auch zu staatlichen Versammlungen trafen. Eine augenfällige Schlichtheit des Materials sowie künstlerische Unsicherheiten damaliger Baumeister sind indessen nicht zu übersehen. Bemerkenswert ist die ornamentale Dekoration der Kirche.

Sv. Maria (7) geht, wie Sv. Barbara, auf byzantinische Vorbilder zurück. Neben der Loggia und dem Uhrturm erhob sich einst eine Kreuzkuppelkirche, die 1551 niedergerissen wurde. Heute erkennt man nur noch die jüngst wiederhergestellten Fundamente. Alte Stiche und Bilder vermitteln einen Eindruck von der schönen Kirche, deren Vorhalle (Atrium) einmal der unterste Teil des Uhrturms gewesen ist. Schriftliche Quellen legen die Gründung von Sv. Maria ins frühe 12. Jh., als *Treguan* der erste Bischof von Trogir war.

Sv. Ivan Krstitelj *(St. Johannes der Täufer)* **(8)**

Neben Dom, Sv. Barbara und Sv. Maria ist dies die vierte Kirche, die den Hauptplatz ziert. Sie gehörte den *Benediktinern*, dem ›Staatsorden‹ Trogirs, der insbesondere dem Bischof nahestand. Als ältester Orden in Trogir stellte er verschiedentlich auch den Bischof, dessen Kastell mit dem Kloster verbunden war. Die Kirche stammt aus dem frühen 13. Jh., das Kloster indes aus dem 11. Jh., einer Zeit, in der Trogir noch keinen Bischof besaß und die Benediktiner die römisch-katholische Kirche repräsentierten. Die Johanneskirche gestaltete wahrscheinlich dieselbe Bauhütte, die auch den Dom plante. Stilistische und architektonische Übereinstimmungen lassen als Gründungszeit für beide Kirchen das frühe 13. Jh. annehmen. Allmählich lösten gotische Stileinflüsse romanische Bautraditionen ab, was sich vor allem in der Ornamentik oder dem jüngeren Glockengiebel zeigt, der vielleicht ältester Zeuge gotischer Kunst in Dalmatien ist. Über dem rechteckigen Grundriß führten einheimische (möglicherweise auch italienische) Baumeister die schlichte Halle, die ein flaches Holzdach besitzt, in die Höhe. Charakteristisch für die Baukunst der Benediktiner ist die rechteckige, von außen durch Blendarkaden und ein Fenster geschmückte Apsis. 1318 entriß man die Kirche den Benediktinern und übereignete sie den Minoriten, die die romanisch-gotische Ausstattung beseitigten. Bald darauf zogen aber die Benediktiner wieder ein. Sehenswert ist vor allem der im Boden eingelassene *Grabstein des Abtes Savin* aus dem Jahre 1348. Die *gotischen Fresken* der linken Wand und des Sanktuariums zählen zu den ältesten Dalmatiens. Ein wunderschönes Grabrelief (›Beweinung Christi‹) von *Niccolò Fiorentino* ist in die Kirche zurückgeholt worden.

Sv. Nikola *(Benediktinerinnen-Kloster)* **(9)**

Das Kloster war eine Filiale der Benediktiner und ist in den alten Klosterbezirk Trogirs miteingeschlossen, der als städtebaulicher Kern der romanischen Stadt bezeichnet werden muß. Es wurde von adligen Ordensschwestern mit Unterstützung der Kroaten und Bürger 1064 gegründet. Kriege, Zerstörungen und die im späten Mittelalter wachsende Stadt brachten es mit sich, daß von dem romanischen Kreuzgang und den bescheidenen Wohngebäuden nur zwei Arkadenbögen und ein Haus übrig blieben. Das älteste kulturgeschichtliche Zeugnis Trogirs, ein kleines ›Kairosrelief‹, mauerte man unterhalb des Kreuzgangs in die Steinwand (1. Jh. v. Chr.). Kairos gilt als Gott des ›günstigen Augenblicks‹ und soll der jüngste Sohn des Zeus (Jupiter) gewesen sein. Dieses Kloster half, wie so oft in Dalmatien, zur Verteidigung der Stadt, d. h. Kloster und Kirche waren selbst Teil der Mauern und Tore. In Friedenszeiten brachen die Eigentümer

Wohnturm in der ehem. Stadtmauer

Fenster in die Mauern, um sie bei nahender Kriegsgefahr neuerlich zu schließen! Das halbrunde Fenster über der schlichten Hafenloggia (25) gehört eigentlich zur Kirche Sv. Nikola. Der rechteckige, flachgedeckte Saal der Kirche besitzt eine äußerst karge Ausstattung. Von größerem Wert ist der *Klostercampanile*. Er besticht durch die vorzügliche Gestaltung der oberen Stockwerke. Im Stil der Spätrenaissance und des Frühbarock errichtete man eine oktogonale Laterne, die ein Pyramidendach trägt. Vier Obelisken, eigentlich profane Siegessymbole, schmücken die oberste Etage des Turms.

Im *Palazzo Vitturi*, einem umgebauten Stadtmauerturm, wohnte seit dem Mittelalter die Aristokratenfamilie *Vitturi*. Der romanische Turm war zuvor im Besitz des Klosters. Auch in diese Residenz, die charakteristisch für damalige Bautraditionen ist, brachen die Besitzer kurzerhand Fenster und Balkone, die immer wieder verschlossen werden mußten.

Dominikanerkloster (10)

Das Kloster lag bei seiner Gründung im frühen 14. Jh. noch außerhalb der schützenden Mauern. Erst im Zuge der Stadterweiterungen gelangte es in das Hoheitsgebiet der Neustadt, war aber auch zur baulichen wie personellen Verteidigung von Trogir verpflichtet. Die Klosteranlage ist neben dem Dom das größte sakrale Ensemble im Stadtgeviert. Wie in Sv. Ivan (8), so fanden auch in Sv. Dominik begüterte Adlige und Patrizier eine letzte Ruhestätte.

Mit dem Bau des Klosters begannen einheimische und italienische Architekten Mitte des 14. Jh. Finanzielle Unterstützung kam ihnen durch die Aristokratenfamilie *Kažotić (Cassoti)* zu, der man nach Vollendung der gotischen Kirche das Marienrelief in der Lünette des westlichen Kirchenportals widmete. Eine Inschrift verweist auf die Stiftung und den Künstler, *Niccolò Denta* aus Venedig, der das schöne Kunstwerk 1372 gestaltete. In der Tradition des Bettelordens steht das breite Kirchenschiff, das von einer schweren Holzdecke abgeschlossen wird. In dieser Halle sollte Platz für das Volk sein, so daß die Großzügigkeit des Grundrisses im Vordergrund der Planung stand. Den zahlreichen Mönchen dienten vier rechteckige Chorapsiden für die tägliche Meßfeier. Der Bescheidenheit dominikanischer Ordensregel entsprach die äußerst sparsame Ausstattung dieser Kirche. Eine Ausnahme bildet lediglich das wunderbare *Renaissance-Grabmal* der Aristokratenfamilie *Sobota*, das in die seitliche Kirchenwand eingelassen ist und von *Niccolò Fiorentino* (1469) stammt. Das barocke Gemälde über dem Hochaltar schuf *Palma d. J.* Den stillen, von niedrigen Kreuzgratgewölben gedeckten *Kreuzgang* des Klosters errichtete man im späten 15. Jh. Auch hier verbinden sich Stilelemente der Gotik und Renaissance zu dem typischen Erscheinungsbild dalmatinischer Klosterbaukunst um 1500.

Außerdem wird die Besichtigung folgender Bauwerke empfohlen: *Sv. Petar* (11, Renaissance-Kirche mit Barock-Campanile); *Sv. Maria* (12, 16. Jh.); *Sv. Mihovil* (13, 16. Jh., doch ist nur der Campanile übriggeblieben, h. Domwerkstatt); *Allerheiligenkapelle* (14) hinter dem Dominikanerkloster.
Romanische Hausburgen (vgl. Split; Nr. 19): Beispielhaft ist das Haus in der Altstadt (15); Zeugen patrizischer und adliger Wohnkultur sind die Paläste *Berislavić* (16), *Stafileo* (17), *Quarco* (18), *Andreis* (19) und *Lučić* (20). Die meisten Paläste stammen aus dem späten Mittelalter und wurden im 16. und 17. Jh. mehrfach umgebaut und verschönert.

Das *Stadtmuseum* von Trogir ist heute im Renaissance-Palast *Garanjin-Fanfogna* (21), in der Nähe des Landtores, untergebracht (Bibliothek, kunst- und kulturgeschichtliche Sammlungen). Der Palast besteht aus einem Konglomerat verschiedener Häuser, die zwischen dem späten Mittelalter und dem 18. Jh. errichtet worden sind. Die eleganten, jüngst renovierten Wohn- und Ausstellungsräume zieren schöne venezianische Maßwerkfenster.
Von den alten *Stadtmauern* und *Festungen* ist vor allem das venezianische Fort, *Kastell Camerlengo* (22), zu erwähnen, das im 15. Jh. nach norditalienischen Vorbildern errichtet wurde. Zum selben Festungsring gehörte ehemals auch der große Schutzturm *Sv. Marko* (23), der ein gut erhaltenes Zeugnis venezianischer Festungsbaukunst darstellt. Im Stadtpark ist noch ein Rest der großen barocken Festungsanlagen zu sehen, die man im 19. Jh. abgebrochen hat (24).
Insel Čiovo: Ehemalige Straf- und Gefangeneninsel; sehenswert ist das Dominikanerkloster *Sv. Križ* aus dem 15. und 16. Jh. mit einem schönen Kapitelsaal, den eine spätgotische bemalte Holzdecke schmückt.

Von Trogir aus gibt es stündliche Busverbindungen nach Split (1 h.); mehrmals täglich verkehren Busse nach Šibenik und Zadar.

19 Split

Geschichte: In unmittelbarer Nähe des fruchtbaren Jader-Tales, das durch eine Paßstraße bei Klis mit dem Hinterland verbunden ist, erstreckt sich eine schmale Landzunge mit einer sichelförmigen, geschützten Bucht auf der einen und dem ›Marijan‹-Berg auf der anderen Seite. An dieser Bucht befand sich in der Antike die kleine Fischersiedlung ›Aspalathos‹; etwas nördlich davon, eine der größten und blühendsten Städte des Römischen Reiches, *Salona,* deren Ruinen im 19. Jh. teilweise freigelegt wurden.

Um 300 n. Chr. erbaute einer der mächtigsten römischen Kaiser, *C. Aurelius Valerius Diocletianus,* der vermutlich gebürtiger Salonitaner war, im stillen Meerbusen von ›Aspalathos‹ einen gewaltigen Palast, in den er sich nach seiner freiwilligen Abdankung zurückgezogen hat. Dieses hervorragend erhaltene Denkmal zählt zu den Höhepunkten der antiken Baukunst. Nach dem Tod des Herrschers 313 diente der Palast als Zufluchtsort verbannter Kaiserfamilien und Despoten, nach 600 als Sitz oströmischer Statthalter. 614 fiel Salona dem Ansturm der Awaren und Slawen zum Opfer. Seine Bürger flüchteten nach Trogir und in andere dalmatinische Städte oder auf die nahgelegenen Inseln. Die meisten Flüchtlinge aber suchten in dem bereits brachliegenden Diokletianspalast Schutz, der, wie sich bald zeigen sollte, wie

Split: Orientierungsplan

A Diokletianspalast (seit 290), frühmittelalterliche Bischofsstadt ›Civitas‹ (700–1200) – B Hochmittelalterliche Bürgerstadt ›Burghus‹ (seit 1250) – C Hafen, Lagerhallen und Lazarette (seit 1250) – D Vorstadt ›Sustjepan‹ – E Vorstadt ›Marijan‹ – F Fort ›Gripe‹ und Neustädte des 19 Jh. – G Fort ›Bačvice‹ und Villenvorort mit gleichnamiger Badeanstalt

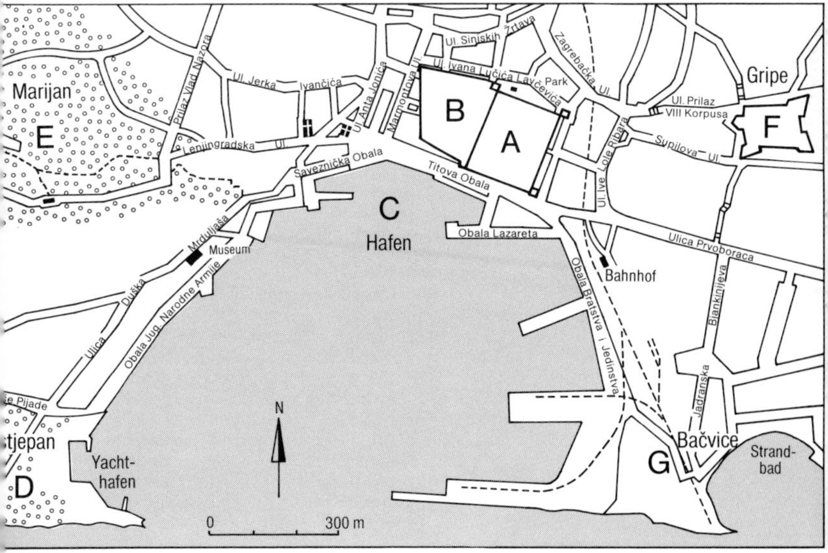

Split

geschaffen war zur Gründung einer neuen Stadtgemeinde, die sich *Spalatum* nannte.

Bis zum Jahre 1000 gehörte die rasch an Bedeutung gewinnende Stadt zum Byzantinischen Reich, dessen Niedergang dazu beitrug, daß die erstarkenden kroatischen Fürsten und Könige Anspruch auf Split erhoben. Seit 1096 war die Stadt formell mit dem kroatischen Staat verbunden, bewahrte aber dennoch ihre stets garantierte Autonomie. Kulturell und wirtschaftlich machten sich zusehends italienische Einflüsse bemerkbar, die dazu führten, daß sich die politisch-gesellschaftliche Struktur der Stadt immer mehr an italienischen Vorbildern orientierte. 1102 gelangte Split unter die ungarische Krone, was sich aber auf die weitere Geschichte der reicher werdenden Handelskommune kaum auswirkte; denn auch die Ungarn versprachen der Stadt weitgehende Selbstverwaltung.

Bedeutender wurde der Einfluß Venedigs, das im 14. Jh. Stadtherren, Richter und Beamte stellte. Es war der Anfang einer langen Blütezeit, in der nur noch Aristokraten an der Regierung beteiligt waren. 1409 kam Split endgültig und legal zur Markusrepublik, unter deren Hoheit es bis 1797 blieb. Der unabwendbare Niedergang der Stadt zeichnete sich im späten 16. Jh. ab, als türkische Heere Dalmatien überfielen. Zu einer gewaltigen Festung ausgebaut, versank die romanisch-gotische Stadt bzw. der alte, um einen Stadtteil erweiterte Diokletianspalast in Apathie. Nur Venedig war es zu verdanken, daß Bürgerschaft und Kunstwerke überleben konnten. Cholera und Pestseuchen taten ein übriges, die Bevölkerung zu dezimieren.

Nach dem Fall Venedigs 1797 kam Split zu Österreich, 1805 ging es an die Generäle *Napoleons* und 1813 erneut zur K. & K.-Monarchie, die das dalmatinische Kronland bis 1918 ihr eigen nannte. Sie legte den Grundstein zur neuzeitlichen Entwicklung von Split, baute einen neuen Hafen, gründete großzügige Stadtteile, riß die alten Mauern und Festungen ein und verband das zweite wirtschaftliche Zentrum Dalmatiens durch eine kostspielige Eisenbahnlinie mit dem Mutterland. Neben Zadar war Split im 19. und frühen 20. Jh. ein wichtiger Mittelpunkt der kroatischen Nationalbewegung, die trotz der immer noch mächtigen italienischen Partei zielstrebig auf die Verwirklichung eines vereinigten Jugoslawien hinarbeitete, das 1945 aus der Taufe gehoben werden konnte.

Heute ist Split eine moderne Großstadt, mit einer Werft, einem bedeutenden Handels- und Militärhafen und zahlreichen Industriebetrieben. Hochschulen, Akademien, Fachschulen und andere kulturelle Einrichtungen trugen mit dazu bei, daß sich Split in den vergangenen Jahren zur reichsten und größten Metropole der jugoslawischen Adria entwickelte. Hotels, Sommerfestivals und internationale Sportereignisse erhöhen noch die Attraktivität dieser schönen Stadt. Flughafen, Bahnhof sowie Schiffsverbindungen zu allen größeren Adria-Städten und zu den nahen Inseln. Ausflüge nach Salona, Klis, Kaštela und Sinj.

Der Diokletianspalast (A)

Er ist eine rechteckige Anlage mit einer Seitenausdehnung von 215 × 175 m und einer Fläche von ca. 38 000 qm. Nach außen tritt er durch hohe Umfassungsmauern, die mit einem oberen Wehrgang ausgestattet sind, in Erscheinung. Sie sind weitgehend erhalten geblieben bzw. in den mittelalterlichen Verbauungen aufgegangen. Vier massive Ecktürme und sechs kleinere Vorbauten sicherten ihn nach außen hin. In der Mitte der drei landseitigen Fassaden geben drei von achteckigen Festungen bewachte Torburgen mit Innenhöfen den Zutritt zur Stadt frei. Zeichnen sich das *Osttor* (*Porta Argentea*; 2) und

Diokletianspalast (A) und Bürgerstadt (B): Orientierungsplan

1 Porta Aurea/Sv. Martin – 2 Porta Argentea – 3 Porta Ferrea/Sv. Teodor – 4 Kl. Tor – 5 Hauptstraße/ehem. ›Cardo‹ – 6 ehem. ›Decumanus‹ – 7 Peristyl – 8 Keller – 9 Vestibül – 10 Mausoleum Diokletians/Kathedrale – 11 Jupitertempel – 12 Papalić-Palast/Stadtmuseum – 13 Ratspalast – 14 Rektorenpalast – 15 Franziskanerkloster – 16 Nordtor Pisture – 17 Festung Sabaka – 18 Karepić-Palast – 19 Cindro-Palast – 20 Agubio-Palast – 21 Meštrović-Museum – 22 Museum Altkroatischer Kunst – 23 Archäolog. Museum

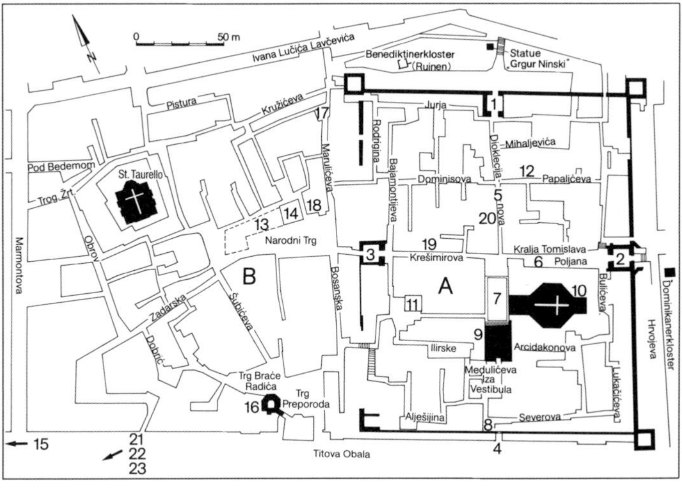

das *Westtor* (*Porta Ferrea*; 3) durch dieselbe einfache Gliederung aus, so erhält der Palast im Norden einen künstlerischen und symbolischen Höhepunkt: Die *Porta Aurea* (1) ist das schönste Tor, das einst mit Götter- und Kaiserskulpturen, Nischen, Archivolten und reichen Ornamenten geschmückt war. Hier betrat derjenige die ›kaiserliche Stadt‹, der, von Salona kommend, dem Kaiser seine Aufwartung machen wollte. Von hier führt die Hauptstraße (5), die sich in der Mitte des Palastes mit der zweiten Straßenachse (6) überschneidet (Cardo und Decumanus), direkt auf die Mitte, das *Peristyl* (7), zu. Beide Straßen, aus dem älteren römischen ›Castrum‹ (Heerlager) abgeleitet, waren einst von hohen Kolonnadenreihen flankiert, hinter denen sich die Soldatenunterkünfte, Lagerhäuser und Wohngebäude verbargen.
An der Meerseite wird die außergewöhnliche Schönheit und Pracht des Palastes deutlich. Hier gleicht er weder einem Kastell noch einer hellenistischen Festung. Eine sich über die ganze Front erstreckende obere Arkadenreihe verleiht dem Bauwerk den Charakter einer Herrscherresidenz. Hier wird die Intention, aber auch ihre ästhetische Dimension faßbar, ein Signum kaiserlicher Macht und Souveränität. Hinter den langen und schlanken Arkaden, die in die Mitte und an den Seiten durch aufgewölbte Architrave (Palladianisches Motiv) rhythmisiert werden, befanden sich der geschlossene Gang, die kaiserlichen Wohngemächer, Thermen und das überwölbte Vestibül, durch das man wieder in das Peristyl zurückkehrte. Unterhalb der Kolonnaden ist ein kleines unscheinbares *Tor* in die mächtige Quadersteinwand eingelassen (4); hier betrat Diokletian seine Staatsgaleere. Unter der oberen Arkadenfront und den Wohngemächern lagen die festlichen Prunkhallen, die im Sommer Kühlung und Erfrischung brachten. In den letzten Jahrzehnten hat man sie von dem jahrhundertelangen Schutt und Abfall befreit. Zwischen schmalen Gängen öffnen sich basilikale, dreischiffige Festhallen und Apsiden sowie quadratische und runde Raumgebilde, die in der Antike mit Marmor, Ornamenten, Mosaiken und Malereien ausgestattet waren. Nahezu alle späteren Raumformen der abendländischen Baukunst sind hier vertreten, und zwar in hoher technischer Fertigkeit und Qualität. Die kühnen Deckenkonstruktionen tragen heute noch das enorme Gewicht der mittelalterlichen Stadt; denn der Palast wurde auf einem leicht abschüssigen Terrain erbaut.

Das Peristyl (7)

Der spätere Marktplatz von Split ist Zentrum des Palastes. Alles, was sich bereits in den Fassaden ankündigt, findet hier seine übersteigerte Wiederholung und feierliche Ausgestaltung. Der rechteckige Platz – die Fortsetzung des Cardo – ist seitlich von hohen und schweren

Peristyl

Bogenarkaden flankiert, die an dieser Stelle und in dieser Form zum ersten Mal in der Architekturgeschichte Verwendung gefunden haben. Besondere Beachtung verdienen die gut erhaltenen expressionistischen, spätkaiserzeitlichen Kapitelle. An der Südseite, der dem *Vestibül* (9) und den Privatgemächern zugewandten Seite, werden die beiden seitlichen Arkadenreihen durch eine mächtige, von vier Säulen getragenen Giebelarchitektur miteinander verbunden. Unter dem aufgewölbten Architrav bildete sich eine Art Balkon, von dem man entweder hinunter in das Peristyl, in die rückwärtigen Gemächer oder wieder in die Souterrainsäle gelangen konnte – eine barocke Treppenanlage, in deren Mitte der Kaiser selbst erschien. Gewölbter Architrav und Giebel bedeuteten damals den ›Himmel‹, waren also ein deutliches Symbol, das nur dem Kaiser vorbehalten war. Im Peristyl waren alle Raumebenen in einer äußerst gelungenen und ästhetisch sicheren Lösung zusammengefügt, ein Vorbild, das maßgeblich an der späteren architektonischen Synthese der christlichen Basilika beteiligt gewesen ist. Andererseits haben auch hier die Kaiserforen Roms Pate gestanden. Bestechend sind vor allem ausgeprägte Richtungsbezogenheit der Anlage sowie ihre schönen dekorativen und ornamentalen Details. Durch die seitlichen Arkadenreihen blickte man einst auf die beiden Tempelbezirke, die wiederum mit den Privaträumen des Kaisers verbunden waren. Westlich erhebt sich der wuchtige Grabbau, das *Mausoleum* (10), östlich der *Jupitertempel* (11), der damals noch von zwei kleineren Rundtempeln, deren Zuordnung nicht geklärt werden konnte, flankiert war. Erhalten blieben lediglich das Mausoleum (die spätere Kathedrale) und der Jupitertempel, der als *Baptisterium* diente. Sie zählen neben der ganzen Anlage des Palastes, den neuerlich ausgegrabenen *Souterrainräumen* und anderen Teilen zu den am besten erhaltenen Zeugnissen römischer Baukunst. Sie haben sich freilich nur deswegen so gut bewahrt, weil der Palast nach 650 zur Stadt wurde, wo die antike Bausubstanz neuen Funktionen übereignet werden konnte und nicht, wie andernorts üblich, verfallen ist. Die Souterrainräume wurden für den Publikumsverkehr geöffnet, sind gut beleuchtet und dienen neuerdings für Ausstellungen des Stadtmuseums, des Landesamtes für Denkmalspflege und privaten Galerien (Eingang neben dem *Seetor*; 8). Im *Touristbüro* am Peristyl (ehemalige Kapelle *Sv. Rok*) ist ein schönes Modell des antiken Peristyls, des Mausoleums und der anderen Tempel zu sehen.

Mausoleum Diokletians · Kathedrale Sv. Dujmu *(St. Domnius)* **(10)**

Johannes von Ravenna, der erste Bischof von Split, beseitigte um 640 den großen Porphyrsarkophag *Diokletians* aus der Kuppelkrypta und verwandelte den heidnischen Tempel in eine christliche Kultstätte. Mit der Übertragung der Reliquien der *hll. Anastasius* und *Domnius* aus Salona schlug die Geburtsstunde der Diözese Split, die um 950 Zentrum der dalmatinisch-kroatischen Kirche wurde; denn der *hl. Domnius* war ein Schüler des *Ap. Petrus* und somit würdigster Heiliger der jungen dalmatinischen Kirchen.

In den folgenden Jahrhunderten statteten Bischöfe und Bürger von Split ihren Dom mit reichen Kunstschätzen aus. Andererseits war es auch ihr Ziel, den antiken Bau, das Symbol großer und alter Tradition, zu erhalten. Seine architektonische Struktur ist heute noch nahezu unverändert. Eine der schönsten Kathedralen Dalmatiens erhebt sich auf einem breiten Untergeschoß, das mit glatten Steinplatten verkleidet ist. Darüber ragt der achteckige Tempel in die Höhe. Vom Peristyl aus gelangte man über eine Freitreppe hinauf zu dem von vier Säulen getragenen Portikus, dessen Architrav mit dem des umlaufenden Seitenganges verbunden war. Erst dahinter führt ein reich ornamentiertes Portal in den eigentlichen Kuppelbau. Die heute freistehenden Kolonnaden des oktogonalen Umgangs waren einst durch ein schräges Dach mit dem Tempel verknüpft. Darüber erst sind die ebenfalls glatten Hausteinquaderwände zu erkennen. Ob die elegante Kuppel in der Antike frei oder, wie heute, durch ein flaches Dach gedeckt war, ist nicht sicher. Möglicherweise schmückten Götter- und andere Skulpturen – wie auf gleichzeitigen römischen Grabbauten, von denen sich ja dieses Mausoleum ableitet – das ausladende Dachgesims.

Der *Innenraum* ist durch Nischen gegliedert. Vor die mit Marmor verkleidete Ziegelwand stellten römische Baumeister eine kolossale Säulenreihe. Über dem wuchtigen Architrav stehen weitere, niedrigere Säulen, hinter denen sich die eigentliche Kuppelschale abzeichnet. Unter dem oberen, mit herrlichen Kapitellen verkröpften Architrav ist ein *Relieffries* zu erkennen, auf dem Eroten und Götter, aber

Gewölbe des Mausoleums

auch *Diokletian* mit seiner Frau dargestellt sind. Unverkennbar ist die Ähnlichkeit mit vergleichbaren Grabbauten an der Via Appia oder mit dem Pantheon in Rom. Ungewöhnlich scheint die Einbindung eines Grabbaus in einen Palast sowie die ehemalige, von Nischen rhythmisierte Umfassungsmauer des Mausoleums. Obschon unvollendet, sind die ornamentalen Details des Bauwerks sehr üppig, manieristisch und letztlich die letzte Stufe römischer Kunst schlechthin; denn das Ornament hatte sich bereits soweit von seinem Grund gelöst, daß es selbständig werden mußte. Einen Neuanfang machte erst die frühe Romanik, die dem Inneren ein neues Gesicht verliehen hat. Höhepunkt der nachantiken Umgestaltung war allerdings erst das 14. und 15. Jh. Damals erweiterte man die Kirche um den rechteckigen, nüchternen Chor und gab zwei der schönsten spätgotischen Altäre in Auftrag.
Der romanisch-gotische *Campanile* wurde einfach auf die alten Treppen des Tempels gestellt. Über einem Sockelgeschoß erheben sich fünf schlanker werdende, mit Säulen und Blendarkaden gegliederte Etagen, die eine oktogonale Laterne tragen (Aussichtsplattform).

Von künstlerischer Bedeutung sind die den Turmeingang bewachenden romanischen Löwen, die auf ihrem Rücken menschliche Gestalten (wahrscheinlich Stifterfiguren) tragen. Mit der benachbarten ägyptischen Marmorsphinx stellen sie Zeichen der Stärke, das Böse abwehrende Symbole und Sinnbilder dar. Neben dem Kirchturm von Trogir (Nr. 18) ist der Campanile der eindrucksvollste Dalmatiens und die markanteste Erscheinung in der Stadtsilhouette von Split. Stilistisch steht er zwischen seinen nüchternen romanischen Vorgängern (s. Rab; Nr. 12) und den prächtigen gotischen Campanili Mittel- und Norditaliens (Pisa, Lucca).

Die *romanischen Türen* (Eichen- und Nußbaum) zählen zu den herausragendsten Kunstdenkmälern des frühen 13. Jh. in Dalmatien. Sie stammen von Meister *Buvina* und wurden 1214 geweiht. Jeder der Flügel trägt 14 Felder, die durch rankende Ornamentbänder umrahmt werden. Auf 28 Tafeln sind in herrlichen Einzelbildern Szenen aus der Heilsgeschichte dargestellt. Diese Türflügel erinnern an die großen Vorbilder in San Zeno in Verona, die nur einige Jahrzehnte früher gegossen worden sind.

Die *Kanzel* entstand wahrscheinlich im frühen 14. Jh. Von erlesener Schönheit sind insbesondere die sechs aus weißem Carraramarmor gefertigten Kapitelle, die auf achteckigen Säulen ruhen. Mit graziler Leichtigkeit hat der Meister (vielleicht *Mavro*) die skurrilen spätromanischen Tier- und Blattformen in den Stein geschnitzt. Darüber erhebt sich, vom gotischen Kreuzrippengewölbe getragen, die eigentliche Kanzel, die durch schöne Arkadenbögen und feine Doppelsäulen gegliedert ist. Den Sieg des Christentums über die Heiden symbolisiert der stilisierte Adler, der über einem den Drachen besiegenden Löwen sitzt.

Der Baldachinaltar des hl. Domnius (rechts): Über dem spätantiken Sarkophag (Salona) errichtete *Bonino da Milano* im frühen 15. Jh. einen spätgotischen Altaraufbau franko-italienischer Provenienz sowie den von vier Säulen getragenen Baldachinhimmel. Hohe Wimperge krönen die schwungvolle Architektur, die in krassem, aber dennoch interessantem Gegensatz zu den mächtigen und ausladenden römischen Säulen steht. Nirgends in Dalmatien und (selten) in Europa ist dieses gewagte Beieinander von zwei so unterschiedlichen Kunstauffassungen zu sehen. Der Altar steht in der Tradition lombardischer Spätgotik. Über der Altarpredella, auf der Maria mit den vier Heiligen Domnius, Anastasius, Markus und Petrus dargestellt ist, erkennt man die liegende Figur des hl. Domnius, dessen Gebeine nun nicht mehr im unteren, sondern im oberen Sarkophag ruhen.

Das linke Gegenstück ist der 1448 in Auftrag gegebene *Altar des hl. Anastasius.* Der Heilige ist neben dem hl. Domnius Stadtpatron von Split. Auch er war zunächst in der Basilika von Salona bestattet.

Der ebenfalls spätgotische Altaraufbau, vor allem die skulpturalen und ornamentalen Details sind von besserer handwerklicher Qualität. Sie stammen von *Juraj Dalmatinac*, der auch den Dom in Šibenik baute (Nr. 17). Von unschätzbarem Wert ist die Altarpredella mit der Darstellung der ›Geißelung Christi‹.

Der *Hochaltar* aus dem späten 17. Jh. verdient kaum größere Beachtung. Erwähnenswert sind noch die kleinen, in die wuchtige Kassettendecke eingelassenen Bilder von *Matej Pončun (Ponconi)*, die der Maler des barocken Provinzmilieus Dalmatiens um 1640 gestaltet hat.

Zu den schönsten Leistungen dalmatinischer Holzschnittskunst zählt das *Chorgestühl*, in dem sich merkwürdigerweise islamisches und romanisches Formen- und Stilgut vereint. Das ins 13. Jh. zu datierende Werk erinnert an die textile bäuerliche Kunst vergangener Jahrhunderte, die sich in vielfältigen Formen bis heute erhalten hat. Vom Chor aus erreicht man die kleine *Schatzkammer* der Kathedrale, in der zahlreiche wertvolle Handschriften sowie silberne und vergoldete Reliquiare aufbewahrt werden. Die meisten dieser Kunstschätze sind im 13. und 14. Jh. gefertigt worden, in einer Zeit, die trotz zahlreicher kriegerischer Auseinandersetzungen zur höchsten künstlerischen und kulturellen Blüte in Split geführt hat.

Der Jupitertempel (11)

Der Tempel, das spätere *Baptisterium St. Johannes*, steht auf der gegenüberliegenden Seite des Peristyls (7) und ist mit diesem durch eine schmale Gasse verbunden. Dieser rechteckige Podientempel, dessen reiche Fassade sich zum Peristyl wendet, gehört zu den wenigen noch aufrecht stehenden römischen Kultbauten an der Adria. Durch den ›Schutzmantel‹ der vielen romanischen Häuser hat er sich besonders gut erhalten. Beachtenswert sind nicht zuletzt die mächtige Kassettendecke der Halbtonne – Vorbild für die Ursinikapelle in Trogir und die Kathedrale in Šibenik – das weit ausladende Architravgesims sowie das hohe, von manieristischen

Reliefplatte des Taufbeckens

Ornamenten geschmückte Portal. Der Portikus des Antentempels ist leider zerstört, was dem Gesamteindruck des Baptisteriums aber kaum Abbruch tut. Die Reliefplatten des *Taufbeckens* (11. Jh.) waren einst die Altarschranken der Kathedrale. Auf der mittleren Platte – eines der schönsten Werke kroatischer Kunst des 10./11. Jh. – ist wahrscheinlich ein kroatischer König dargestellt, möglicherweise *Branimir.* Vor dem Tempel stehen die Sarkophage der Bischöfe Johannes und Petrus (8./12. Jh.) sowie die ägyptische Marmorsphinx.

Die romanischen Hausburgen

Die Häuser, die sich vor allem im alten Diokletianspalast erhalten haben, zählen zu den ältesten Zeugnissen bürgerlicher und aristokratischer Wohnkultur in Dalmatien. Nachdem der Palast in eine Stadt verwandelt worden war, dienten insbesondere die römischen Ruinen den Bürgern als willkommener Steinbruch. Das, was man in Split selbst nicht finden konnte, holte man sich im zerstörten Salona. Allmählich füllte sich das Territorium Alt-Splits, der bischöflichen ›Civitas‹ (A), und die neuen Häuser rückten enger aneinander. Diese an italienische Hausburgen erinnernden ›Festungen‹ gehören zu den sicherlich ältesten aus Stein errichteten Wohnbauten. Sie entstanden zwischen 900 und 1200, in einer Zeit also, in der man in Trogir, Zadar und Dubrovnik noch weitgehend Holz verwendete. Natürlich schützten die antiken Mauern die Menschen vor feindlichen Übergriffen; dennoch war man in der frühmittelalterlichen Stadt nie wirklich vor den Fehden rivalisierender Familien und Adliger sicher, so daß die eigene Hausburg meist die einzige Zufluchtstätte vor diesen Auseinandersetzungen bildete. Allenthalben erkennt man die in den folgenden Jahrhunderten mehrfach umgestalteten Türme. Über einem breiten Untergeschoß, in das ein oder zwei niedrige Bogenportale führten, erheben sich meist drei Wohngeschosse, die nach außen durch kleine Biforien oder Triforien gekennzeichnet sind. Später hat man diese kleinen Öffnungen durch die größeren spätgotischen Maßwerkfenster ersetzt. Das aufmerksame Auge erkennt noch in nahezu jeder Gasse alte Fensterfragmente in den unverputzten Mauern. Im hohen und späten Mittelalter, als die Stadt neuen Platz erhielt, konnten die Bewohner langsam daran gehen, ihre Häuser zu verbreitern, größere Räume anzufügen und im 1. Geschoß einen Festsaal einzurichten. Im Untergeschoß zogen in schmale Läden und Ateliers Handwerker und Geschäftsleute ein. Der Schmuck dieser romanischen Wohnburgen war äußerst karg. Nur die Reichsten konnten es sich leisten, das eine oder andere Portal und Fenster von Bildhauern gestalten zu lassen. Erst nach 1400/1500 überfluteten gotische, manchmal auch noch romanische Ornamente,

Türschilder, Familienwappen, Dachfriese und kunstvolle Balkone die Domizile der Bürger und Aristokraten. Ihre äußere Bescheidenheit und Gedrungenheit haben sie aber trotz des Reichtums der Besitzer nie verloren.
Die schönsten romanisch-gotischen Häuser stehen in folgenden Gassen: Ul. Th. Arciđakonova *(Urbanistisches Institut)*; Ul. Buvina *(Haus der Mosaiken)*; Ul. J. Nepota *(Haus Marulić)*; Ul. Dioklecijanova Nr. 7; Rodrigina Ul. Nr. 3; Ul. Krešimirova; Ul. Dominisova; Ul. Papalićeva Nr. 5; Ul. Marulićeva.
Der *Papalić-Palast*, das heutige *Stadtmuseum* (12; Ul. Papalićeva 5), ist der schönste und reichste Vertreter aristokratischer Wohnkultur in Split. Auch er ging aus einer älteren romanischen Hausburg hervor, die aber, vor allem seit dem großzügigen Umbau um 1450, kaum noch als solche zu erkennen ist. Im späten 15. Jh. beauftragte man *Juraj Dalmatinac* mit der Neugestaltung des Palastes. Hinter der hohen und schweren Steinfassade verbirgt sich der wohnliche Innenhof, Kennzeichen fast aller Privatpaläste, der durch ein schönes spätgotisches Portal betreten wird. Im Tympanon des Portals ist das Wappen der Familie *Papalić* eingelassen. Über eine Treppe gelangt man in die oberen Säle und Wohngemächer. Durch die großen spätgotischen Maßwerkfenster, die venezianischen Vorbildern nachempfunden sind, wird das karge Licht der schmalen Gassen eingefangen. *Dalmatinac'* Leistung bestand, neben der figuralen und ornamentalen Ausstattung, darin, den vorhandenen begrenzten Raum neu aufzuteilen, um eine Großzügigkeit des Grundrisses wie der Fassadenordnung zu erreichen, die nur selten in dieser Art und Weise verwirklicht werden konnte. Zweifellos war der im Kirchenbau (s. Šibenik; Nr. 17) und in Venedig geschulte Künstler als einer der wenigen imstande, Bauaufgaben dieser Art zu lösen; denn meistens blieb es bei der Umgestaltung einzelner Fenster, Portale und Wappen.

Die neue Bürgerstadt ›Burghus‹ (B)

Rats- (13) und *Rektorenpalast* (14) zählten neben dem Papalić-Palast zu den ausgewogensten Leistungen hiesiger Baukunst. Als der Diokletianspalast im 12. und 13. Jh. zu eng wurde, siedelten sich Bürger und Händler, Tagelöhner und Seefahrer vor der westlichen Stadtmauer an, von der schon seit geraumer Zeit eine schmale Gasse zum älteren Hafen Splits führte. In der neuen Bürgerstadt ›Burghus‹ (B) schufen sich die Menschen einen Lebensraum, der nun nicht mehr der direkten Kontrolle des Bischofs unterlag. Bürger und seit 1350 auch Aristokraten bestimmten das politische Tagesgeschehen, die Neuordnung der Wirtschaft und des Kommunalwesens.
Nachdem die ersten Bürgerkonvente, die zwischen 1250 und 1340 noch in privaten Aristokratenpalästen im Peristyl residiert hatten,

Loggia

kaum mehr ausreichenden Platz und keine ihrem neuen Selbstbewußtsein entsprechenden Repräsentationsbauten besaßen, entschloß man sich kurz nach 1300, im neuen Stadtteil ›Burghus‹ größere Regierungspaläste in Auftrag zu geben. Neben den alten Mittelpunkt von Split trat nun ein modernes, bürgerlich-aristokratisches Stadtzentrum mit all jenen Insignien, die bisher dem Bischof und der Kirche vorbehalten waren. Ähnliche Vorgänge sind auch in Dubrovnik, Trogir und Zadar zu beobachten.
Inmitten des neuen Stadtteils, der durch das ›Eiserne Tor‹ (Porta Ferrea; 2) mit dem Diokletianspalast und über eine breite Gasse mit dem vergrößerten Hafen und der Stadtfestung Sabaka (17) verbunden wurde, erhoben sich bald die prächtigsten Wohn- und Regierungsbauten von Split. Am *Hauptplatz Sv. Lovro* (St. Laurentius, Stadtpatron der Bürger) reihten sich einst *Rektorenpalast, Rats-* und *Arsenalgebäude* in eindrucksvoller Weise aneinander. Sie glichen einem Ausschnitt des venezianischen Canale Grande. Mächtige und reich verzierte Portale, Arkadenlauben, hohe und miteinander durch Balkone verknüpfte Maßwerkfenster, eine *Loggia* und mit allerlei Schmuck und Ornamenten verzierte Treppen und Prachtfassaden prägten die nördliche Seite des Platzes. Heute, nachdem Ratspaläste, Arsenal und Stadtkapelle St. Laurentius leider verfallen sind, kündet nur noch das renovierte ›Fragment‹ des *Rektorenpalastes* von der einstigen Pracht dieser Bauten. In dem spätgotischen Palast, dessen untere Etage einer Loggia nachgebildet ist, befindet sich heute das *Ethnographische Museum* der Stadt mit einer Sammlung kulturge-

schichtlicher Dokumente. Auf der Ostseite des Platzes erkennt man den *Uhrturm* von Split (15. Jh.) sowie die Reste der *mittelalterlichen Loggia* (14./15. Jh.); heute befindet sich eine Apotheke darin. Rechts neben dem Zugang zum Diokletianspalast steht der markante romanische *Cyprianis-Palast* (13. Jh.).

Der auch in Split allerorts zu erkennende *venezianische Einfluß* in Kunst, Kultur und Politik fällt mit jener Zeit intensiven Gestaltens und Bauens zusammen, in der die Serenissima die Rektoren, Beamte und Bischöfe bestimmte und die politische und wirtschaftliche Macht ausübte. Als sie 1358 abtreten mußte, hatte sie die Architektur und die kommunale Struktur der Stadt so tief beeinflußt und mitgezeichnet, daß sich bis zu ihrer Rückkehr nach 1409/1420 kaum mehr etwas daran ändern konnte. Schon im späten 13. und im frühen 14. Jh. hatten die Bürgerräte von Split einen Podestà (Stadtherrn) aus Ancona zu ihrem Oberhaupt gewählt. Dieser brachte ein Gesetzeswerk mit, das die Grundlage der Statuten von Split bildete, die neben dem Rechtsbuch von Dubrovnik zu den ältesten und ausführlichsten Dalmatiens zählten. Darin waren Strafgesetze, Wirtschaftsgebaren, Ordnung der politischen Gremien, Wahl des Stadtherrn (Rektoren) sowie die bauliche und ästhetische Gestalt der Stadt aufs peinlichste geregelt. Der Rektor war durch die Statuten u. a. verpflichtet, Häuser und Paläste auf ihr ordnungsgemäßes und schönes Äußeres zu kontrollieren und die neue Stadtmauer pro Jahr um etliche Meter zu erweitern. Zwischen 1300 und 1400 schloß sich allmählich das Stadtrund von Split, das sich seit dem 15. Jh. kaum mehr merklich verändern konnte. Zwei mächtige Tore, die Torfestung *Sabaka (17)*, und das Nordtor *Pisture (16)* gaben den Zugang zur spätmittelalterlichen Stadt frei. Die alten und großen Tore des Diokletianspalastes waren bis auf notdürftige Durchgänge geschlossen worden. Die antiken Tordurchfahrten dienten schon seit dem 10. Jh. als willkommene Kapellen.

Städtebauliche Veränderungen nach 1500

Als die Venezianer nach 1420 wieder die Regierung übernahmen und vor allem türkische Heere Split im 16. und 17. Jh. von Land und See bedrohten, begannen auch hier Venedigs Ingenieure, die vor den Mauern gelegenen Vorstädte (D, E, F, G) sowie zahlreiche mittelalterliche Klöster und Kirchen abzureißen und auf dem frei gewordenen Territorium teure *Festungsanlagen* und *Bastionen* zu errichten; denn Split lag, frühmittelalterlichen Städtebauprinzipien zum Trotz, nicht auf einer geschützten Halbinsel oder Insel, sondern auf einer offenen und breiten Landzunge. Nach längerem Zögern entschlossen sich die venezianischen Rektoren auf Drängen der Bevölkerung, Split nach den neuesten Erkenntnissen barocker Baumeister zu befestigen. Um den mittelalterlichen Stadtkern (A, B) legten sie einen breiten Festungsgürtel mit sternförmigen Bastionen und Schutzwällen, deren Reste noch überall im Stadtbild zu erkennen sind. Der *Hafen* (C) wurde durch die um das Doppelte vergrößerte *Festung Sabaka* (17), durch die wuchtigen *Forts Gripe* (F) und *Bačvice* (G) abgesichert. Die außerhalb der eigentlichen Mauern liegenden Bastionen (F, G) hatten aber nicht nur den Hafen, sondern auch das weitere Umland Splits zu kontrollieren. Hier hat man die schwersten und größten Kanonen montiert. Split ist in den folgenden Jahrzehnten des 17. und 18. Jh. nie ernstlich bedroht, geschweige denn überrannt worden. Im 18. und 19. Jh. verfielen die Festungen allmählich. Die österreichische Besatzungsmacht hat sie dann endgültig dem Erdboden gleichgemacht. An ihrer Stelle errichteten die neuen Stadtväter die elegante Hafenpromenade *Titova Obala*, vornehme Wohn- und Villenviertel sowie ausgedehnte Parkanlagen. Geblieben ist nur die ›Altstadt‹ mit ihren mittelalterlichen Mauern und Toren.

Porta Ferrea – Sv. Teodor – Uhrturm

Kirchen und Klöster sind in dieser Stadt vergleichsweise selten anzutreffen. Dies hat mehrere Gründe. Zum einen besaß Split seit den Tagen seiner Gründung eine wunderbar erhaltene Kathedrale, und nichts hätte einen Neubau gerechtfertigt; zum anderen boten die antiken Torburgen des Diokletianspalastes, nachdem man sie aus Sicherheitsgründen zugemauert hatte, einen willkommenen Raum für die früh- und hochmittelalterlichen Kapellen, die Bürger und Bischöfe eingerichtet haben und deren Besuch sehr zu empfehlen ist. Nach dem teuren Bau des Campanile im 14. Jh. waren auch die finanziellen Mittel erschöpft. Hinzu kam die allgemeine Platznot, in der sich kein Baugrund für eine neue Bürger- und Votivkirche – wie z. B. in Dubrovnik – fand. Schließlich erforderte auch die sinkende Bevölkerungszahl keinen Neu- oder Erweiterungsbau des Doms. Pest, Kriege und Abwanderung ließen die Anzahl der in Split lebenden Menschen seit 1500/1550 ständig geringer werden. Die Laurentiuskirche ist wie viele Paläste verfallen und später abgerissen worden. Ebenfalls aufgelöst ist das alte Kloster der Benediktinerinnen Sv. Maria di Taurello.

Sv. Teodor (Gospe od Zvonika; 3): Die Kapelle gehört zu den ältesten Zeugnissen christlichen Glaubens in Split; sie wurde im 9. und 10. Jh. im ›Eisernen Tor‹ *(Porta Ferrea)* eingerichtet. Über eine kleine Treppe gelangt man in das 1. Geschoß, einen schmalen, länglichen Raum, der einst die Verbindung der seitlichen Wehrgänge darstellte und in dem sich die Gläubigen zur Messe versammelten. Die frühromanische Einrichtung ist, soweit erhalten, in das *Museum Altkroatischer Kunst* (22) gebracht worden. Über der Kapelle, d. h. über dem römischen Tor, erstellten die Architekten im 10. Jh. den ersten Glockenturm der Stadt. Seine äußerst einfache Architektur steht in krassem Gegensatz zu der technischen und qualitativen Fertigkeit römischer Baukunst.

Sv. Martin (1): Diese Kapelle, im nördlichen Tor, der ›Porta Aurea‹, ist eigentlich auch eine Verlegenheitslösung romanischer Architekten. Sie zeichnet sich aber insbesondere dadurch aus, daß die zierlichen, im altkroatischen Stil gefertigten Chorschranken noch vorhanden sind.

Die *Klöster* litten ebenfalls unter den bereits geschilderten Umständen, so daß Split vergleichsweise arm an romanischen und gotischen Abteien ist. Nachdem sich Benediktiner, Franziskaner und Dominikaner, die zwischen 1200 und 1300 nach Split gekommen waren, aus Platzgründen vor den Stadtmauern des Diokletianspalastes niederlassen mußten, ereilte sie im 16. und 17. Jh. das Schicksal der Vertreibung; ihren Raum benötigten die venezianischen Festungsbaumeister. Anders als in Dubrovnik oder Zadar ist es in Split nie recht gelungen, die Klöster in das Hoheitgebiet der Stadt zu integrieren bzw. sie umzusiedeln (vgl. Dubrovnik; Nr. 26). Die heutigen Klöster sind entweder unter Einbeziehung älterer Teile wiederhergestellt oder im 18. und 19. Jh. ganz neugebaut worden. Vor der ›Porta Aurea‹ (1) liegen noch die Ruinen des alten *Benediktinerklosters*; daneben erhebt sich die mächtige *Bronzestatue* des kroatischen Kirchenfürsten *Grigur Ninski* (von *I. Meštrović*), der im frühen Mittelalter vergeblich versuchte, die kroatische (altkirchenslawische) Sprache einzuführen. Das *Dominikanerkloster* steht heute vor der ›Porta Argenta‹ (2) und ist eine neobarocke Schöpfung des 18. und 19. Jh. Am besten erhalten hat sich das *Franziskanerkloster* (15) aus dem 14. Jh. am westlichen Ende der Hafenpromenade (Ul. Saveznička), dessen bescheidenen Kirche, vor allem aber der gotische Kreuzgang einen guten Eindruck von der Schlichtheit damaliger Klosterbaukunst vermittelt. Weiterhin sei zum Besuch folgender Kunstdenkmäler und Sehenswürdigkeiten geraten:

Mittelalterlicher Wehrturm und ehem. Venezianerkastell *Sabaka* (Hrvoje Kula; 17). Davor befindet sich der alte Marktplatz mit dem schönen barocken *Stadtpalast Milesi* (heute Marinemuseum) und der Statue des kroatischen Dichters und Philosophen *Marko Marulić* von *Ivan Meštrović; Karepić-Palast* neben dem Rathaus (18; um 1600); *Cindro-Palast*, Ul. Krešimirova (19; um 1650); *Agubio-Palast*, Dioklecijanova-Ul. (20; 16. Jh.). Zu den ältesten Aristokratenpalästen in Split gehört der *Grisogono-Palast*, den man im hohen Mittelalter in die antiken Arkaden des Peristyls eingebaut hat (h. Stadtcafé ›Luxor‹).

Im *Stadtteil Varoš* (E) liegt der Ausflugsberg von Split, der *Marijan* (170 m). Auf dem Weg dorthin können ein kleiner *Zoo*, die *Naturwissenschaftliche Sammlung* und die Kapelle *Sv. Mikula* besucht werden. Nördlich des Stadtberges (Ul. Frankopanska 13) befindet sich das *Archäologische Museum* (23) von Split, in dem vor allem die Funde aus der antiken Stadt Salona zusammengetragen wurden.
Im *Stadtteil Sustjepan* (D) liegt in unmittelbarer Nähe des Jachthafens und einer Badeanstalt die Villa von *Ivan Meštrović* (1883–1962), dem sicherlich bekanntesten Bildhauer Jugoslawiens im 20 Jh. Heute ist hier das *Meštrović-Museum* (21) untergebracht (Moše-Pijade-Allee); im selben Stadtviertel wurde vor kurzem das neue *Museum Altkroatischer Kunst* (22) eröffnet (Ognjena Ulica).

Von Split gibt es stündliche Busverbindungen nach Rijeka und Dubrovnik. Der Flughafen von Kaštela verbindet Split mit allen großen Städten Europas. Vom Hafen fahren täglich Fährschiffe zu allen größeren Hafenstädten Dalmatiens und nach Italien. Am Bahnhof und an der Hafenpromenade (Titova Obala) finden sich alle wichtigen Reiseagenturen und Banken.

Salona **Nr. 19**

Nördlich von Split, neben der Hauptstraße nach Trogir, erkennt man die Ruinen des antiken Salona, einst *Hauptstadt der römischen Provinz Dalmatien.* Heute liegt dieses Ruinenfeld zwischen Fabriken und Lagerhallen. Den größten

Sarkophag aus Salona

Aufschwung nahm Salona während der Regierung *Ks. Diokletians.* Um die Mitte des 5. Jh. wurde die Stadt von Hunnen und Goten geplündert und 614 von Awaren und Slawen zerstört. Die Bevölkerung flüchtete nach Split, Trogir und auf die nahen Inseln. In frühchristlicher Zeit war Salona ein bedeutendes Zentrum der jungen Kirche. Reste der *Basiliken* sind in unmittelbarer Nähe der Straße zu erkennen (*Museumsbau*); kunstgeschichtlich stehen sie der Basilika von Poreč (Nr. 3) nahe.
Bei einem Spaziergang durch das Ruinengelände stößt man überall auf Fundamente antiker *Villen* und *Bäder*, auf schmale *Straßen* und Reste der *Stadtmauern.* In der Nähe der alten Straße, die Split mit Trogir verbindet, ragen das römische *Theater* und die ovale *Arena* aus den sie umgebenden Wiesen und Weingärten
Einen wirklichen Eindruck des alten Salona bekommt man aber erst im *Archäologischen Museum* (23) von Split, in dem alles zusammengetragen wurde, was die Ausgrabungen der vergangenen Jahrzehnte zutage brachten.

Kaštela

Nr. 19

Zwischen Trogir und Split erstreckte sich einer der schönsten Küstenabschnitte Mitteldalmatiens: die *Riviera der* 7 Kastelle; heute ist sie leider wie Salona durch Industrieanlagen verunstaltet. Trotzdem lohnt sich ein Besuch; denn hier trifft man auf eine der interessantesten architektonischen Erscheinungen Dalmatiens. Die ›7 Kastelle‹ verdanken ihre Entstehung der Stadtflucht reicher Patrizier einerseits und der Türkenkriege andererseits. Im 15. und 16. Jh. errichteten wohlhabende Adlige in der Abgeschiedenheit dieses Naturparadieses kleinere Paläste, Kapellen und Anlegestellen. Die Kriege des 17. Jh. zwangen die Eigentümer, die Paläste entweder zu befestigen oder ans Meer zu verlegen. Eines der interessantesten ist das *Kastell Gomilica.*

Klis

Nr. 19

Nördlich von Split, Richtung Sinj, steigt die Straße zum *Paß Klis* an. An der höchsten Stelle liegen die Ruinen der *Feste Klis.* War Split Sitz der romanischen Stadtbevölkerung, so diente Klis den kroatischen Fürstengeschlechtern als Residenz und Burg. 1537 wurde Klis von türkischen Soldaten eingenommen. Bis 1648 stellte es eine der bedeutendsten Schlüsselpositionen der Osmanen dar; dann stürmten venezianische Heere die Festung, zerstörten das Minarett und andere türkische Bauten. Italienische Festungsarchitekten verhinderten, daß Klis wieder zurückerobert werden konnte.

Sinj **Nr. 19**

Wer Zeit hat, sollte von Klis aus weiter nach Sinj fahren. Nach 35 km erreicht man die ländliche Gemeinde, die typisch für das dalmatinische Bergland ist. Hier zeigt sich der große Unterschied zwischen den reichen Küstenstädten und dem armen Hinterland. Im Gedenken an den Sieg über die Türken 1715 feiern die Bürger im August die *Sinjska Alka*, ein mittelalterliches *Reiterspiel*, das gleichermaßen Attraktion für Touristen wie für Einheimische ist. Vor der Rückreise sollte man einen Blick in das einfache *Heimatmuseum* werfen und in eine der gemütlichen Landgaststätten einkehren.

20 Brač

Brač ist die größte der mitteldalmatinischen Inseln und zeichnet sich vor allem dadurch aus, daß es hier keine größeren Städte gibt. Noch heute wird die Insel durch große Föhren- und Pinienwälder charakterisiert, doch zählt auch der Weinbau, neben dem traditionellen Fischfang, zum einträglichen Geschäft der Bewohner, wenngleich gerade in jüngster Zeit eine Versteppung der alten und mühevoll terrassierten Weinberge zu beobachten ist. Hinter den zahllosen herrlich ruhigen Sand- und Kiesstränden steigen sanfte Hügel, die von schönen Tälern durchzogen werden, bis zu dem Höhenzug *Vidova Gora* (778 m) auf, der den ganzen Archipel durchquert. Wie so viele der dalmatinischen Inseln, ist auch Brač arm an natürlichen Wasserläufen und Quellen, da das seltene Regenwasser sofort im karstigen Untergrund (Grotten) versickert. Die größten Ortschaften der Insel sind *Pučišća*, *Postira* und *Supetar* im Norden sowie *Bol* und *Milna* an der Südküste (Schiffsverbindungen täglich von Split).
Hauptort von Brač ist *Supetar*, das heute von Kleinindustrie, Fischfang und neuerlich auch Tourismus lebt. Die Nähe zum mitteldalmatinischen Zentrum *Split* (40 Min. Schiffsreise) macht diesen Ort zu einem idealen Ferienplatz. Die monumentale *Pfarrkirche* und die *Treppenanlage* sind im 18. Jh. in Auftrag gegeben worden (Portale 1738). In der eher bescheidenen Hallenkirche sind das Barockgemälde von *F. Tironi* und eine Altarpala venezianischer Herkunft zu erwähnen. Der *Stadtbrunnen* stammt aus dem 18. Jh. Sehenswert ist auch der schöne alte *Friedhof* dieser Stadt, den ein bizarres *Marmormausoleum* der Familie *Petrinović* schmückt. *Toma Rosandić* entwarf das an Jugendstilformen erinnernde Grabmonument 1927. Die Umgebung von Supetar war schon seit dem Mittelalter ein überaus beliebter Ferien- und Wochenendsitz der reichen Bürger von Split.
Über *Postira*, einem malerischen Fischerort (Badestrände), gelangt man auf einer älteren Straße nach *Pučišća*. Am Ende einer tief ins Innere der Insel hineinreichenden Bucht versteckt sich die ›Stadt der 13 Kastelle‹, von welchen sich aber nur eines erhalten hat.
Die meisten der seit 1467 erwähnten Burgen sind entweder zerstört worden oder in jüngeren Wohnbauten aufgegangen. In der barocken Pfarrkirche hängt ein *Holzrelief*, das den ›Hl. Hieronymus‹ darstellt. Es stammt von dem auch in Hvar tätigen Holzschnitzer *Franjo Čiočić* (1578). Das *Altarbild* malte *Palma d. J.* (›St. Rochus‹). Neben der nahezu paradiesischen Ruhe dieses Fischerdorfes sind vor allem die bekannten *Stein- und Marmorbrüche* in der

Nähe von Pučišća zu nennen; auch an anderen Stellen auf Brač wird jener schöne weiße Marmor gebrochen, der im ganzen Mittelmeerraum Verwendung findet, vor allem aber in Venedig. Hier erlernen junge Bildhauer und Steinmetze noch immer die hohe Kunst, den Marmor für Gebäude und Skulpturen fachgerecht zu bearbeiten, indem sie Stile vergangener Epochen kopieren oder Neues schaffen.
Der schönste Ort auf Brač ist *Bol*. Eine der wenigen Quellen des Archipels versorgt seit altersher die Stadt, in deren Umgebung blühende und ertragreiche Weinkulturen den Unterhalt der Bevölkerung garantieren (große Kellereien). Saubere Strände und artenreiche Fischgründe sind schon seit längerer Zeit ein ›gehütetes Geheimnis‹ unter Sportfischern und Feriengästen. Die beiden nüchternen Kirchen *Sv. Ante* und *Gospa od Karmena* (Maria) werden ins späte 18. Jh. datiert und zeigen dem Besucher sehr deutlich die schlichte und auf das Wichtigste beschränkte Baukunst dieser Inseln, die seit jeher vorwiegend von armen Bauern und Fischern, selten von reichen Adligen und Klostergemeinschaften bewohnt waren. Sehenswert ist das um 1470 erbaute *Kloster der Dominikaner* im östlichen Teil von Bol. Das Altargemälde der im 17. Jh. erweiterten Kirche soll aus der Schule *Tintorettos* kommen, ebenso die im selben Zeitstil bemalte Decke.

Vis **Nr. 20**

Etwa zwei Stunden fährt die Autofähre von Split zu dieser westlichsten Insel Mitteldalmatiens. Vom offenen Meer umgeben, war sie schon in der Antike Ziel illyrischer Könige und griechischer Siedler. Von hier aus konnte ganz Mitteldalmatien überwacht werden. Dies wußte auch der berüchtigte Tyrann *Dionysius aus Syrakus*, der zu Beginn des 4. Jh. v. Chr. eine griechische Kolonie auf Vis gründete, die später eigenständiger Stadtstaat (Polis) wurde. Von diesem staatlich-wirtschaftlichen Zentrum schickten die Bürger wiederum Kolonisten aus, die an der dalmatinischen Küste neue Städte gründeten (Trogir, Split, Stobreč und Lumbarda auf Korčula). Damit stieg Vis neben Epidaurum (Cavtat) zur bedeutendsten Stadt der hellenischen Epoche in Dalmatien auf. Es war der ›Nucleus‹ einer kulturellen Bewegung, die bald darauf ganz Dalmatien erfaßte. Während der römischen Herrschaft verlor die Insel ihre ehemalige Bedeutung, die sie bis heute nicht mehr erlangen konnte. Im Mittelalter zerstörten Piraten, slawische Fürsten und Venezianer die antike Stadt. Während des 2. Weltkriegs stand Vis ein letztes Mal im Blickpunkt der Öffentlichkeit: In der geschützten Grotte *Titova Špilja* versammelten sich Generäle und Offiziere um Tito, um von hier den jugoslawischen Widerstand zu organisieren (Militärstützpunkt und Hauptquartier der Partisanen).
Vis ist der Hauptort der von Kalksteinrücken und fruchtbaren Talsenken charakterisierten Insel, wo Bauern und Fischer hauptsächlich vom Wein- und Gemüseanbau sowie vom Fischfang leben. Am Nordwestrand der Bucht von Vis-Stadt liegt der Weiler *Gradina*, in dessen Umgebung die Reste der antiken Stadt *Issa* zu sehen sind: Stadtmauern, Thermen, Römisches Theater auf der *Insel Pirovo* (heute Franziskanerkloster, 16. Jh.). Das heutige Vis entstand allerdings erst im 17. Jh. durch die Zusammenlegung zweier Dörfer (Festungstürme). Zu den auffälligen Denkmälern dieser Stadt gehören der schöne Aristokratenpalast *Gariboldi* (1520), die Sommerresidenz des kroatischen Dichters *Marin Gazarović* (17. Jh.) und das *Haus Baterie*, in dem das *Museum der Revolution* und eine *archäologische Sammlung* untergebracht sind. Die Marienkirche in *Luka* beherbergt ein schönes Gemälde von *Girolamo da Santacroce*, ›Madonna mit Heiligen‹ (1500). Ruinen mehrerer Bastionen und Festungen in der Umgebung von Vis sind Zeugen schwerer Kämpfe in den letzten großen Kriegen (Fort Wellington, Fort Bentinck und Robertson).

Komiža liegt an der westlichen Seite der Insel und ist durch eine Straße mit Vis verbunden. Besuchenswert ist diese malerische Stadt nicht nur wegen ihrer beiden schönen Klöster (*St. Nikolaus*, 13. Jh., und die *Abtei der Benediktiner*, 1645), sondern insbesondere deswegen, weil man vom Hafen (Kastell, 1585) zur kleinen *Insel Biševo* gelangt. Dort befindet sich die sicherlich schönste Grotte der Adria, die sog. *Blaue Grotte*. Sie gleicht jener berühmten von Capri und ist erst 1884 entdeckt worden. Durch einen schmalen Eingang (1,5 m) gleiten die niedrigen Boote langsam durch einen dunklen Gang, bis sie die Grotte erreichen, die durch ein unterirdisches Tor beleuchtet wird und in tausend Farben erstrahlt (Gruppenausflüge von Split und Hvar).

21 Hvar

Das ›menschliche Maß‹ der dalmatinischen Kultur, ihrer Architektur, Skulptur und Malerei, ihre Bescheidenheit und ihre Schönheit werden besonders anschaulich in den kleinen Inselstädten. Vom milden Klima begünstigt, sind auf sicheren Hügeln und in versteckten Buchten Städte gewachsen, die mehr noch als die des Festlandes, Urbilder mediterraner Städte geblieben sind. Dem ländlichen Charakter der dalmatinischen Inselstädte haben an Italien orientierte Baumeister festliche Gewänder übergestreift. Die einfachen mittelalterlichen Häuser und Kirchen erhielten neue Fassaden im Stil der Renaissance und des Barock, ohne freilich ihre provinzielle Herkunft verbergen zu können. Um die frühgotischen Stadtkerne legten experimentierfreudige Architekten neue, auf dem Reißbrett entworfene Stadtteile, die aufgrund des wirtschaftlichen und politischen Niedergangs im 16. und 17. Jh. meist leer blieben und in denen sich die bäuerliche Baukunst breit machte, ohne auf die kühnen und ehrgeizigen Pläne der italienischen Baumeister Rücksicht zu nehmen. Nur vereinzelt gelang einheimischen wie venezianischen Bürgern und Aristokraten eine wirklich eigenständige und monumentale Architektur. Meistens beschränkte man sich auf die Umgestaltung einzelner Fassaden, den Einbau neuer – venezianischer – Maßwerkfenster, größerer Barockbalkone und Portale sowie der teureren Inneneinrichtung. Finanzielle Not, Kriege und Pest machten den Ambitionen der in Italien und in Venedig erzogenen Oberschicht ein jähes Ende. Es dauerte meist Jahrzehnte, bis ein Bauwerk endlich vollendet werden konnte, und so waren auch hier Überschneidungen von Stilelementen der Gotik, der Renaissance und des Barock Folge dieser historischen Entwicklung.

Die Stadt *Hvar*, aber auch *Korčula* (Nr. 22) und *Rab* (Nr. 12) sind die schönsten Beispiele der insularen Kunst und Kultur in Dalmatien. Mittelpunkt dieser Städte ist noch heute das weite *Hafenrund*, so auch in Hvar. Hier stehen die bedeutendsten und schönsten Bauten der Stadt; hier versammeln sich Einheimische und Gäste zum abendlichen Spaziergang und zum Essen in den zahlreichen vornehmen Hotels und einfachen Fischertavernen. Tagtäglich spielt sich das An- und Ablegemanöver der großen Schiffe ab, die die entlegenen Inseln mit der Küste verbinden.

Schon in der Antike war Hvar ein wichtiger *Schiffahrtsknotenpunkt* der Adria und auch ein *Zentrum griechischer Kolonisten*, die sich um 380 v. Chr. hier niederließen. Ebenso alt ist *Stari Grad* (›Pharos‹) an der Nordküste von Hvar. Sicherlich waren diese Städte noch überwiegend aus Holz errichtet; denn auch Hvar besaß ausgedehnte Wälder. Raubbau und die anschließende Verkarstung veränderten seit dem Mittelalter das äußere Bild auch dieser Insel. Illyrische Fürsten und hellenische Städter gingen seit 219 v. Chr. im modernen römischen Staatswesen auf. Während der römischen Antike verlor Hvar zeitweise seine Bedeutung; denn im nahen Salona und Split lag das eigentliche Zentrum Dalmatiens, indes Hvar weiterhin beliebter Sommer- und

Feriensitz römischer Patrizier und Veteranen blieb. Nachdem sich die frühmittelalterliche Kommune allmählich entlang des Hausberges *Sv. Nikola* ausgebreitet hatte, begannen romanische wie slawische Bürger ihre Stadt zu befestigen. Obwohl ungarisch-kroatische Könige Sicherheit und Autonomie Hvars garantierten, bemächtigten sich Piraten aus Omiš der Stadt. Mangelndes Vertrauen der Schutzherren veranlaßte daher die Bürger, sich an Venedig zu wenden, die 1278 einen Flottenverband nach Hvar schickten. Schon 1145 hatte Venedig versucht, Hvar zu besetzen, mußte die Stadt aber an den damaligen Eigentümer Byzanz abtreten. Ein letztes Mal gelang es den Ungarn und Kroaten zwischen 1358 und 1420, ihre Flagge über der großen Stadtfestung zu hissen. Seit 1420 war die Serenissima im uneingeschränkten Besitz der Insel; Hvar selbst diente als eine der wichtigsten Flottenstützpunkte der Serenissima.
Daran konnten auch vehemente Bauernaufstände nichts ändern, die im frühen 16. Jh. den sozialen Frieden in Hvar mehrmals gefährdeten. Abgesehen von einigen Piratenüberfällen und der bedrohlichen Nähe türkischer Heere und Flotten im 16. und 17. Jh., stand diese Epoche im Zeichen einer überschwenglichen kulturellen Blüte, der Hvar seine schönsten Kunst- und Baudenkmäler verdankt, aber auch einige Zeugnisse literarischer und philosophischer Art. Die weitere Geschichte Hvars gleicht im großen und ganzen der Dalmatiens.

Hvar liegt am Südrand der Insel und ist durch die Ausläufer eines breiten Höhenrückens geschützt, der sich über den ganzen Archipel erstreckt und die Winterstürme von der Stadt fernhält. Die unbewohnte Inselgruppe *Pakleni Otoci* schützt die Hafeneinfahrt vor der Brandung des offenen Meeres. Zu beiden Seiten der runden Hafenbucht, an deren Ende die Stadt Hvar liegt, erkennt man neue Stadtviertel, moderne Hotels, ruhige Strände und schattige Palmenpromenaden. Aufgrund des milden Klimas lassen sich auch während der Winterzeit zahlreiche Gäste hier nieder. Messen, Konzerte und Tagungen machen Hvar zu einem beliebten Treffpunkt der jugoslawischen Adriaküste.
Die heutige Stadtanlage wuchs seit 1200 allmählich die Anhöhe *Sv. Nikola* hinauf, wobei eine im 13. Jh. errichtete Bergfestung und zwei kleinere Hafenburgen – neben der heutigen Loggia – die Zugänge zur Stadt sicherten. Bürgerräte, Stadtherren und das Gericht tagten in der *unteren Stadtburg*, die während der späteren Jahrhunderte mehrmals umgebaut wurde und den Charakter einer Bastion verlor. An ihrer Stelle ist nun das neue *Hotel Palace* zu sehen. Erhalten blieb hingegen der niedrige *Uhrturm*. Das Symbol bürgerlicher Ordnung, in dessen Mitte eine Uhr eingelassen ist, gestalteten seit 1466 venezianische Architekten. Der Balustradenbalkon und die Rustikaquaderstein-Fassade sind im 16. Jh. hinzugefügt worden. Spanische Soldaten, die mit Venedig gegen die Türken kämpften (Seeschlacht bei Lepanto, 1571), verstärkten die *obere Burgfestung* im 16. Jh., weswegen sie später *Fort Španjol* genannt wurde.
Hierhin zogen sich die venezianischen Rektoren und Stadtherren zurück, wenn Bauern- und Bürgeraufstände zu erwarten waren.

Stadt Hvar

Sonst aber residierten sie in verschiedenen Palästen und im eigentlichen Rektorenpalast neben der Loggia. Als Kriegs- und Festungsstrategen im 17. Jh. dazu übergingen, Hvar nicht mehr durch Mauern und Festungen, sondern durch große, im Umland verteilte Bastionen zu schützen, begann der allmähliche Verfall der Stadtmauern, deren Reste sich zum Fort Španjol hinaufziehen, das während der napoleonischen Epoche noch einmal umgebaut und verstärkt wurde. Um auch den Hafen wirksam zu sichern, errichteten Franzosen und Österreicher im 19. Jh. die *Festung Baterija* vor der Hafeneinfahrt und das *Fort* auf der *Insel Galesnik* (Tanzlokal).

Prunkstück weltlicher Baukunst in Hvar ist die *Loggia*, die zu den schönsten Renaissance-Kunstdenkmälern in Jugoslawien zählt. Sie stammt von der renommierten italienischen Architektenfamilie *Sanmichele*. Zwischen 1440 und 1450 weilte *Gian* (oder *Micheli*) *Sanmichele* in Hvar und errichtete den feingliedrigen Bau. Sieben elegante Arkadenbögen sind in die Rustikawand eingelassen. Die acht Marmorsäulen geben der niedrigen Fassade einen festlichen Charakter. Über dem verkröpften Architravgesims erkennt man den Balustradenbalkon, der 8 spitze Obelisken trägt.

Zeugnis aristokratischer Wohnkultur gibt noch der verfallene *Palast Hektorović*, dessen von schwungvollen Maßwerkfenstern gegliederte Steinfassade aus dem Häusermeer der Altstadt hervorragt. Die von venezianischen Vorbildern in vereinfachter Weise abgeleiteten Kunstformen stammen aus dem späten 15. Jh., in dem nicht nur die vornehmen Palais, sondern ebenso die meisten der eher schmucklosen Wohnhäuser errichtet wurden. Zu den monumentalsten Bauwerken in Hvar gehört das *Arsenal*, das die städtebauliche Verbindung des Hafens mit dem Hauptplatz, *Titov Trg*, darstellt. Im großen, von einer breiten Arkade überwölbten Hafengeschoß schützte man die Staatsgaleeren, baute neue und reparierte die beschädigten. Auch dieses Werk ist venezianischer Abkunft (1579–1611) und ersetzte den 1331 erwähnten Vorgänger.

1612 erweiterte man das Arsenal durch den *Fontik*, das städtische *Lagerhaus*, in dem sich heute das *Stadtarchiv* befindet. Im selben Jahr verfügte der Rektor den Bau eines *Theaters*, das oberhalb des Fontik (neben dem Arsenal) zur Ausführung kam. Es ist einer der ältesten Theatersäle in Europa und zeugt von der tiefverwurzelten Kultur der romanischen (venezianischen), vor allem aber der slawischen Dichter, Poeten und Komponisten, die sich im 17. und 18. Jh. in Hvar eingefunden haben. Hier war man vor türkischen Überfällen sicherer als drüben an der Küste, wo viele Städte vom Osmanischen Reich bedroht waren. Die farbige Ausstattung des Theaters, in dem heute noch Veranstaltungen stattfinden, stammt aus dem frühen 19. Jh.

Am Ende des rechteckigen Stadtplatzes erhebt sich die stattliche Kathedrale Hvars. Rechterhand steigen die Gassen zum jüngeren Stadtteil *Burghus* auf. Hier wohnten im Gegensatz zur eigentlichen Altstadt (Stari Grad) einfache Bürger, Handwerker und Fischer. Verblüffend ist noch immer die kleinbürgerliche Ordnung und Sauberkeit der Inselbewohner, die ihre Gassen als wohlgefälliges ›Wohnzimmer‹ benutzen; denn in den schmalen und dunklen Häusern gab es nie ausreichend Platz, Luft und Licht. Diese fand man eher unten am Stadtplatz, wo die Frauen im großen Brunnen Wasser holten, ihre Wäsche wuschen und sich zum täglichen ›Tratsch‹ einfanden. Unterbrochen wurde dieses Treiben nur an den kirchlichen Festtagen, wenn der Bischof über den Platz zog.

Die *Kathedrale Sv. Stefan* errichteten einheimische Baumeister im 14. Jh. an Stelle einer älteren Benediktinerabtei. Die heutige Fassung der Kirche ist eine Verbindung von Renaissance und Barock. Dalmatinische (Korčula) und italienische Baumeister gestalteten seit 1550 den neuen Dom, der auf venezianische Vorbilder wie auf den Dom von Šibenik (Nr. 17) zurückgeht. Charakteristisch ist der schwere Giebel, der aus einem Bogen und zwei Halbbögen aufgebaut ist. Seine strenge Ordnung wird durch die im Architrav miteinander verkröpften Pilaster betont, die wiederum auf hohen Postamenten ruhen. Der Innenraum ist uneinheitlich gefügt und ohne größere Bedeutung. Das flache Spiegelgewölbe baute man erst im 17. Jh. ein. Auf den barocken Altären (Steinintarsien) erkennt man die Gemälde ›Madonna mit Heiligen‹ von *D. Uberti* (1692), ›Madonna mit dem

Kreuzgang und Campanile des Franziskanerklosters

Kind‹ (Pisaner Schule um 1260) und die ›Muttergottes mit Heiligen‹ von *Palma d.J.* aus Venedig (1626). Das dunkle, spätgotische Chorgestühl erneuerten ortsansässige Schreiner 1572. In der kleinen *Schatzkammer des Domes* sind sehr schöne vergoldete Bischofsstäbe (um 1500) ausgestellt, die mit den anderen liturgischen Geräten die ausgereifte Kunst dalmatinischer Goldschmiede verdeutlichen; sie übertrafen des öfteren ihre venezianischen Vorbilder.

Das Stadtbild beherrscht der schlanke *Campanile*, der gleichsam die ›kirchliche Konkurrenz‹ zum weltlichen Gegenspieler, dem *Uhrturm*, darstellt. Wie so oft in der Kunstgeschichte Hvars, diente ein Denkmal der dalmatinischen Küste als Vorbild für die Bürger Hvars, die damit ihrem politischen und künstlerischen Anspruch, mit Dubrovnik, Split oder Zadar gleichzuziehen, Ausdruck verleihen wollten. In diesem Falle diente der mächtige Domturm im nahen Split als Muster. Unwichtig war dabei, daß man um 1574 noch einen romanischen Turm kopierte.

Unweit des Domes (südlich des Stadtplatzes) ragt auf einem kleinen Hügel die *Kirche der Augustiner* empor. Sie diente seit dem frühen 15. Jh. als Grablege vieler Bürger Hvars und zeichnet sich durch keine wesentlichen Stilqualitäten aus. Schöner war die *Abtei der Dominikaner*, von der leider nur einige Mauern (Apsis) übrig geblieben sind. Mahnmal sinnloser Zerstörungen ist der schlanke und zierliche *Campanile* dieses Klosters an der Westseite des Hafenbeckens. Seine achteckige und feingliedrige Pyramidenlaterne ist ein gelungenes Werk der dalmatinischen Hochrenaissance, wenngleich auch hier die unteren Geschoße romanischen Charakter haben.

Wie so oft in Dalmatien, verdankt auch Hvar den *Franziskanern* ein künstlerisches Kleinod. Auf einer Landzunge am südöstlichen Hafenbecken steht das große *Franziskanerkloster*. Es wurde 1461 gegründet und schon 3 Jahre später vollendet. Ihr heutiges Gesicht erhielt die Abtei im großen und ganzen erst nach 1570, nachdem sie während der Türkenüberfälle gebrandtschatzt worden war. Der durch schwere Rundbögen und stilisierte Renaissance-Kapitelle gekennzeichnete Kreuzgang von 1489 schließt sich an die jüngere Kirche ›Zur Unbefleckten Empfängnis‹ an; sie stifteten reiche Adlige und Bürger Hvars 1461. Dem Campanile des Domes gleicht der der Franziskaner, den Architekten aus Korčula um 1505 geschaffen haben. Im Bogenfeld der Kirchenfassade erkennt man ein Relief ›Madonna mit dem Jesuskind‹, das ein Werk *Niccolò Fiorentinos (Nikola Firentinać)* sein soll, der um 1460 auch die Kathedrale von Šibenik (Nr. 17) und die Ursini-Kapelle in Trogir (Nr. 18) gestaltet hat. In der von einer Spitztonne überwölbten Kirche hängen drei Bilder von *Francesco da Santacroce*, eines auf dem Hauptaltar (1583), die anderen unter dem jüngeren Orgelchor. Die weiteren Gemälde kommen ebenfalls aus Italien und verdeutlichen den großen Einfluß, den die damaligen Meister auf die kleinen dalmatinischen Städte ausübten. Das geschnitzte Renaissance-Chorgestühl (um 1583) stammt von *Franjo Čiočić* und *Antun Špija*. Als letztes sei zum Besuch des ehrwürdigen *Refektoriums* geraten, in dem sich u. a. eine der größten *Fresken* in Dalmatien befindet: Das ›Abendmahl‹ von *Matteo Ingoli* aus Ravenna erinnert an das Mailänder Vorbild *Leonardos*.

Stari Grad **Nr. 21**

Am Ende der nach der Stadt Hvar benannten Bucht und in der Nähe der Talsenke *Velo polje* liegt die alte griechische Gründung *Pharos*, die sich seit dem Mittelalter *Stari Grad* (= ›Alte Stadt‹) nannte und bis vor kurzem der größte Ort Hvars war. Die schöne *Johannes-Kirche (Sv. Ivan)* erhebt sich über den Grundmauern einer altchristlichen Basilika. Neben der romanischen Basilika (12. Jh.) entdeckte man jüngst die Fundamente eines noch älteren *Baptisteriums*, was wahrscheinlich darauf hindeutet, daß der Bischofssitz Stari Grads älter ist als der Hvars. Erst im späten 13. Jh. wurde das kirchliche Zentrum der Insel nach Hvar verlegt, wodurch Stari Grad seine ursprüngliche Bedeutung verlor und nur noch einfacher Fischerort, vor allem aber Sitz zahlreicher Adliger, Philosophen und Schriftsteller wurde, die hier ihre prächtigen Villen und Sommerresidenzen bauen ließen. Im Ostteil der Stadt stehen die Paläste *Bučić-Machiedo* (17. Jh.), *Politeo* (17. Jh.) und *Gelineo-Bervaldi* (16.– 18. Jh.). Im *Bijankini-Palast* ist eine kleine Gemälde- und ethnographische Sammlung untergebracht. Unweit davon erkennt man die einfache *Hieronymus-Kapelle* (16. Jh.).

In der Stadt selbst wären noch die *barocke Pfarrkirche* (1745), ihr 1753 errichteter *Campanile*, der im unteren Teil aus Steinen der griechischen Stadtmauern (Schiffsrelief) gefügt ist, und das befestigte *Palais* des Dichters *Petar Hektorović* (1520) zu erwähnen. Von dem 1482 gegründeten *Dominikanerkloster*, das 1571 zerstört wurde, ist kaum Beachtenswertes übrig geblieben. Im 17. und 18. Jh. hat man es wiederaufgebaut und einen neuen Schutzturm hinzugefügt.

Östlich der sehr fruchtbaren Talsenke *Velo polje* bietet der kleine *Fischerort Jelsa* Erholungssuchenden ideale Möglichkeiten.
So überlaufen wie Hvar und Stari Grad war Jelsa nie; denn die Neustadt entstand erst im 19. Jh., als man die umliegenden Sümpfe endlich trockenlegen konnte. Die Altstadt, deren Kirchen und Häuser im 15. und 16. Jh. errichtet worden sind, birgt zwei sehenswerte Kunstdenkmäler: Die *Pfarrkirche*, die ihre Gestalt im 16. Jh. erhielt, zeichnet sich besonders durch ihre festungsartige Apsis aus; um den ›barocken‹ *Stadtplatz*, in dessen Mitte sich die kleine Johanneskirche erhebt (16.–17. Jh.) wohnten die reichen Bürger und Patrizier von Jelsa.
Östlich der Stadt künden Ruinen eines griechischen Burgturms (3. Jh. v. Chr.), der aus schweren Steinblöcken besteht, von der langen Siedlungstradition auf Hvar (Autofähren von *Split* nach Hvar und Stari Grad).

22 Korčula

Am Ausgang der schmalen Meeresstraße von Pelješac streckt die mittelalterliche Stadt Korčula ihre zinnenbewehrten Mauern, Bastionen und Kirchtürme in das Himmelsrund der Adria; sie wurde auf einem der Insel vorgelagerten Felskegel erbaut. Die Insel selbst ähnelt der Nachbarinsel Pelješac (Nr. 25), da auch hier ausgedehnte Wälder und Obstkulturen ihre Vegetation charakterisieren. Schon in der Antike war Korčula ein bedeutender *Schiffahrtsknotenpunkt* und für ihren *Holzreichtum* bekannt, weswegen sie ›Corcyra nigra‹ (›Schwarze Insel‹) genannt wurde.
Die Stadt Korčula soll der Legende nach von dem Trojaner *Antenor* gegründet worden sein. Sicher ist, daß griechische Kolonisten im 4. Jh. v. Chr. eine kleine Siedlung errichteten, von der aus sie Handel mit den ansässigen Illyrern trieben. Bald schon überrannten römische Soldaten und Kaufleute den unliebsamen Konkurrenten und romanisierten die griechische Bevölkerung, die sich bereits mit den Ureinwohnern vermischt hatte. Aus dieser Zeit blieben kaum nennenswerte Baudenkmäler erhalten, so daß es unmöglich ist, das Bild der griechisch-römischen Stadt nachzuzeichnen. Im frühen Mittelalter geriet die verarmte Stadt zu Byzanz, später diente sie slawischen Fürsten und Königen, die der Kommune Autonomie garantierten. Seit 1000 sahen sich die alten Stadtherren dem zunehmenden Machtanspruch Venedigs ausgesetzt, das die inneren Auseinandersetzungen in dem aristokratischen Stadtrat geschickt für sich zu nutzen verstand. 1420 zogen endgültig venezianische Rektoren und Beamte in Korčula ein, veränderten das Stadtstatut, das zu den ältesten Europas zählt (1214) und waren bald in allen wichtigen Positionen vertreten. Dennoch genoß Korčula den Ruf, die vorzüglichsten Werften Dalmatiens zu besitzen, reich an Rohstoffen, Wasser und landwirtschaftlichen Gütern zu sein. Gleichermaßen gefragt war die *Bauhütte* von Korčula, die zahllose Kirchen, Paläste und Wehranlagen in ganz Dalmatien ausführte. Bekannt sind die Baudenkmäler dieser Meister im Stadtstaat Dubrovnik, das nach 1400 seine Hoffnungen begraben mußte, auch Korčula seinem Hoheitsgebiet einzuverleiben. Stand die erste Blütezeit dieser Stadt (1100–1300) im Zeichen der autonomen bürgerlich-aristokratischen Herrschaft, so begann nach 1450 die zweite Epoche wirtschaftlichen und kulturellen Aufschwungs, nun freilich unter dem autoritären Diktat der Serenissima. Daran änderten auch zahlreiche Aufstände nichts; denn letztlich brachten die Venezianer Reichtum und Ansehen wie auch die Gewißheit, vor türkischen Heeren und räuberischen Piraten sicherer zu sein. 1529 raffte eine Pestepidemie einen Großteil der etwa 4000 Einwohner Korčulas hinweg. Nur mit Hilfe Vene-

Die Stadt Korčula

digs, der Kirche wie der uneigennützigen Bruderschaften gelang eine Wiederbelebung des Gemeinwesens.
Nach dem Niedergang der Serenissima erlebte die Stadt noch einmal ein turbulentes Jahrhundert. Europäische Großmächte und Jugoslawen rangen um die Vorherrschaft auf Korčula. Schwere Schäden erlitt vor allem die Innenstadt Korčulas, die im 19. Jh. auch ihre Mauern einbüßte. Geblieben sind das hohe Landtor, das über eine neubarocke Treppenanlage betreten werden kann, sowie die zinnenbekrönten Wachttürme an der Hafen- und Seeseite. Sie alle stammen aus dem 15. und 16. Jh. und zeigen typische Merkmale venezianischer Festungsarchitektur (ausladende, weite Zinnenkränze).

Das Stadtgefüge, die wohldurchdachte Straßenordnung, Paläste und Kirchen sind seit 1200 nach und nach entstanden, vergrößert und verschönert worden. Grundlage dafür waren das *Statut* sowie die Vorbilder Dubrovnik und Split. Die Hauptstraße zieht sich über weite Treppen zum Domplatz hinauf und fällt dann wieder zur See hin ab. Fast alle Seitengassen führen rechtwinklig zur Hauptstraße und erschließen so den runden Stadthügel. Gleichermaßen bedacht ist die Ausrichtung der ganzen Stadt: Winde, Gezeiten und Sonneneinstrahlung nutzte man geschickt zur Kühlung und Erwärmung wie auch zum Schutz vor den Winterstürmen, vor allem der ›Bora‹. Die Teilung der politischen und gesellschaftlichen Gewalt fand ihren Ausdruck in den beiden Stadtzentren. Gleich hinter dem wuchtigen Landtor erhebt sich das staatliche Zentrum. Hier bauten 1520 einheimische Architekten das Magistratsgebäude mit der niedrigen und zum Platz hin offenen *Gerichts-* und *Versammlungsloggia*. Dahinter

Landtor (links) und Loggia (rechts)

residierten einst der Rektor und die Bürgerräte, deren Paläste Teil der Verteidigungsanlagen waren. Die zierliche korinthische Säule erinnert an den Rektor *Michelie*, der den Platz 1570 pflastern ließ. Zu den herausragendsten Denkmälern der dalmatinischen Renaissance gehört die Innenverkleidung des *Landtores*. Sie gleicht einer Triumphbogenarchitektur manieristischer Art, wie sie in Italien allerorts anzutreffen ist. Der durch optische Täuschung größer und tiefer erscheinende Bau (›Anamorphose‹) feiert den venezianischen Feldherrn *Leonardo Foscolo* und wurde 1650 gestaltet.

Ein kurzer Abstecher geleitet an der barocken *Michaelskapelle* (1603) vorbei zum *Konvent der Allerheiligen-Bruderschaft (Sv. Sveti)*. Zu den bemerkenswertesten Schätzen der barockisierten Kapelle, die durch eine hübsche Brücke mit den eigentlichen Versammlungsräumen der Bruderschaft verbunden ist, zählen das kleine *Ziborium* (um 1500), die barocke *Kassettendecke* sowie die schöne *Holzpietà*, die von dem Wiener Bildhauer *Georg Raphael Donner* gefertigt sein soll. Selten in der kroatischen Malerei des ausgehenden Mittelalters (›Weicher Stil‹) ist der böhmisch-österreichische Einfluß, den man in dem farbenfrohen *Polyptychon* des ›Schmerzensmannes‹ von *Blaž Trogiranin* zu erkennen glaubt. In den gegenüberliegenden Räumen der 1301 gegründeten Bruderschaft werden seltene Ikonen, Gemälde und liturgische Geräte aufbewahrt. Volkskundlich interessant sind insbesondere die alten Fahnen und Trachten der Bruderschaft.

Eindrucksvoller Höhepunkt Korčulas aber ist die wuchtige spätromanische *Kathedrale Sv. Marko.* Die steile Giebelfassade, das ausladende Radfenster, der quadratische, von einer reichverzierten Laterne bekrönte Turm sowie das von stilisierten Löwen bewachte Hauptportal zeigen deutliche Elemente der apulischen Romanik. Sie herrschte vor allem in Süddalmatien und hinterließ schöne und bizarre Spuren in der Baukunst dieses Landes (s. Dubrovnik; Nr. 26). Unter Anleitung des renommierten Architekten *Giacomo Correr* aus Trani wuchs seit 1420 die geräumige spätromanische Basilika empor, an der man über 150 Jahre arbeitete. Von einem Korčulaner Bildhauer stammt das hohe, von einer Tempelarchitektur bekrönte Ziborium des Hauptaltars, hinter dem ein Gemälde *Tintorettos* (›Die hll. Hieronymus, Bartholomäus und Markus‹) den festlichen Charakter der Apsis betont. Die ›Hl. Dreifaltigkeit‹ der niedrigeren Seitenapsis ist ein Werk des italienischen Manieristen *Bassano.* Der Raummangel in Korčula brachte es mit sich, daß die Pestvotivkapelle *Sv. Rok* (Skulptur am nördlichen Seitenportal) unmittelbar an den Dom angegliedert werden mußte, so daß die Kirche um 1525 ein viertes ›Seitenschiff‹ erhielt. Ihre Ausstattung ist weitgehend barocker Natur.
Mittelalterlich hingegen ist die ältere *Peterskirche (Sv. Petar),* die im 11. Jh. erwähnt wird und den Domplatz nach Norden hin abgrenzt. Das Hauptportal ist allerdings erst 1470 eingefügt worden und enthält eine Petrusfigur, die wahrscheinlich *Bonino da Milano* geschaffen hat.
Von großem Wert sind auch die Kunstgegenstände, die im *Bischofspalast* gezeigt werden *(Opatska Palača).* Er schließt sich südlich an den Dom an und ist durch eine schmale Gasse von ihm getrennt. Seit dem 13. Jh. residierte dort der mächtige Bischof, der bis um 1300 noch das Amt des Stadtherrn inne hatte. Zwischen dem 16. und 18. Jh. barockisierten ortsansässige Baumeister den eher unscheinbaren Palast, der sich nur durch den breiten Balustradenbalkon im 2. Stock von den umliegenden Häusern abhebt. In mehreren Sälen und im Innenhof verbirgt sich eine durchaus sehenswerte Kunstsammlung liturgischer Geräte, Ikonen, italienischer und dalmatinischer Meister, wobei deren Zuordnung nicht immer stimmt. Auch hier findet sich ein Polyptychon des Malers *Blaž Trogiranin,* das die Gottesmutter darstellt (15. Jh.).
An der gegenüberliegenden Seite konkurrierten einst die vornehmen Aristokratenpaläste Korčulas mit der kirchlichen Architektur, ohne diese freilich je übertreffen zu können. Nur Ruinen blieben vom *Arneri-Palast* übrig. Die einfache weiße Quadersteinwand schmückt ein hohes Maßwerkfenster, das an venezianische Vorbilder erinnert. Aus demselben Jahrhundert stammt der benachbarte

Gabrieli-Palast, dessen äußerliche Verzierungen, Prachtfenster und Balkone im 15. und 16. Jh. gestaltet wurden. Heute ist das *Stadtmuseum* hier untergebracht, das allerdings weniger ein Museum als vielmehr die originalgetreue Rekonstruktion damaliger dalmatinischer Adelswohnungen ist. Vom Atelier der Steinmetzen im Straßengeschoß gelangt man über eine Treppe in die luxuriösen Wohngemächer und die Schlafkammern im 2. Stock. Zu den Eigenheiten der dalmatinischen Wohnkultur zählte die Küche. Aus hygienischen und feuertechnischen Gründen aß und kochte man meistens unter dem hellen und luftigen Dachfirst.

Am südlichen Ende des Domplatzes bildet die einfache barocke *Kirche Maria Empfängnis* (Sv. Maria) einen würdigen Rahmen für Ausstellungen und Konzerte. Von hier oben fällt der Blick durch die wohnlichen Gassen hinunter zum Hafen. Von der zierlichen und geschwungenen neubarocken Treppenanlage neben der kleinen Loggia bietet sich eine einzigartige Aussicht auf die von Palmen flankierte Uferpromenade, die malerische Vorstadt und die Szenerie der Meeresstraße von Pelješac, durch die *Marco Polo* gesegelt sein soll, als er die Stadt verließ, die seine Heimat war.
Empfehlenswert ist neben dem Besuch des vermeintlichen Geburtshauses *Marco Polos* (rechts hinter dem Dom) auch der der beiden Klöster. Unmittelbar an der Hafenallee – in westlicher Richtung – erhebt sich die Dominikanerabtei; auf der nahen Insel Badija errichteten die Franziskaner im 14. und 15. Jh. ihre schöne Kirchen- und Klosterhofanlage. Oberhalb Korčulas erzählt der schön gelegene alte *Friedhof* von der bewegten Geschichte dieser ›Inselburg‹.
Tagesausflüge führen über den Höhenrücken in die nächstgrößere und ebenso alte Stadt *Blato* im Inneren der Insel. In *Lumbarda* und *Vela Luka* bietet sich die Gelegenheit, in ruhigen und modernen Hotels oder Privatquartieren zu übernachten (von Vela Luka und Korčula Fährverbindungen nach Split und Dubrovnik).

23 **Omiš**

Am Rande eines tiefen Gebirgscanyons, durch den die *Cetina* ihren Weg zum Meer gegraben hat, schmiegt sich die mittelalterliche Stadt Omiš an steile und verkarstete Felswände. Unmittelbar vor den ehemaligen Stadtmauern, der heutigen Hauptstraße, *Ulica Fošal* (= ›Graben‹), schlugen die Wellen an die großen Bastionen und Mauern. Auf einer weiten Sandbank, die der Fluß Cetina in Jahrhunderten aufgeschüttet hat, erstrecken sich heute die Neustadt und einer der längsten Sandstrände Dalmatiens, welchen meist nur einheimische Gäste bevölkern; denn in dieser Stadt gibt es nur ein altes Hotel sowie einen Campingplatz im Flußdelta. Der einst durch Ketten und Untiefen gesperrte Fluß, ein hohes Felsenriff sowie die Möglichkeit, Omiš leicht zu befestigen, boten schon im Mittelalter Piraten und slawischen Fürsten Gelegenheit, hier einen sicheren Unterschlupf einzurichten. So entwickelte sich die Stadt, die auf das antike ›Oneum‹ zurückgehen soll (Sarkophage im alten Friedhof hinter dem Hafen), zu einem gefürchteten Piratennest. Venezianer, Ungarn, italienische Stadtstaaten, Dubrovnik und auch der Papst riefen mehrmals zu Kriegen gegen die gewitzten Freibeuter auf, die mit ihren schnellen Schiffen, die sie in der Cetina versteckten, vor nichts zurückschreckten, ja sogar des öfteren die Kreuzfahrerflotte angriffen.

Omiš

Über der Stadt errichteten die Piraten die nahezu uneinnehmbare Festung *Mirabela* und auf dem Gipfel des 320 m hohen Stadtberges ein zweites Bollwerk, *Stari Grad*, das nur nach einem anstrengenden Fußmarsch zu erklimmen ist. Zwischen dem 12. und 15. Jh. ernannten die Bürger von Omiš die mächtigen und einflußreichen Fürsten *Stanič* und *Kačić* zu ihren Oberhäuptern. Mit finanzieller Unterstützung der Kroaten und Bosnier sowie eigenem Gold, das freilich aus Beutezügen stammte, befestigte man die Stadt, baute massive Schutztürme, einen neuen Hafen an der Cetina und den breiten Wassergraben ›Fošal‹. Für Kunst, Kultur und verfeinerte Lebenssitten blieben natürlich weder Geld und Zeit noch der Wille dazu übrig. Die Chroniken berichten von recht rohen Sitten in dem damaligen Gemeinwesen. Dies änderte sich erst im Jahre 1444, als es den Venezianern mit Unterstützung anderer dalmatinischer Städte endlich gelang, die gefährliche ›Piratenfestung‹ zu erobern. Von da an bestimmten ein venezianischer Rektor und seine Soldaten die Geschicke dieser Stadt. Man reformierte das slawische Gesetzbuch, stattete die Kirche mit neuen Befugnissen aus, siedelte die Franziskaner in der näheren Umgebung an und unterstellte Omiš der allgemeinen Militärverwaltung der Provinz Dalmatiens. Mit dem Ende der Herrschaft der Serenissima, der die Stadt ihre kulturelle Aufwärtsbewegung verdankte, begann auch für Omiš die neuzeitliche Epoche.
Teigwaren-, Stoff- und Aluminiumfabriken garantieren heute das Einkommen der ca. 3000 Einwohner. Leider versäumte man es, Omiš zu einem modernen Ferienzentrum umzugestalten. Grund dafür hätten die Stadtväter allemal gehabt; denn dieser kleine Ort zählt aufgrund seiner wunderbar erhaltenen Altstadt, der weiten Sandstrände und nicht zuletzt wegen der

unberührten Flußlandschaft an der Cetina, zu den schönsten Städten Mitteldalmatiens.
Mittelpunkt der Stadt ist die lange und verwinkelte Hauptstraße, die den alten Flußhafen, das eigentliche mittelalterliche Zentrum, mit dem venezianischen *Seetor* (Prilaz Moru-Straße) verbindet. Hier stehen Bürgerhäuser und Adelspaläste, die schöne Pfarrkirche *St. Michael* (Sv. Mihovil), die *Heiliggeist-Kapelle* und der spätgotische *Rektorenpalast* mit dem *Uhrturm*. Sie alle entstanden im späten Mittelalter und wurden später mehrmals umgebaut. Prunkstück dieser Stadt ist *St. Michael* sowie der gelungene *Renaissance-Campanile*. Die im 17. Jh. errichtete und von einer Spitztonne überwölbte Hallenkirche birgt einen goldverzierten Barockaltar und ein Altargemälde von *Palma d. J.* Zu den sicherlich herausragendsten Kirchenportalen in Dalmatien zählt das 1621 datierte *Hauptportal* in der mit einer gotischen Rosette geschmückten Giebelfassade. Die auf breiten Postamenten ruhenden Doppelsäulen tragen einen offenen Segmentgiebel, in dessen Mitte eine schöne Skulptur des Kirchen- und Stadtpatrons zu sehen ist. Dieses Meisterwerk erinnert in seinen Dekorations- und Ornamentformen an barocke Altäre, und sicherlich haben einheimische Steinmetze Skizzenbücher italienischer Meister benützt. Neben dem Portal führen schmale Treppen in den ältesten Stadtteil und auf die *Festung Mirabela*. Am Ende der Straße künden nur noch einige Reliefs und Inschriftentafeln von dem venezianischen *Rektorenpalast* und der *Loggia*, in dem heute ein Geschäft und Privatwohnungen untergebracht sind. Gleich daneben führt eine Treppe zur Privatkapelle des Rektors und zum *Uhrturm* der Stadt, der mehr an einen Schutzturm erinnert als an die sonst üblichen Symbole bürgerlichen Stolzes. Innen völlig verwahrlost ist die barocke *Heiliggeist-Kapelle*, die die Treppenanlage rechterhand flankiert. Von dem sich unmittelbar an dieses ›Staatszentrum venezianischer Macht‹ anschließenden Flußhafen bringen Taxiboote den Reisenden flußaufwärts zur romantischen *Mühle Radman* (Restaurant und Ausflugsort).
Empfehlenswert ist ein Besuch der altkroatischen Königskirche *Sv. Petar* (11. Jh.) im Stadtteil ›Prijeko‹, die aber leider meistens geschlossen ist.
Wem Zeit bleibt, der kann im nahe gelegenen Bergbauerndorf *Lokva* – 8 km hinter Omiš, Richtung Dubrovnik (Tunnel) – die Atmosphäre und Lebenskultur der einfachen dalmatinischen Weinbauern kennenlernen. Von der schönen Dorfkirche aus bietet sich ein herrlicher Blick auf das tief unten liegende Meer und die Inseln sowie die ferne Riviera von Makarska.

24 **Makarska**

Von über 1700 m hohen und steilen Bergen umstellt, die gleich hinter der Neustadt beginnen, von ausgedehnten Wäldern umgeben und durch eine weite Bucht geschützt, zählt Makarska sicherlich zu den landschaftlich reizvollsten Städten der dalmatinischen Küste. Um den mittelalterlichen Stadtkern erstrecken sich neue Stadtquartiere und Villenviertel begüterter Kaufleute und Hoteliers; denn die ›Riviera von Makarska‹ – *Makarska, Baška Voda, Brela* und *Tučepi* – besitzt moderne Hotels, zahlreiche gepflegte Privatpensionen und lange weiße Strände sowie einsame Buchten. Von Palmen und Agaven gesäumte Promenaden, gemütliche Straßencafés und alte Fischertavernen sind willkommener Ersatz für die an Kultur- und Kunstdenkmälern vergleichsweise arme Stadt. Obwohl Makarska eine griechisch-römische Gründung ist (›Muccurum‹), sich aber aus der Antike und frühmittelalterlichen Epoche kaum nennenswerte Bauten und Kunstwerke erhalten haben, stand die Geschichte dieser Stadt unter anderen Vorzeichen. Zwischen 600 n. Chr. und 1646 war Makarska entweder eine berüchtigte Piratensied-

Riviera von Makarska vor dem Biokovo-Gebirge

lung narentanischer (Neretva) Freibeuter oder türkischen Großvesiren unterstellt. Beiden, Piraten und Türken, diente dieser Platz als Unterschlupf, Festung oder Lagerstadt, weniger als rechtmäßige Kommune, in der Bürger, Patrizier und Bischöfe die Gesetze, die Wirtschaft, das kulturelle Leben und das künstlerische Stadtgefüge gestalteten. Auch die zeitweise Anerkennung bosnischer, kroatischer oder ungarischer Könige und Fürsten im Mittelalter konnte an diesem Bild nichts ändern. Bis auf die beiden unscheinbaren Klöster, die Pfarrkirche und einige Kapellen sind hier kaum Kunstwerke von Rang anzutreffen. Die wenigen Paläste und bescheidenen Bürgerhäuser fielen ebenso den zahlreichen Erdbeben zum Opfer wie das übrige Stadtgebiet, zuletzt 1962. Dennoch gelang es den Stadtvätern in bewundernswerter Weise, die Altstadt nach alten Plänen wiederaufzubauen, um so den mediterranen, dalmatinischen Charakter Makarskas zu bewahren.

Zentrum der Stadt ist der aufsteigende *Kačić-Platz*, in dessen Mitte sich das Denkmal des Dichters *Andrija Kačić* erhebt. *I. Rendić*, einer der bekanntesten jugoslawischen Bildhauer des späten 19. Jh., gestaltete dieses Monument, das sich mit der Giebelfassade der Pfarrkirche *Sv. Markos*, die am höchsten Punkt des weiten Platzes steht, mißt. Beide Kunstdenkmäler schmücken den Stadtplatz, dessen verschwenderische und für eine mittelalterliche Stadt unübliche Ausdehnung auf die Zerstörung durch Krieg und Erdbeben zurückzuführen ist. An Stelle einer älteren Bischofskirche errichteten 1776 einheimische Baumeister die bescheidene Hallenkirche, deren Äußeres zu dem damals verbreiteten dalmatinischen Provinzbarock zählt. Venezianischer Einfluß wird vor allem in dem mit einem schlanken Pyramidendach bekrönten Campanile sowie in dem schönen marmornen Hauptaltar deutlich. In der Sakristei werden einige italienische Gemälde, Bischofsporträts, Ikonen und liturgisches Gerät aus Silber aufbewahrt.

Aus derselben Zeit (um 1775) stammt der *barocke Stadtbrunnen* – eine Seltenheit in dalmatinischen Städten – und das schöne *Stadtpalais* der alten Patrizierfamilie *Ivanišević* am Trg Jurjevičeva poljana. Ein Blick in den wohlproportionierten Innenhof zeigt etwas von der Lebenskultur damaliger Aristokraten. Über breite Treppen gelangt man wieder hinunter zur Uferpromenade und zum malerischen Hafenrund Makarskas. Am Ostrand der Hafenstraße *Mala Obala* (Titova) steht das kleine *Franziskanerkloster*, das nach seiner Gründung um 1400 mehrmals umgebaut worden ist. So verbinden sich hier insbesondere barocke und Renaissance-Elemente, aber auch gotische Fenster und Kapitelle mit anderen Schmuckformen. Die heutige Klosterkirche ist ein Werk des frühen 20. Jh. und beherbergt in ihren Kellerräumen eine sehenswerte *Muschelsammlung* (schöner Kreuzgang und Bibliothek). Im Westen wird die Altstadt Makarskas von dem zweiten Kloster beherrscht. Einer alten Tradition zufolge, liegen fast alle Abteien am Rande der dalmatinischen Städte, so auch dieses *Kloster der Philippiner*, deren Wohngebäude und Kirche vielfach verändert worden sind. Im Hof hinter der barocken Kirche *Sv. Philipp Neri* sind einige *römische Grabstelen* zusammengetragen worden; ob sie freilich aus Makarska stammen, ist nicht mit Sicherheit festzustellen.

Von den beiden Halbinseln *Sveti Petar* und *Osejava*, zwischen denen die schmale Hafeneinfahrt liegt, hat man einen schönen Ausblick auf die Altstadt und das Biokovo-Massiv. Hier bieten die Hotels ›Beograd‹ und ›Osejava‹ Gelegenheit, einige Tage in dieser Landschaft zu verbringen und Ausflüge in das Hinterland (Cetina-Wasserfälle bei *Šestanovac*) sowie in die Badeorte *Baška Voda* und *Brela* zu unternehmen.

Auf der Weiterfahrt nach Dubrovnik (Nr. 26) ist besonders ein Ausflug nach *Mostar* zu empfehlen, für den man sich aber mindestens 1–2 Tage Zeit nehmen sollte. Die Anreise in die ehemalige türkische Provinzstadt führt über Kardeljevo (Ploče) und das Neretvadelta.

25 **Pelješac**

Die fast 66 km lange Halbinsel, die während der römischen Antike von der Küste getrennt war (durch ein Erdbeben im frühen Mittelalter wurde sie zur Halbinsel), kann bei der Landenge von *Ston* bequem über die Küstenmagistrale erreicht werden. Auf einer Landstraße fährt man durch terrassierte Weinberge, malerische Bauerndörfer, Eichen- und Kiefernwälder, an verkarsteten Höhenrücken und sanften Hügeln vorbei. An einigen Stellen öffnet sich der Blick auf das entfernte dalmatinische Küstengebirge. Kurz vor der alten Kapitänsstadt *Orebić* erklimmt die Straße den 700 m hohen Bergpaß bei *Mokalo*, um dann in steilen Serpentinen hinunter zur Küste zu führen. Von *Orebić* aus bringt eine Fähre den Reisenden hinüber nach *Korčula* (Nr. 22).

Die Naturschönheit dieser Insel zog schon im Mittelalter Fürsten und Patrizier Dubrovniks an, die hier ihre Sommervillen errichteten. Doch künden auch antike Funde und Hügelgräber, Villen und kleinere Orte davon, daß Pelješac schon damals nicht nur landwirtschaftlich von Bedeutung, sondern gleichwohl auch ein beliebter Ferienplatz war. Heute finden sich besonders in der Umgebung von *Orebić* und *Trpanj* ruhige und schöne Hotels sowie Feriensiedlungen. Bevor im Jahre 1333 auch Pelješac zum Stadtstaat Dubrovnik gelangte, gehörte es zu verschiedenen slawischen Fürstentümern, für die Pelješac vor allem landwirtschaftlich und strategisch (Hafenstädte Trpanj und Orebić) wichtig gewesen ist. Im hohen Mittelalter avancierten Orebić und Ston zu blühenden Satelitenstädten der reichen Republik Dubrovnik, in deren Besitz sie bis 1806 blieben.

Nach 1300 entwickelten sich die beiden ›Kolonien‹ *Mali* und *Veliki Ston* zur bedeutendsten Grenzfestung und Industrieansiedlung nicht nur des mächtigen Stadtstaates, sondern auch ganz Dalmatiens. An der schmalsten Stelle der Insel Pelješac (an der Verbindung zum Festland) bauten Ragusaner und italienische Festungsbaumeister innerhalb weniger Jahre zwei gewaltige Bastionen, eine Verbindungsmauer, die sich quer über die Insel zog, sowie zwei vollkommen neue Städte. Dieses Bollwerk sollte den Stadtstaat von Norden und Westen schützen, die großen Werften der Republik übernehmen und neuen Lebensraum für die Bürger schaffen; denn die Mutterstadt war im 15. und 16. Jh. dabei, allmählich aus allen Nähten zu platzen. Ausgedehnte Salinen bei Veliki Ston, dem Hauptort, versorgten die Republik mit Salz, einem wichtigen Exportgut damaliger Zeit. *Mali* und *Veliki Ston* sind regelrecht auf dem Reißbrett entworfene Stadtgebilde. Sie zählen zu den frühesten Europas und sind in ihrer Anlage der Mutterstadt Dubrovnik nachempfunden worden. Viele Erfahrungen urbanistischer Art, die Architekten und Stadtbaumeister in Dubrovnik gemacht hatten, kamen dem Entwicklungsplan von Ston zugute. Im historischen Archiv in Dubrovnik wird der 1335 gezeichnete Regulationsplan aufbewahrt. Es war nicht nur die Vorstellung einer Idealstadt – ein Gedanke, der die italienische Renaissance beschäftigen sollte –, sondern gleichermaßen das Ziel der Verantwortlichen, mit möglichst billigen und effektiven Mitteln, einen gut durchdachten und stets funktionierenden Stadtorganismus zu gestalten. In dem unregelmäßigen Fünfeck Veliki Stons verlaufen alle Straßen rechtwinklig zueinander, wobei – wie in Dubrovnik – eine breitere Hauptstraße (Placa) den Stadtmittelpunkt bildete. So wurden allen Bürgern gleiche Straßenparzellen zugewiesen. Nur das vornehme Zentrum, Sitz der Rektoren und Statthalter, des Bischofs und der Militärberater, diente öffentlichen Aufgaben. Ein ebenso großer Komplex blieb den Franziskanern vorbehalten. Doch nicht nur die Anlage erinnert an Dubrovnik; ebenso übertrug man die bekannten Namen von Festungen, Kirchen und Palästen: St. Blasius, Minčeta-Turm und Arcimon-Turm u. a. Um Ston legten dann im 15. und 16. Jh. einheimische und italienische Baumeister (*J. Dalmatinac, Michelozzo* u. a.), die sich in Dalmatien schon einen Namen gemacht hatten, einen kühnen Festungswall, Bastionen und ein großes Kastell; zuletzt eine Verbindungsmauer, die über den Höhenrücken *Pozvizd* zum 5 km entfernten *Mali Ston* führt. Auch *Mali Ston*, die ›Staatswerft‹ Dubrovniks, ist regelmäßig angelegt, wenngleich der Ort nicht Sitz eines Bischofs war. Beide Städte sind nie vollendet worden, so daß weite Bereiche der in den Karst gezeichneten Stra-

ßenzüge leer blieben. Heute veröden und verfallen die Siedlungen zusehens, und nur allmählich besinnt man sich ihrer historischen und urbanistischen Vergangenheit.
Zu den sehenswerten Kunstdenkmälern in Veliki Ston zählen der *Rektorenpalast* mit den angeschlossenen Verwaltungsgebäuden, der *Palast des Bischofs (Lapidarium)* und das *Franziskanerkloster*. Die alte Kirche *Sv. Vlah (St. Blasius)* fiel 1850 einem Erdbeben zum Opfer und ist durch einen eklektizistisch-neogotischen Bau ersetzt worden. Die älteren Denkmäler stammen weitgehend aus dem 14. und 15. Jh. und zeigen Stilelemente der ausgehenden Gotik und Renaissance, wobei es sich im großen und ganzen eher um provinzielle und vereinfachte Formen handelt. Ähnliches gilt auch für das nüchterne, aber dennoch sehr schöne Franziskanerkloster. Selbst während der Zeit größten Reichtums blieb man immer bescheiden und investierte lieber in Festungen und in die Wirtschaft.
In der Nähe Veliki Stons kann eine der *ältesten mittelalterlichen Kirchen Dalmatiens* besichtigt werden. Auf dem *Hügel Sv. Mihovil* (steiler Fußweg), auf dem einst eine Residenz slawischer Fürsten stand, erhebt sich die schlanke *Kapelle Sv. Mihovil*, in der seltene farbige Fresken vom Leben und der Vorstellungswelt dieser Menschen erzählen (10. und 11. Jh.). In den Stifter- und Heiligenfiguren zeigt sich noch deutlich der Einfluß der byzantinischen Kunstepoche, die damals in Dalmatien vorherrschte.
Über die malerischen Bauern- und Fischerdörfer *Prapratna, Trstenik, Janjina* und *Žuljana* (Abstecher nach *Trpanj*) gelangt man nach *Orebić*. Dieser Ort erhielt seinen Namen und seine Bedeutung erst im 16. Jh. Neben der alten Kapitänsfamilie *Orebić* wohnten und arbeiteten hier viele andere berühmte Patriziergeschlechter; denn diese Stadt liegt an einem der wichtigsten Punkte (Kanal von Pelješac) mittelalterlicher Seefahrt in Dalmatien. Neben der *frühbarocken Pfarrkirche* sind insbesondere die herrlichen Paläste und Gärten an der *Hafenallee* zu erwähnen, die heute noch von angesehenen Familien bewohnt werden. Im Weiler *Karmen* (Karmenkirche) sind die Ruinen des alten *Rektorenpalastes* zu sehen; denn auch Orebić gehörte seit 1343 zu Dubrovnik. Unterhalb des hohen Berges *Ilija*, der die Riviera von Orebić vor den kalten Borastürmen schützt, errichteten um 1470 *Franziskanermönche* ein kleines *Kloster*, das schon wegen seiner Lage sehenswert ist. Auch hier sind es nicht die exclusive Pracht und der verschwenderische Luxus hauptstädtischer Prägung, sondern die Kreativität und Bescheidenheit der Menschen gewesen, die einen so harmonischen Einklang von Natur und Architektur zuwege brachten, wie er vor allem in der dalmatinischen Inselwelt noch anzutreffen ist. Weder Industrie noch ausufernde Städte oder Lärm und Verschmutzung prägen diesen Landstrich Mitteldalmatiens.

26 **Dubrovnik** *(Ragusa)*

Dubrovnik (Ragusa) zählt seit je zum Höhepunkt einer Reise an die jugoslawische Adriaküste. Wie keine andere Stadt Südosteuropas verstand es dieser kleine Stadtstaat, zum kulturellen und politischen Mittelpunkt der Region zu werden. Schon seit dem Mittelalter vermochten Bürger und Bischöfe, den mächtigen Anrainern – Byzantiner, Slawen, Ungarn, Venezianer oder Osmanen – erfolgreich Einhalt zu gebieten und die eigene Freiheit weitgehend zu wahren. Dubrovnik war nicht nur eine autonome Kommune wie Split, Zadar oder Pula, sondern ein blühender Stadtstaat italienischer Prägung. Fruchtbares Ackerland, reiche Fischgründe, Quellen und Flüsse, Salzlager und Bergwerke versorgten die Bevölkerung mit Nahrung und landwirtschaftlichen Gütern, gleichwohl auch mit jenen Rohstoffen, die für den Export bestimmt waren. Diplomatische Vertretungen, eine große Handelsflotte und versierte Politiker, Kaufleute und Seefahrer kümmerten sich um Regierung und Wirtschaft. Das Staatsoberhaupt, besonnene Adlige und Patrizier sowie eine mustergültige Verfassung – eine der ältesten Europas – wahrten und vermehrten Ruhm und Reichtum Dubrovniks. Zwischen 700 n. Chr. und 1806 schlug das Herz dieser Republik, dessen Beharrlichkeit und Kraft Anerkennung verdienen.

Dem Erfolg in Politik, Wirtschaft und Kultur steht der künstlerische gegenüber: Dubrovnik kann als *schönste und sicherste Stadt Südosteuropas* bezeichnet werden. Kühne Mauerzüge, breite Torburgen, hohe Festungen, ein geräumiger Hafen, große Lagerhäuser und Lazarette bilden den äußeren Rahmen für Kirchen, Paläste und Bürgerhäuser im wohlgestalteten Inneren Dubrovniks.

»Für alles Gold in dieser Welt werden wir unsere Freiheit nicht verkaufen« steht auf der mächtigen Felsenfestung ›Lovrjenac‹ (1) geschrieben, von der die Venezianer einst vergeblich versuchten, den unliebsamen Konkurrenten zu erobern. Doch nicht nur die Freiheit des Staates, ebenso die des einzelnen Bürgers wurde zum höchsten Gut und Motto erhoben. Weder Tyrannen, Fürsten und Königen noch eigenwilligen Familiendynastien und ausländischen Potentaten gelang es je, länger die Herrschaft über diese Stadt an sich zu reißen. Die Aristokraten regierten im Rektoren- und Ratspalast (5, 6), achteten auf den sozialen Frieden – in Dubrovnik gab es nie nennenswerte Aufstände – und darauf, daß Handel und Seefahrt genügend Geld in die Staatskasse brachten: »Vergeßt eure privaten Angelegenheiten und widmet euch dem Wohlergehen des Staates«, ist über dem Eingang zu den Ratssälen zu lesen. Der dritte Wahlspruch dieser Republik, die sich stets auf ihre griechischen Traditionen und staatspolitischen Ideale berief, ist in dem Zoll- und Warenhaus, dem ›Sponzapalast‹ (9), zu finden. Denn Politik, gesellschaftliche Aufgaben, kommunale Belange und künstlerische Ambitionen waren nur dann effektiv zu verwirklichen, wenn genügend Geld und Waren in die Stadt flossen: »Betrug und Falschmünzerei sind uns verboten; denn was wir wiegen und messen, wird auch von Gott gewogen«, meißelte man an die Hofarkade. Freilich verbarg sich dahinter nicht nur eine Warnung, sondern ein allgemeiner Aufruf zu christlicher Tugend und Standhaftigkeit. Hier lag die Verbindung von staatlichem mit kirchlichem Leben; denn Kirche, Bischof und Klostergemeinschaften galten immer noch als eine der wichtigsten Institutionen mittelalterlicher Weltanschauung. Die mittelalterliche Stadt, so auch Dubrovnik, ist immer als ein Abbild (Modell) des zukünftigen ›neuen Jerusalem‹, des Paradieses, betrachtet worden. Äußere Schönheit und innere Ordnung, Frieden und Vervollkommnung menschlichen Handelns dienten immer diesem höheren Ziel. Der Vorsorge im jetzigen Leben galten die Mauern, Tore, Paläste und Häuser, Waffen wie Schiffe, der Vorsorge für das

Paradies die Kirchen, Klöster und Kapellen, Altersheime, Findelhäuser und Apotheken. In beiden Bereichen sind bauliche und künstlerische Anstrengungen von hoher Qualität unternommen worden, die das Bild der alten Stadt prägen, aber auch Zeugnis für eine erfolgreiche und einzigartige Kultur ablegen.
Heute steht die Altstadt von Dubrovnik unter Denkmalschutz. Minutiös wachen die Stadtväter auch jetzt darauf, daß fast nur nach alten Verordnungen gebaut wird. Dennoch ist Dubrovnik kein Museum, kein toter Organismus, sondern ein sich stets erneuernder und pulsierender Ort südlichen Lebens, ein ›slawisches Arkadien‹.

Die *Stadtanlage*, die Ordnung der Straßen und Plätze, der Mauern und Tore hat sich seit 800 n. Chr. allmählich und konsequent entwickelt. Der Siedlungsursprung Dubrovniks ist auf der ehemaligen *Felseninsel Laus* (A, B, C) zu suchen, wo um 620 n. Chr. die Vertriebenen von *Epidaurum* (Cavtat) Zuflucht fanden. Hier oben, in der Nähe der heutigen Jesuitenkirche (13), standen die erste Kathedrale (I) und der Bischofspalast, die nicht mehr erhalten sind. Langsam breiteten sich die Bürger vom langgestreckten Riff (A, B, C) her aus und bauten bei der *Porta Pile* (20) eine erste Torburg, die die Stadt vom Land her schützen sollte. Dort lag auch der erste Hafen (G) Dubrovniks. Bald kamen Bürgerpaläste, Zoll- und Lagerhäuser hinzu: Neben dem kirchlichen Mittelpunkt (I) war der weltliche entstanden. Um das Jahr 1000 war der Lebensbereich in der ›Bischofsstadt‹ zu klein geworden, und die Bürger schütteten kurzerhand den schon verlandeten Meereskanal (K) zu, der ›Ragusa‹ vom Festland trennte, und bemächtigten sich des Festlandes, wo zahlreiche slawische Fischer und Bauern in ihrem ›Dubrovnik‹ (E), einer schlichten Siedlung, beieinander lebten. Der Meereskanal bildete von nun an die neue Hauptstraße (K, J) der um das doppelte vergrößerten Stadt. Das von der griechisch-römischen Antike übernommene rechtwinklige Straßenraster wurde verbessert und der neue Stadtteil ›Prijeko‹ – Sv. Nikola – (E) nach altbewährtem Muster umgestaltet. Zwischen 1000 und 1400 wuchsen mächtige und kostspielige Mauern und Bastionen in die Höhe und machten Dubrovnik für damalige Verhältnisse nahezu uneinnehmbar.
Zuvor jedoch erlebte Dubrovnik einen für die europäische Stadtbaukunst unerhörten Vorgang: Das alte Stadtzentrum – Hafen, Zollhäuser, Warendepots und die Bürgerkirche Sv. Vlah (St. Blasius) – ist umgesiedelt worden (von 18/19 nach 5/6). Auf der anderen Seite der Stadt, wo ein altes *Wasserkastell* (5) die Südflanke Dubrovniks bewachte, errichteten einheimische und italienische Architekten den neuen, gotischen Mittelpunkt, die ›Placa‹ (J). Hier stehen nun der *Rektorenpalast* (5) – das alte Kastell –, die zweite Bürgerkirche, *St. Blasius* (11), der *Ratspalast* (6), die *Sponza* (9) und der neue, geräumigere *Hafen* (H), den man durch die *Feste Sv. Ivan* (4) wirkungsvoll zu

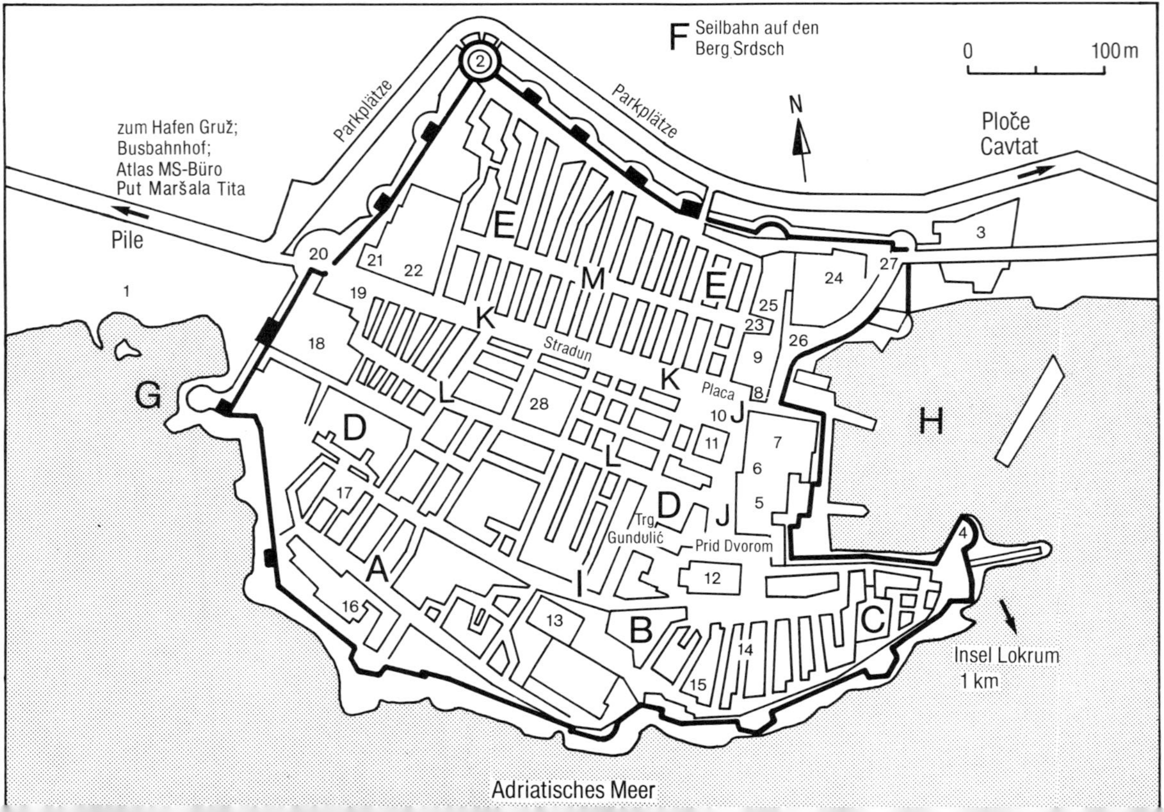
F Seilbahn auf den Berg Srdsch
0
100 m
N
Parkplätze
Parkplätze
zum Hafen Gruž; Busbahnhof; Atlas MS-Büro Put Maršala Tita
Pile
Ploče Cavtat
Stradun
Placa
Trg Gundulić
Prid Dvorom
Insel Lokrum 1 km
Adriatisches Meer
A
B
C
D
D
E
E
G
H
I
J
J
K
K
L
L
M
1
2
3
4
5
6
7
8
9
10
11
12
13
14
15
16
17
18
19
20
21
22
23
24
25
26
27
28

sichern wußte. Damit war die mittelalterliche Stadt im großen und ganzen fertiggestellt.
Im 16. und 17. Jh., als Venezianer und vor allem Türken die Stadt bedrohten, vergrößerte und baute man unter tatkräftiger Unterstützung der römischen Kirche und verschiedener Länder die großen *Bastionen* am Eingang der Stadt: Feste ›Lovrijenac‹ (1), Feste ›Minčeta‹ (2) und Fort ›Revelin‹ (3). Um die gotische Stadtmauer zogen Architekten einen zweiten, noch breiteren Festungswall, Kasematten und Doppeltore. Zum Festland hin entstand ein breiter *Wehrgraben*, durch den heute die Umgehungsstraße der Altstadt führt, die selbst für jeden Verkehr gesperrt ist (Fußgängerzone). Von den beiden Haupttoren, ›Pile‹ (20) und ›Ploče‹ (8; neben dem Sponzapalast), kann man einen Rundgang über die komplett erhaltene Stadtmauer unternehmen. Von hier aus bietet sich ein wunderbarer Ausblick über die steilen Felsenklippen, die ältesten Stadtteile (A, B, C) und über die weite See, den hohen Hausberg Dubrovniks, *Srđ* (Srdsch), auf den eine Seilbahn (F) führt.

Stadtrundgang

Die Buchstaben entsprechen den Stadtteilen, Plätzen und Straßen; die Zahlen den einzelnen Gebäuden im Stadtplan S. 158.

Mittelpunkt Dubrovniks ist die *Placa* (J), die gleichzeitig Endpunkt der Hauptstraße *Stradun* (K) ist. Der *Stradun*, die Hauptstraße Dubrovniks, und die *Placa* vor dem Rektorenpalast werden in der Literatur häufig verwechselt. Als *Placa* (Platea Communis) bezeichnet man den Platz vor dem Rektoren- und Ratspalast bis zur Kirche Sv. Vlah, als *Stradun* die Hauptstraße der Stadt, den ehem. Meereskanal. Der zum Hafen (H) gewandte, von hohen Arkaden und gotischen Maßwerkfenstern charakterisierte *Rektorenpalast* (5) war Sitz der Stadtherren (Rektor, slav. = ›Knez‹), Waffenarsenal, Verwaltungsbehörde und Staatsgefängnis in einem. Daneben stand einst der *Ratspalast* (6),

◁
Dubrovnik: Orientierungsplan

A, B, C – Ragusa (›Laus‹) – D Bürgerstadt – E Dubrovnik (›Prijeko‹) – F Seilbahn auf den Srđ – G 1. Hafen – H Hafen – I 1. Kathedrale und ehem. Bischofspalast – J Placa – K Stradun (ehem. Meereskanal) – L Ulica Od Puča – M Ulica Prijeko – 1 Feste Lovrijenac – 2 Feste Minčeta – 3 Fort Revelin – 4 Feste Sv. Ivan/Schiffahrtsmuseum – 5 Rektorenpalast – 6 Ratspalast/Theater – 7 Arsenal/Hauptwache (Stadtcafé) – 8 Stadttor und -turm (Glockenturm) – 9 Sponzapalast – 10 Rolandsäule – 11 Sv. Vlah – 12 Kathedrale – 13 Jesuitenkirche – 14 Sv. Stefan – 15 Škočibuha-Stijepović-Palast – 16 Kloster Sv. Maria – 17 Getreidemagazin ›Rupe‹ – 18 Abtei der Klarissinnen – 19 Großer Onofriobrunnen – 20 Pile-Tor – 21 Sv. Spas – 22 Franziskanerkloster – 23 Sv. Nikola – 24 Dominikanerkloster – 25 Bruderschaftskirche ›Rosario‹ – 26 Sv. Sebastian – 27 Ploče-Tor – 28 Ikonenmuseum/Orthod. Kirche

der im 19 Jh. durch einen neogotischen Bau ersetzt wurde, in dem nun das Rathaus, ein Theater sowie das Stadtcafé untergebracht sind (6, 7). Daran schließt sich das mittelalterliche *Arsenal* (7), wo Galeeren auf Bug gelegt und repariert wurden, sowie die alte *Stadtwache* (8), wobei das äußere Erscheinungsbild der Bauten durch ihre Enge und die späteren Veränderungen nicht genau zu trennen ist. Architektonisch und städtebaulich gehört dieses eindruckvolle Ensemble allerdings zusammen, das von der Hafenseite kaum zu erkennen und ehemals durch große Schutztürme gesichert war. Weniger geschützt waren die mächtigen Arkaden des Arsenals, die man in Zeiten militärischer Bedrohung zugemauert hat. Heute liegt hier die Terrasse des *Stadtcafés*, von der aus der Blick über den alten Hafen (H), die malerischen Vorstädte und Hotels sowie den ›Hausberg‹ Srđ schweift.

Rektorenpalast (5)

An Stelle des veralteten *Kastells* wuchs im späten 14. Jh. der neue Palast empor, der aber in Grundriß und Ausdehnung auf den Vorgänger zurückgeht. Der vierflüglige gotische Neubau, der an italienische Vorbilder (Mantua, Verona) erinnert, bildet in der Mitte einen offenen, eleganten *Arkadenhof*, von dem aus eine breite Balustradentreppe in die oberen Wohn- und Regierungsgemächer des Rektors führt. Die kleine Büste im Innenhof gemahnt an den Patrizier *Miho Pracat*, der sein ganzes Vermögen der Republik stiftete. An Stelle der vier das alte Kastell bewachenden Ecktürme entwarfen wahrscheinlich italienische Architekten eine einheitliche und sehr schöne Prachtfassade, die sich über die ganze Vorderfront erstreckt. Als im frühen 15. Jh. eine Explosion den Palast nahezu zerstörte, berief man den süditalienischen Architekten *Onofrio della Cava*, der bereits die beiden Stadtbrunnen entworfen hatte (›Kleiner Onofriobrunnen‹ vor dem Arsenal, 7, und ›Großer Onofriobrunnen‹, 19) und der nun dem Bauwerk ein neues ›gotisches‹ Aussehen verlieh. Ihm ist im großen und ganzen die Gestalt der schweren Steinfassade zu verdanken, gleichwohl auch Teile der Arkaden, Kapitelle und die Maßwerkfenster im Obergeschoß. Eine schwere Detonation einige Jahrzehnte später beschädigte den Palast so schwer, daß an einen vollkommenen Neubau gedacht wurde. Der aus Florenz herbeigeeilte Künstler *B. Michelozzo*, der Jahre zuvor schon Befestigungs- und Architekturpläne für Dubrovnik gezeichnet hatte, konnte sich mit seinem neuen ›Renaissance-Entwurf‹ nicht durchsetzen. Die erzkonservativen Stadtväter ließen das Aushängeschild Dubrovniks nach den alten Plänen *della Cavas* rekonstruieren. Geiz, Sparsamkeit und Tradition siegten über die modernen Gedanken des Humanismus und der Renaissance. An der seitlichen, dem Stadtcafé zugewandten Flanke gab *Michelozzo* eine eindrucksvolle Probe seines Könnens: Hier

Sponzapalast und Kolonnade des Rektorenpalastes

erkennt man in Augenhöhe das sicherlich *schönste Renaissance-Fenster in Dalmatien*, das aber keine Nachfolge fand.
Kulturgeschichtliches Museum: In den Räumen des Rektorenpalastes ist heute das *Stadtmuseum Dubrovniks* eingerichtet. Die nahezu unveränderten Repräsentationsräume des Rektors bieten einen würdevollen Rahmen für die Dokumente der Geschichte dieser Republik: Tragesänften und Stilmöbel des 17. und 18. Jh.; Wohn- und Schlafsalons im Stil des Barock und Rokoko; eine Fayence- und Silbersammlung aus dem 16./18. Jh.; Porträts der Mitglieder des Großen Rates und der Rektoren; Bilder der ›Malschule‹ Dubrovniks aus dem 15.–17. Jh. (*M. Hamsić*); im Musiksaal ein Klavier Wiener Herkunft (1780); in den östlichen Räumen befinden sich eine numismatische Kollektion,

Dokumente, Siegelbriefe, Fahnen, Porträts, Stiche sowie Uniformen aus den letzten Jahrhunderten.

In den unteren Räumen des Palastes sind Verwaltungsstellen des Gemeinderates untergebracht. Der Innenhof dient während der Sommermonate als festlicher Rahmen für Konzerte.

Sponzapalast (9)

An der Verbindungsstelle von *Stradun* (K) und *Placa* (J) erhebt sich der zweitwichtigste Profanbau Dubrovniks, die ›Sponza‹ (von ›spongio‹ = ›ablagern‹). Er steht am Stadteingang neben dem *Stadttor* (8) und der *Hauptwache* (7) und ist ein beredtes Beispiel für die Gestalt des ganzen ehemaligen Stradun. Als eines der wenigen Baudenkmäler überlebte dieses *Zoll- und Lagerhaus*, das gleichzeitig auch *Sitz der Akademie und Münze* war, das schwere Erdbeben im Jahre 1667, dem nahezu 60 % der Bauten Dubrovniks zum Opfer fielen. Die ›Sponza‹ geht auf einheimische Architekten zurück (*Paškoje Miličević*), die den dreigeschossigen Bau um 1520 erstellten. Die harmonisch gestaltete, spätmittelalterliche Fassade gehört zweifellos zu den reifsten Leistungen dalmatinischer Steinmetzkunst, wenngleich auch hier der venezianische Einfluß nicht zu übersehen ist. Über den Renaissance-Arkadenbögen und dem darüber vorragenden Balkon schmücken drei schöne Maßwerkfenster die robuste Quadersteinwand. Dem um die Jahrhundertwende üblichen Zeitstil der Renaissance entsprechen die oberen Rechteckfenster und die Skulptur des hl. Blasius. Die Akroterien (Giebelschmuck) sind späterer, manieristischer, Herkunft. Wie überall in Dalmatien, so ist auch dieser Palast nicht verputzt und, wie häufig in Venedig, bunt bemalt. Wegen der salzigen Meerluft und den Winterstürmen, nicht zuletzt durch ein dem Italienischen fremdes Stilempfinden, blieben fast alle Häuserfronten unverputzt und ohne Inkrustation (Marmorverkleidung). Der roh behauene Kalkstein kommt dadurch besser zur Geltung; er verbindet sich mit dem weißen Kalkstein des Straßenpflasters zu einem einheitlichen Erscheinungsbild hoher ästhetischer Qualität.

Besondere Erwähnung verdient der elegante *Innenhof* mit seinen zehn schweren *Arkadenbögen*, die die Laubengänge des oberen Geschosses tragen. An der oberen Stirnwand erkennt man zwei schön gestaltete Renaissance-Engel, die ein Medaillon tragen. Darunter (Arkade) ist der zweite Wahlspruch der Republik zu lesen. In diesem Saal versammelten sich die Mitglieder der Akademie; in den Räumen daneben war die Münze untergebracht. Im 1. Geschoß lagen die den einzelnen Waren und Zünften zugeteilten Lagerräume, in denen sich heute das *Stadtarchiv Dubrovniks* befindet.

Neben der ›Sponza‹ steht der um 1480 errichtete *Uhrturm* mit der *Glockenloge* (8), der 1929 erneuert wurde. 1478 wurde die Uhr mit der

Anzeige der Mondphasen renoviert und 1506 die neue Glocke gegossen. Uhr wie Glocken riefen die Bürger zur Arbeit, zum Wehrdienst, zu Ratsversammlungen, waren aber auch Symbol der Vergänglichkeit der Zeit schlechthin. Uhrturm und Wache bringen den Schwung des langen Stradun zur Ruhe und leiten das Auge weiter zum zweiten Höhepunkt dieser Achse, dem *Rektorenpalast*. Doch gleichermaßen geglückt sind auch die Standorte der beiden bedeutendsten Stadtkirchen Dubrovniks: *Sv. Vlah* (11) und *Kathedrale* (12) mit gegenüberliegendem neuen, barocken *Bischofspalast*.

Zunächst aber sei noch auf ein kleines Monument hingewiesen, dessen Herkunft vollkommen ungeklärt ist, da es Symbol der norddeutschen Hafenstädte war: Vor der Blasiuskirche steht die *Rolandsäule* (10) mit der Skulptur des sagenhaften Helden des Rolandsliedes. Sicherlich diente auch der 1418 gestaltete Roland als Symbol einer freien Handelsstadt, die Dubrovnik ja ebenfalls war (Stadtflagge und Ellenmaß). Eine weitere These verbindet ihn mit dem ›italienischen‹ Roland als Heldenfigur bei *Ariost*.

Der staatliche Bereich findet sein Gegenüber, seinen Gegenpol, in den beiden Prunkkirchen Dubrovniks, wenngleich St. Blasius (11) die wichtigste ist. Der Dom und sein Hausherr, der Bischof, standen nach 1300/1350 etwas abseits; denn wie in Venedig war in Dubrovnik die Kirche seit dieser Zeit dem Staat unterstellt. Dies zeigt sich auch in der städtebaulichen Ordnung dieser beiden Baudenkmäler. Wirklicher und anschaulicher Mittelpunkt der Stadt ist St. Blasius (Sv. Vlah), dessen Fassade in bewußter Weise zurückgerückt wurde, um Placa und Stradun einen dynamischeren Charakter zu verleihen. Die Monumentalität dieser barocken Kirchen ist einzigartig in Dalmatien. Sie sind als schönste Vertreter des italienischen Hochbarock in diesem Lande erhalten geblieben, da ihre Vorgänger dem Erdbeben des Jahres 1667 zum Opfer fielen. Ihre Prachtfassaden, Kuppeln und Skulpturen, ihre harmonischen Proportionen sowie ihre innere Ausstattung spiegeln den ganzen Reichtum und das Selbstbewußtsein dieses Staates wider, der sich die Verwirklichung dieser Kunstwerke sehr viel kosten ließ; denn sonst verhielten sich die Stadträte in der Bemessung finanzieller Mittel für Kunst und Kultur eher zurückhaltend.

Sv. Vlah (*St. Blasius*) (11)

Die Kirche wurde zu Beginn des 18. Jh. von dem venezianischen Architekten *Marino Gropelli* errichtet. Die der Placa zugewandte *Triumphportalfassade*, die in der Mitte durch ein Thermenfenster erhöht wird, bot einen

Rolandsäule

Sv. Vlah

erhabenen Hintergrund für die Feste und Paraden der barocken Epoche (Theatrum sacrum). Wie auf einer Bühne erschien hier der Priester in goldenen Gewändern, um die wertvolle *Blasiusreliquie* vorzuzeigen, die sich als eine der wenigen Gegenstände aus der alten Blasiuskirche erhalten hat. An Venedig (San Marco) und an byzantinische Vorbilder erinnert die gedrungene Kuppel der Kirche, die in auffallendem Gegensatz zur reichgeschmückten Fassade mit ihren mächtigen Kolossalsäulen steht. Die Plastizität des Äußeren von St. Blasius setzt sich sehr deutlich von den flächig gehaltenen Häuserfronten der Umgebung ab und ist eigentlich ein ›Fremdkörper‹ in dem mittelalterlichen Stadtgefüge.

Der Klarheit der äußeren Erscheinung entspricht die Schlichtheit des Grundrisses. St. Blasius ist eine *Kreuzkuppelkirche*. Über einem griechischen Kreuz erhebt sich der zentrale Gemeinderaum, der von einer geschlossenen, mit Zinkplatten bedeckten Kuppel bekrönt ist. Um diesen mittleren Raum gliedern sich vier gleichlange Seitenarme, wobei Chor (Apsis) und Eingangshalle auf einer Achse liegen. Das Querschiff wird durch die beiden Seitenportale betreten. In den ausgesparten Ecken sind Kapellen und die Sakristei eingerichtet. Auf dem barocken *Hochaltar* steht die *Blasiusstatue*. Sie wurde zu Beginn des 15. Jh. von Ragusaner Goldschmieden gefertigt und ist eines der erlesensten Kunstwerke in dieser Stadt. Besondere Beachtung verdient das *Stadtmodell*, das der Heilige seinem Herrn zur Weihe präsentiert: Es ist eine naturgetreue Nachbildung der spätmittelalterlichen Stadt und von unschätzbarem Wert, weil Dubrovnik im 17. Jh. zu 60% durch Erdbeben zerstört worden ist.

Aus der ehemaligen *Antoniuskirche* in *Ploče* stammt die *Antoniusstatue*, die man im frühen 19. Jh. hierher brachte. Sie gehörte der einflußreichen Zunft (Bruderschaft) Antonina, in der reiche Patrizier vertreten waren. Neben einigen Kreuzweg- und Altargemälden unbekannter, meist barocker Meister, verdient vor allem das Gemälde der Orgelbrüstung Anerkennung. Es stammt von dem bekannten dalmatinischen Barockmaler *Petar Matejević* (18. Jh.).

Von der *ältesten Blasiuskirche*, die 1348 erbaut wurde, weiß man nur wenig. Sie glich wahrscheinlich byzantinisch-venezianischen Vorbildern und war eine basilikale Kuppelanlage mit hoher Blendarkadenfassade. Berühmt und ›sagenhaft‹ soll ihre Innenausstattung gewesen sein, wie Chronisten berichten.

Kathedrale ›Maria Himmelfahrt‹ *(Sv. Gospa)* **(12)**

Dem verspielten Barock venezianischer Prägung von St. Blasius steht die eher statische Architektur der Kathedrale gegenüber. Ihre geschwungenen Balustradenfiguren gleichen denen von St. Blasius, indes herrscht in dieser Kirche der strengere und monumentalere römische Spätbarock vor. Beachtenswert bei beiden ist die ›maßstabgerechte‹ Verkleinerung der römischen Kirchendimensionen, die reduziert wurden, um die hiesigen gotischen Stadtproportionen nicht negativ zu beeinflußen.
Den älteren Dom begannen einheimische Baumeister im Jahre 1190. Die Legende berichtet, daß der englische König *Richard Löwenherz* auf der Heimreise aus Palästina in einen schweren Sturm geriet und gelobte, dort eine Kirche zu stiften, wo ihn die hl. Jungfrau sicher an Land setzen würde. Er landete aber nicht in Dubrovnik, sondern auf der nahen Insel Lokrum. Mit Geschick und Überredungskunst gelang es den Bürgern Dubrovniks, Richard zu bewegen, seine Kirche in der Stadt selbst zu bauen. Schon bald besaß Dubrovnik die prächtigste Kirche Dalmatiens, die von Chronisten und Reisenden aller Länder gepriesen wurde. Doch auch sie fiel dem Desaster des Jahres 1667 zum Opfer.
1672 erhielt der römische Architekt *Andrea Buffalini* den Auftrag, einen neuen Dom zu entwerfen, den er in den folgenden Jahren mit *Paolo Andreotti, Pier Bazzi* und *Tomaso Napoli* in Angriff nahm. 1713 vollendete *Ilija Katičić* die von einer schlanken Tambourkuppel bekrönte dreischiffige Basilika, die über dem Grundriß eines lateinischen Kreuzes errichtet worden war. Die majestätische Kirche richtet ihre Schauseite zum Hafen hin und verkündet dem Ankommenden Macht und Reichtum dieser Aristokratenrepublik. Über einer breiten Freitreppe erhebt sich die von kolossalen, im Gebälk verkröpften Säulen und Pilastern in fünf Achsen gegliederte Prachtfassade. Diese Ordnung wird im Lichtgadengeschoß ebenso ausladend fortgesetzt. Während die mittlere Achse von einem schweren Segmentgiebel bekrönt ist, werden die niedrigeren Seitenschiffe von reichen Balustraden, die vier schöne Barockskulpturen tragen, ge-

Kathedrale Maria Himmelfahrt

schmückt. Die Seitenwände, die bündig mit dem Querschiff schließen, sind eher bescheiden. Höhepunkt ist die schlanke und sehr schöne *Kuppel*, die eine feingliedrige *Laterne* ziert.

Der stille Wettstreit der beiden Hauptkirchen Dubrovniks wird auch im Innern aufgenommen. Der wohlproportionierte und helle, dennoch schlichte Kirchenraum beherbergt eine Reihe erlesener Kunstwerke: An erster Stelle muß das *Altargemälde* im Chor genannt werden, das die ›Himmelfahrt Mariens‹ darstellt und von *Tizian* gestaltet wurde. Es kam 1713 aus der zerstörten *Lazaruskirche* (Ploče) hierher. Auch dieses Bild gehörte einer Zunft. Die beiden vornehmen Zünfte (Bruderschaften) Dubrovniks ›Lazarini‹ und ›Antonina‹, standen in einer immerwährenden Auseinandersetzung, in der es darum ging, die reichste und schönste Zunftkirche zu besitzen. Als die alte Kathedrale nach dem Beben ohne nennenswerten Schmuck blieb, verbot die Regierung Dubrovniks, das Bild *Tizians*, das man während der Katastrophe in die Stadt geschafft hatte, in die Lazaruskirche zurückzubringen.

Neben den beiden herrlichen, mit Marmorintarsien verzierten *Sei-*

tenaltären im Querschiff seien Bilder folgender, meist italienischer Künstler erwähnt: *Padovanino, Palma d. J., Savaldo, Parmegianino, Raffael* und *Andrea del Sarto* sowie einige Werke der Dubrovniker ›Malschule‹ (15./18. Jh.).
Von ebenso großer Bedeutung ist die kleine *Schatzkammer* der Kathedrale, die links vom Chor eingerichtet wurde. Aus Sicherheitsgründen sind alle wertvollen sakralen Kunstgegenstände Dubrovniks hier zusammengetragen worden. Aus dem 12. Jh. stammt die einer byzantinischen Krone nachempfundene goldene *Kopfreliquie des hl. Blasius.* Zur selben Epoche gehört seine *Handreliquie* – ein einem kaiserlichen Handschuh gleichendes, mit Gold und Emaille verziertes Kunstwerk. Aus den Werkstätten Dubrovniks kommen zahlreiche silberne und goldene, kunstvoll getriebene Schreine und Heiligenreliquien, die zu den größten Kunstschätzen des 12.–16. Jh. in Dalmatien zählen. Bilder, Fahnen und viele prunkvolle Gewänder vervollständigen diese einzigartige Sammlung, deren Tür nur mit drei gleichzeitig schließenden Schlüsseln geöffnet werden konnte: Einen besaß der Rektor, den anderen der Bischof, der dritte lag beim Staatssekretär der Republik.

Jesuitenkirche St. Ignatius *(Sv. Ignacijo)* (13)

Die Kirche diente nicht der Verteidigung der Stadt, sondern der Verteidigung des katholischen Glaubens gegen Häretiker und Reformatoren, gegen Türken und Bogumilen. Ihr und der Erziehung in den Schulen und der Akademie (›Collegium Ragusinum‹ neben der Kirche) widmete sich der letzte Orden in Dubrovnik, der erst im frühen 17. Jh. nach Dubrovnik gekommen ist. Die sonst in Dalmatien nicht anzutreffenden Jesuiten – der papsttreue Orden war den erbitterten Gegnern der römischen Kurie, den Venezianern, verhaßt und deshalb in Dalmatien nicht erlaubt – übernahmen schon bald die Leitung aller wichtigen Bildungsinstitutionen. Aus ihrer Akademie gingen die renommiertesten Wissenschaftler, Dichter und Philosophen hervor, u. a. *Rugero Bošković* und *Ivan Gundulić.* Sie prägten das kulturelle Gefüge der Stadt während Humanismus und Aufklärung, so daß es den äußerst konservativen Räten und Aristokraten allmählich unheimlich wurde, wie die Patres zu Verfechtern modernerer Staats- und Kirchengedanken avancierten. Daher ist es nicht verwunderlich, daß dieser Orden die prächtigste und größte Barockkirche Dalmatiens errichtete; denn nichts war dem prunkliebenden und reichen Orden zu teuer. So verpflichtete er den angesehenen römischen Architekten und Maler *Andrea Pozzo* für den Bau der Kirche St. Ignatius, die 1735 feierlich geweiht wurde. Der überschwengliche barocke Innenraum der Wandpfeilerkirche läßt für eine Weile vergessen,

daß man eigentlich in einer dalmatinischen, mittelalterlichen Stadt weilt. Von hoher Qualität sind die *monumentalen Fresken* des halbrunden Chors, die der Neapolitaner *Gaetano Garcia* 1737 malte: ›Aufnahme von St. Ignatius in den Himmel‹. Auch die übrigen Fresken und Altargemälde des festlichen Raumes sind Episoden aus dem Leben des spanischen Ordensgründers.
Die *Fassade* der Kirche ist überaus groß und gleicht der der Kathedrale. Letztlich ist sie ein ›Fremdkörper‹ in der gotischen Stadt und von keinem Ort der näheren Umgebung wirklich einsehbar und verständlich, es sei denn von der Stadtmauer. Doch eine so mächtige Kirche, deren Turm (Türme) unvollendet blieb, benötigte zumindest einen kleinen Vorplatz, und als die Stadträte den Abriß vieler Bürgerhäuser verboten, kam das große Erdbeben 1667 den Jesuiten unversehens zu Hilfe: Über dem Schutt des alten Stadtteils entstanden der *Gundulićplatz* und die elegante *Barocktreppe*, die zum *Platz der Jesuiten* (13) hinaufführt. Sie erinnert an die *Spanische Treppe* in Rom und ist 1738 von *Padalacqua* aus Rom angelegt worden. Krieg und Säkularisation verhinderten, daß das einzig echte barocke Stadtensemble in Dalmatien vollendet werden konnte; denn 1808 erklärten Napoleons Generäle die Republik Dubrovnik für abgeschafft, worauf die alten Aristokratenfamilien schworen, keine Kinder mehr zu zeugen.

Auf dem schöngestalteten *Gundulićplatz* sieht man aber noch heute die stolzen Nachfahren dieses Staates, die sich in Habitus, Wesenseigenschaften und Kultur von den übrigen Dalmatinern abheben.
Hier kommen sie täglich zum großen und bunten *Markt* zusammen, der eine besondere Attraktion in dieser Stadt ist. Bürgersinn und lauter Protest veranlaßte die Stadtväter, den Markt in die Stadt zurückzuholen, nachdem man ihn vor einigen Jahren in die renovierten mittelalterlichen *Lazarette* (Ploče) verbannt hatte. Mühsame Anfahrtswege und steter (gewollter) Platzmangel konnten nicht verhindern, daß bürgerlicher Wille über planerische Willkür siegte; heute wie damals.
In diesem Stadtteil (D, B, C) und in dem ältesten Bereich Dubrovniks (A, B, C), der ehemaligen Felsensiedlung ›Laus‹ (Ragusa), stehen die schönsten und am besten erhaltenen *Adelspaläste*. In fast jeder der ansteigenden, engen Gassen entdeckt der Besucher diese Zeugnisse adliger Wohnkultur. Trotzdem wirken sie – die meisten errichteten einheimische Architekten zwischen 1400 und 1600 – nie überheblich oder verschwenderisch. Sie reihen sich in das geordnete Stadtensemble ein und besitzen fast immer auch die Proportionen und Maße der angrenzenden Bürgerhäuser. In Dubrovnik gab es weder reine Adelsquartiere noch Armenviertel oder Ghettos. Alle lebten mit allen beieinander und lernten voneinander. Eine Ausnahme machte nur das *Ghetto der Juden*, das sich hinter dem Sponzapalast befand und einst durch große Tore abgeriegelt wurde.
In der *Stulli-Gasse* – südlich der Kathedrale – steht noch eine der ältesten romanischen Kirchen Dubrovniks, *Sv. Stefan* (14), die bereits im 10 Jh. erwähnt und später mehrmals vergrößert wurde. In der Parallelgasse, *Ul. Restić*, versteckt sich der spätgotische, von hohen Fenstern gekennzeichnete *Palast Stijepović – Škočibuha* (15) den die *Brüder Andrijić* aus *Korčula* (Nr. 22) gestalteten. Die

Pläne der um 1553 vollendeten, später renovierten Residenz, sollen allerdings aus Padua sein.
Durch die beiden ältesten Straßen Dubrovniks bzw. Ragusas, ul. *Od.-Puča* (L) und ul. *Strossmayer*, gelangt man zur Westseite der Stadt, zum *Pile-Tor* (20). Zuvor sei zu einem Besuch des ältesten Stadtteils *Sv. Petar* und *Castello di Lave* (Civitas) geraten (A, B). Hier steht das älteste Kloster Dubrovniks, *Sv. Maria* (16), das im 12. Jh. gegründet wurde und heute aufgelassen ist (Wohnbauten und Innenhof). Etwas unterhalb erstellten Ragusaner Baumeister das größte Lagerhaus der Republik, das *Getreidemagazin Rupe* (17), das um 1570 vollendet wurde und 15 große Felsenzisternen enthält.
Das *Pile-Tor* (20) ist eines der beiden Haupttore der Stadt. An ihm baute man zwischen 1100 und 1550; denn hier lag der gefährdetste Punkt Dubrovniks. Mit jeder neuen Kriegsgefahr vergrößerte und verstärkte man die Mauern, Tore und Kasematten dieser Bastion, die von dem mächtigen und schönen Bollwerk ›Minčeta‹ (2) wirkungsvoll geschützt wird. Hier wird man unversehens von den kühnen Wehrmauern eingefangen und befindet sich unmittelbar im Herzen Dubrovniks, am Beginn des *Stradun* (K), der dann hinunter zur *Placa* (J) führt.
Steht die ›Placa‹ ganz im Zeichen der Staatsmacht, so ist der ›Platz zwischen den Klöstern‹ – Poljana Paškoje Miličević – von den reichen Abteien der Franziskaner und Klarissinnen wie der Kirche Sv. Spas (21) geprägt. Städtebaulich ebenso gelungen wie die Placa ist dieser rechteckige Platz, in dessen Mitte der spätmittelalterliche *Große Onofriobrunnen* (19) einen wichtigen ästhetischen Kristallisationspunkt in diesem Stadtteil bildet.
Der polygonale (16-eckige) Brunnen stammt von dem Baumeister, der auch den Rektorenpalast entwarf: *Onofrio Giordano della Cava* aus Neapel (1444). Ein Brunnen versorgte die Bürger nicht nur mit Wasser, sondern war im Mittelalter auch ein künstlerischer und symbolischer Mittelpunkt: ein ›Lebensbrunnen‹ und ›Allegorie der Verherrlichung der Zivilisation‹. Neben Mauer- und Kirchenbauten bildeten Brunnenhäuser die bedeutendste Bauaufgabe, die durch besondere Gesetze geschützt war. So ist es nicht verwunderlich, daß man die renommiertesten Architekten und Ingenieure zu ihrer Erstellung verpflichtete. Neben *Onofrio* ist besonders *Bonino da Milano* zu nennen, der die nicht mehr erhaltene, mit Figuren geschmückte Kuppel des Brunnens einwölbte.
Das Wasserleitungssystem Dubrovniks zählte zu den modernsten im Mittelmeerraum. Durch ein Höhenreservoir außerhalb der Stadt wurde das Wasser seit 1350/1400 automatisch in die Stadtteile gedrückt, um durch ein zweites Röhrensystem (Blei- und Keramikrohre) wieder abzufließen.
Die *Erlöserkirche Sv. Spas* (21) steht unmittelbar neben dem Stadttor (Zugang zu den Stadtmauern). Sie erinnert an venezianische bzw. lombardische Renaissance-Bauten und wurde von dem dalmatinischen Architekten *Petar Andrijić* aus Korčula um 1520 geschaffen. Dieses Werk ist eine der seltenen Leistungen der Renaissance in Dalmatien und gleicht jenen Kirchen in Šibenik (Nr. 17; Kathedrale) und Zadar (Nr. 14; Sv. Maria). In der hohen Halle hängt ein schönes Altargemälde des Italieners *Pietro da Urbino* (1527), auf dem die ›Himmelfahrt Christi‹ dargestellt ist.
Beachtenswert ist vor allem die *elegante Fassade* dieser Kirche. Das untere Rechteckfeld, das von schlanken Renaissance-Pilastern und einem dünnen Architrav eingefaßt ist, schmückt ein von ebenso schlanken Freisäulen flankiertes Giebelportal. Das fast gleichgroße obere Rechteck ist an der Firstkante und den Seiten durch Halb- bzw. Viertelbögen abgeflacht und durch die zweiachsige Pilasterordnung organisch und harmonisch mit dem unteren Teil der Fassade verbunden. Reminiszens an die Gotik ist das schwere *Radfenster*, das in das obere Rechteck ›eingehängt‹ ist und dann durch die bereits erwähnten Pilaster eingerahmt wird.

Maskenkapitelle im Kreuzgang des Franziskanerklosters

Das Franziskanerkloster *(Mala braća)* **(22)**

Die Klosteranlage schließt sich unmittelbar an die Erlöserkirche an, wobei der eigentliche Zugang zum Kloster zwischen der Klosterkirche und Sv. Spas zu finden ist.

Als dieses Gebiet 1315 in den Generalplan der Stadt einbezogen wurde, erließ der Große Rat ein Dekret, wonach das seit 1235 in ›Pile‹ stehende Kloster abgerissen und an neuer Stelle – innerhalb der zu errichtenden Stadtmauern – wiederaufgebaut werden mußte. Da man zu dieser Zeit einen Angriff des serbischen Königs auf die Stadt erwartete, schien es ratsam, die Abtei hinter die sichereren Stadtmauern zu verlegen, ein Vorgang der auch in Split, Trogir und Šibenik anzutreffen ist. Auf der anderen Seite bedurfte es eines sehr reichen und alten Ordens in Dubrovnik, um die vielen karitativen wie sozialen Aufgaben der Republik zu übernehmen. So begann man nach 1317 mit dem ehrgeizigen Plan, eines der schönsten Klöster Dalmatiens zu errichten.

Eingeschlossen von schlichten, der Ordensregel entsprechenden Wohn- und Arbeitsgebäuden ist der malerische *Kreuzgang:* ein Kunstwerk erlesener Qualität, das der Bildhauer und Architekt *Mihoje Brajkov* aus Bar in Angriff nahm. Beachtenswert sind insbesondere die *Tier- und Dämonendarstellungen der zierlichen Kapitelle,* die von schlanken Doppelsäulen getragen werden und sich vor den ›Lichtspielen‹ der gewölbten Gänge und Fresken wirkungsvoll

Tympanon am Seitenportal der Franziskanerkirche

abzeichnen. Unübersehbar ist auch hier der süditalienisch-apulische Einfluß in Architektur und Dekoration; schon die Baumeister des ersten Klosters kamen aus Süditalien. Noch findet die nordeuropäische Gotik kaum Zugang in Süddalmatien.
Der ehemalige *Kapitelsaal*, der vom Kreuzgang betreten wird, beherbergt heute das *Museum der Franziskaner*. Der im 15. und 16. Jh. umgebaute Saal, in dem sich 7 Kapellen befanden, birgt aber auch die Einrichtung der *ältesten Apotheke Südosteuropas*, die 1317 gegründet wurde und die beweist, daß Medizin und Naturwissenschaften schon im frühen 14. Jh. in den sinnvollen Dienst der Kranken gestellt werden konnte. Daneben sind wertvolle Gemälde (13.–17. Jh.) italienischer und einheimischer Meister, liturgische Geräte, Meßgewänder und ausgezeichnete Schätze der Klosterbibliothek ausgestellt.
Die herrliche *Bibliothek* (30 000 Bände, 15 illuminierte Chorale und über 1500 Handschriften) ist nicht zugänglich, da in der Abtei noch immer Franziskaner residieren. Sie lesen täglich mehrere Messen in ihrer alten Klosterkirche. Diese stammt ebenfalls aus dem frühen 14. Jh. und wurde um 1343 vollendet. Den hohen *Kirchturm* führten einheimische Handwerker nach 1424 hoch. Nach dem Erdbeben 1667 setzte man ihm an Stelle der gotischen Spitze eine oktogonale Tambourlaterne auf; denn nach 1667 sind in Dubrovnik gotische Aufbauten (Fialen, Wasserspeier etc.) und gefährlich ausladende Baukörper, wie Zinnen u. ä., verboten worden.

Die Schmucklosigkeit der Kirche, ihre flachen Mauern, das schlichte Satteldach entsprachen der Ordensregel der Bettelmönche. Eine Ausnahme macht nur das *spätgotische Seitenportal*, über dem eine wunderschöne *Steinpietà* angebracht ist, die *Petar Petrović* 1499 gestaltete. Die Giebel der Licht- bzw. Obergadenfenster sind barocken Ursprungs, wie auch die Innenausstattung der breiten Kirchenhalle, die hauptsächlich dem Volksgottesdienst diente. Weder Säulen noch Arkaden verstellen den geräumigen Saal; denn Kirchen waren nicht nur Ort festlicher Gottesdienste, sondern wurden im Mittelalter auch für andere Veranstaltungen genutzt; heute finden in den Kirchen Dubrovniks Konzerte statt. Der 1713 aufgestellte *Hochaltar* gehört zu den reifsten Kunstwerken der barocken Epoche in dieser Abtei. Links vom Hauptaltar erkennt man das bescheidene *Grabmal* des berühmtesten Dichters der Republik: *Ivan Gundulić* (1588–1638).

Bevor man wieder auf den lauten Stradun hinaustritt, sei noch zu einem kurzen Besuch der gotischen, vom Erdbeben verschonten *Sakristei* geraten (sofern geöffnet). Hier steht das kleine *Grabmal* der Aristokratenfamilie *Bunić* (1472).

Die Abtei der Klarissinnen *(Sv. Klara)* **(18)**

Die Klarissinnen – die weibliche ›Ordensfiliale‹ der Franziskaner – ließen sich um 1290 an dieser Stelle nieder, wo einst die erste Blasiuskirche und Rolandsäule gestanden haben. Dahinter lagen das Armen- und Findelhaus der Republik; denn die meist adligen Nonnen, die aus angesehenen Familien Dubrovniks stammten, widmeten sich vor allem der Pflege Kranker und Alter sowie der ihnen anvertrauten Findelkinder und Waisen. Der im frühen 14. Jh. vollendete Klosterkomplex erhielt nach dem Beben 1667 eine vollkommen neue Gestalt. Um den großzügigen Hof, in dessen Mitte ein schöner *Renaissance-Brunnen* steht, reihen sich die breiten, aus Kalksteinquadern und Tuffstein gewölbten Arkadenbögen, die dem erstaunten Besucher etwas von dem schwungvollen Raumempfinden der Spätrenaissance und des Barock zeigen, das sich nach der Katastrophe in der engen mittelalterlichen Stadt breitmachen konnte. Unterhalb der Arkaden und Laubengänge sind heute ein vorzügliches Restaurant (›Jadran‹), ein Café, sowie ein Nachtclub untergebracht.

Durch die ›neue‹ Hauptstraße (M) des jüngsten Stadtteils, *Prijeko*, dem ehemaligen Fischerdorf ›Dubrovnik‹ (E), gelangt man wieder in den östlichen Bereich der Stadt. Linkerhand erklimmen die durch Treppen gegliederten engen Gassen den steiler werdenden Hügel; rechterhand gelangt man neuerlich hinunter zum Stradun. In dieser Straße (M) stehen noch einige spätmittelalterliche Adelspaläste, die vom Beben verschont blieben. Ausladende, reichverzierte Balustradenbalkone, hohe Maßwerkfenster und kunstvoll in Stein gehauene Wappen zieren die lange Gasse, auf der in den Abendstunden die Gäste der Spezialitätenrestaurants Platz nehmen. Mit den hier wohnenden Bürgern, die zu dieser Zeit ihre Häuser verlassen, um sich zum abendlichen ›Corso‹ zu treffen, verbringt man sicherlich unvergeßliche Stunden; es ist das ›Wohnzimmer‹ der Menschen. Am Ende der Gasse steht die spätromanische Kirche *Sv. Nikola* (23), die im 17. Jh. eine barocke Giebelfassade erhalten hat. Links führt ein schmaler Durchgang zum Vorplatz des zweitgrößten Klosters Dubrovniks, des Dominikanerklosters.

Das Dominikanerkloster (24)

Das Kloster diente wie die Abtei der Franziskaner und Klarissinnen nicht nur der Seelsorge, sondern ebenso der Verteidigung Dubrovniks, zu der Mönche und Bürger des jeweiligen ›Stadtviertels‹ verpflichtet waren. Deshalb standen zunächst Sicherheits- und strategische Gründe im Blickfeld der Planung, weniger Gestaltungsprinzipien, die dem spätromanischen, vor allem dem gotischen Stil entsprochen hätten. Der Festungscharakter der Abtei wird nur im vornehmen Klosterhof, im Innern der Kirche und in der dekorativen Ausstattung unterbrochen. Die hohe Halle der 1315 begonnenen Kirche ist ebenso bescheiden wie die der Franziskaner. Schöner und vom Erdbeben verschont ist die spätgotische polygonale Apsis, die die Brüder *Lovro* aus Zadar errichteten. Leider hat man in jüngster Zeit den schönen goldverzierten Barockaltar entfernt und durch eine neugotische Orgel (!) ersetzt. Neben den zahlreichen barocken Seitenaltären, mit Gemälden einheimischer und italienischer Meister des 14.–18. Jh., verdienten insbesondere das große bemalte *Kruzifix* erhöhte Aufmerksamkeit, das in der spitzbogigen Mittelarkade des Chores aufgehängt ist und die Figuren Mariens und Johannes des Täufers. Sie stammen von *Paolo Veneziano*, der die Votivgruppe um

Dominikanerkloster: Grundriß

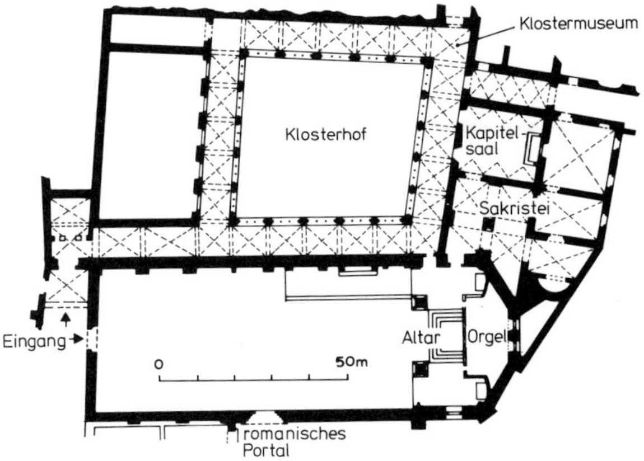

1370 malte. In derselben Epoche gestalteten unbekannte Bildhauer das Seitenportal, das einst der Hauptzugang zur Kirche war. Das einzige große romanische Portal Dubrovniks bekam um 1419 eine gotische Fassung, die *Bonino da Milano* in den weichen Kalkstein geschlagen hat. Über der Sakristei erhebt sich der kühn gestaltete, viergeschossige Campanile, den man 1390 bei *Cecho da Monopoli* in Auftrag gab. Mehrere Generationen einheimischer Architekten waren nötig, um das Werk im 16. Jh. zu vollenden. Nach dem großen Beben fügte man eine barock geschwungene, oktogonale Laterne hinzu. Heute charakterisieren 3 schlanke Türme die sonst an Campanili arme Stadtsilhouette. Sparsamkeit, vor allem aber die stete Angst vor neuerlichen Beben verhinderte den Bau dieser teuren Symbole bürgerlichen und kirchlichen Stolzes.

Durch die von *Paškoje Miličević* im späten 15. Jh. ausgestattete Sakristei – Brunnen, 15. Jh.; Kruzifix, 16. Jh. – gelangt man in den ruhigen *Klosterhof* der Dominikaner. Hier verbanden sich ›Vorstellungen paradiesischen und arkadischen Seins‹ mit einem damals für ›Normalsterbliche‹ unzugänglichen, heiligen Ort, der auch die Gräber vieler Patres birgt. Die Dominikaner, die 1225 nach Dubrovnik kamen, siedelten sich außerhalb der Stadtmauern an, dort, wo heute die kleine Kapelle *Sv. Jakov* – nördlich des Klosters – steht. Aus den bekannten Gründen verlangten die Stadtväter im frühen 14. Jh., daß die Abtei umgesiedelt werden mußte. So begann man um 1310 mit dem Projekt des neuen Klosterhofs wie der Wohn- und Arbeitsgebäude der Dominikaner nur einige Schritte von dem älteren Platz entfernt. Im selben Jahrhundert errichteten Handwerker und Architekten die neue nun die Abtei umfassende Stadtmauer wie das dazugehörige Ploče-Tor (27).

Die Pläne des Hofes, den weite Renaissance-Arkaden schmücken, in denen zierliche, gotische Füllungen – ein 4 Säulen übergreifendes Maßwerktympanon – eingelassen sind, lieferte um 1460 der Florentiner *Maso di Bartolomeo*. Auffallend ist insbesondere der qualitative und materielle Gegensatz zwischen den schweren Quadersteinarkaden und den ›zerbrechlichen‹, viel zarteren gotischen ›Maßwerk- und Säulentafeln‹; ein stilistischer Gegensatz (Gotik-Renaissance), der eine der wichtigsten Eigenschaften der dalmatinischen Kunst im 15. und 16. Jh. ist. Manieristischer Natur ist die Säulenarchitektur über dem kantigen Brunnen.

Im östlichen Teil des schön gewölbten Kreuzganges – Renaissance-Portale – betritt man den *Kapitelsaal* und die *Schatzkammer* (Museum) der Abtei. Sie präsentiert erlesene Kunstwerke, Dokumente, liturgische Geräte und Codices nicht nur des Klosters, sondern auch Dubrovniks. Zu erwähnen sind: ein silbernes Kreuz des serbischen Königs *Uroš II.* (um 1350); das Bild ›Christus und Maria‹ von *E. Charon-*

Kreuzgang des Dominikanerklosters

ton (um 1460); die ›Hl. Familie‹, aus der Schule *Lorenzo di Credis* (16. Jh.); ein silbernes Weihrauchgefäß im Stil eines Dubrovniker Handelsschiffs (um 1570); ›St. Blasius mit Heiligen‹ (Modelle der Stadt und der Kirche) von *N. Božidarević* (um 1500); ›Lukarevićtriptychon‹ von *M. Hamsić* (1512); ›Hl. Magdalena‹ von *Tizian* (um 1555) sowie zahlreiche andere Bilder aus der ›Malschule‹ Dubrovniks, die ihren Höhepunkt im 15. und 16. Jh. hatte.

Vor dem Dominikanerkloster erkennt man die barocke *Bruderschaftskirche Rozarijo* (25), daneben die festlichen Räume der Bruderschaft, in denen heute das *Amt für Denkmalpflege* untergebracht ist. Auf der gegenüberliegenden Seite, neben der Klosterkirche, steht die spätmittelalterliche Kirche *St. Sebastian* (26), in deren umgebautem Innenraum die staatliche *Galerie Atlas-St. Sebastian* ausgewählte Kunst der jugoslawischen Moderne anbietet. Über die kleine *Renaissance-Treppe* gelangt man wieder zum *Hafen* bzw. durch das *Stadttor* (8) zur *Placa* (J).
Außerdem wird der Besuch folgender Denkmäler und Museen empfohlen: Stadthafen und *Schiffahrtsmuseum* in der *Festung Sv. Ivan* (4); Getreidelager und *Lapidarium Rupe* (17); die neu erbauten, mittelalterlichen *Lazarette* in Ploče; die *Kunstgalerie* gegenüber dem Hotel Excelsior in Ploče; das *Museum alter Ikonen* neben der orthodoxen Kirche in der Ulica Od Puča (L).
In der näheren Umgebung Dubrovniks sei zu folgenden Ausflügen geraten: Mit der Seilbahn auf den ›Hausberg‹ Dubrovniks, *Srđ (Srdsch)* und zum französischen *Fort Imperial* (Talstation hinter den Stadtmauern; F); Naturschutzpark auf der *Insel Lokrum* (Restaurant und Badestrände; Abfahrt vom alten

Hafen mit Linienbooten oder Taxen; H). Im Stadtteil *Gruž* (Neuer Hafen) liegt einer der schönsten intakten Aristokratenpaläste (15./16. Jh.), mit einer Kapelle, Loggien und einem Teich. Heute ist das ›Historische Archiv der jugoslawischen Akademie‹ hier untergebracht. Schöne Villen reicher Patrizier Dubrovniks stehen auch in der Rijeka Dubrovačka-Bucht; sie stammen aus dem 14.–16. Jh. und dienten als Sommerresidenzen. Der Sorgo-Palast am Ende der Bucht ist heute als Hotel und Anlegeplatz vieler privater Jachten beliebter Ausflugsort der Dubrovniker (Festsaal mit Fresken).
Hinter der malerischen Bucht von *Mali* und *Veliki Zaton* erstreckt sich einer der schönsten botanischen Gärten Dalmatiens, der *Park von Trsteno*, in dem eine schöne Patriziervilla der Familie Gučetić (17. Jh.) steht. Hinter der Villa errichteten einheimische Architekten den einzigen Renaissance-Park der adriatischen Küste, mit Brunnenanlagen und manieristischen Skulpturen.
Wie Zaton und Trsteno, so war auch *Slano* ein beliebter Ausflugsort der Dubrovniker Adligen. Als Zaton 1399 zum Stadtstaat Ragusa kam, schickte man einen Rektor hierher, baute einen bewehrten Regierungspalast, eine Pfarrkirche und ein Franziskanerkloster (1420 gegründet), dessen Turm erst 1758 vollendet wurde.
Heute gehört die ›Riviera‹ von Dubrovnik zwischen Gruž und Ston (Nr. 25) zu der schönsten Küstenregion Dalmatiens. Zahlreiche Hotels, Pensionen und Privatvillen bieten dem Gast Gelegenheit, dieses ›mittelalterliche‹ Arkadien zu genießen.

27 Die süddalmatinischen Inseln: Koločep, Lopud, Šipan, Mljet und Lastovo

Die fünf Inseln, von denen die ersten drei unter dem Namen ›Elaphitische Inseln‹ (= ›Hirschinseln‹) zusammengefaßt werden, gehörten seit dem späten Mittelalter zum mächtigen Stadtstaat *Dubrovnik*. Durch besondere Gesetze und Verordnungen – jede der Inseln hatte einen eigenen Rektor und Verwaltungsbeamte – sind ihre Vegetation und Fauna geschützt worden; denn diese Eilande waren bedeutende Lieferanten landwirtschaftlicher Produkte, Erholungsorte der Patrizier und Adligen Dubrovniks sowie Refugium zahlreicher Klostergemeinschaften. Die Inseln können als ›Vororte Dubrovniks‹ bezeichnet werden, zumal sie ja auch strategische Aufgaben zu übernehmen hatten. Ihre Städte, Klöster und Burgen sollten bereits die Feinde abschrecken, die Hauptstadt anzugreifen. Heute zählen sie zu den *schönsten Inseln Dalmatiens*, die dem Reisenden Ruhe, Beschaulichkeit und Entspannung bringen, ganz abgesehen von der Einzigartigkeit ihrer Pflanzen- und Seenwelt sowie den vielen Kunstdenkmälern.
Alle Inseln sind mehrmals täglich von Dubrovnik aus zu erreichen; Lastovo und Mljet auch von Split.

Koločep — Nr. 27

Koločep ist eine der kleinsten Inseln dieser Gruppe und liegt in unmittelbarer Nähe des Hafens von Dubrovnik, *Gruž*. Lebte die Bevölkerung bis ins 19. Jh. von Fischfang, Landwirtschaft und Korallenfischerei – ihre Korallen wurden im ganzen Mittelmeerraum angeboten – so bestreiten die Einwohner heute ihr Einkommen vom Tourismus, wenn sie nicht in Dubrovnik einer Arbeit nachgehen. Zwischen den beiden Kalksteinhöhenrücken breitet sich eine schmale Talsenke aus. Koločep besitzt zwei kleinere Ortschaften: *Gornje* und *Donje Čelo*, die von exotischen Parks und Sandstränden umgeben sind (Hotels,

Camping). 1272 kam Koločep (Calamota) zu Dubrovnik, nachdem es bis dahin slawischen Fürsten und Königen gehört hatte. Nach einem folgenschweren Überfall türkischer Piraten 1571 begannen Bürger und Ragusaner Baumeister, die Insel mit Mauern und Wehrtürmen zu sichern. Oberhalb *Donje Čelos* und etwas weiter landeinwärts ragen noch zwei dieser *Wehrtürme* empor. Im selben Dorf steht die *Pfarrkirche Sv. Maria*, die zwischen 1250 und 1450 von einheimischen bzw. Ragusaner Architekten erbaut wurde. Der Kirchturm von 1788 ersetzt einen älteren Vorgänger, der 1667 beschädigt wurde. An den Wänden der Kirche künden eingelassene römische und frühmittelalterliche Spolien von der bewegten Geschichte dieser Inseln.

Lopud **Nr. 27**

Hauptort ist *Lopud* in einer der beiden geschützten Buchten, die von zwei bewaldeten Bergrücken flankiert sind. Um die malerisch angelegte Stadt ziehen sich ausgedehnte Sandstrände, die von Palmen, Orangen- und Zitronenbäumen sowie anderen subtropischen Gewächsen umgeben werden (Hotels und Camping). Lopud gehörte schon seit dem späten 11. Jh. zu *Dubrovnik*. Seine Bürger verdienten sich durch Seefahrt, Handel und ruhmreichen Militärdienst in der spanischen Armada Anerkennung und Reichtum. Nach 1420 fanden viele aus den von Türken besetzten Gebieten flüchtende Menschen hier eine neue Heimat, von der die Chronisten als ein von zahlreichen schönen Klöstern, Kapellen und Palästen geschmücktem Juwel berichteten. Kriege und Erdbeben haben allerdings unersetzbare Schäden angerichtet.
Zwei barocke Festungsbauten beschützen die Bucht von Lopud, die von der Silhouette der *Pfarrkirche zur Hl. Dreifaltigkeit (Sv. Trojstvo)* charakterisiert wird. Ihr Stifter, *Vice Bune* (1559–1612), ein versierter Diplomat und Kaufmann, liegt in der Kirche begraben. Sehenswert ist auch das aufgelassene, im Übergangsstil von Gotik und Renaissance errichtete *Franziskanerkloster* oberhalb der Stadt. Wie so viele Abteien Dalmatiens, ist auch dieses mittelalterliche Kleinod von Ringmauern und einem Wehrturm umgeben; denn Klosterschatz, Mönche und deren Gäste sahen sich immer wieder Bauernaufständen und Überfällen ausgesetzt. Größte Beachtung verdienen vor allem der wuchtige Kreuzgang, die frühbarocken Wandmalereien und die Ausstattung der Klosterkirche: Chorgestühl (um 1480); Triptychon (*N. Božidarević*, 1513); Polyptychon (*P. Giovanni*, 1523); Kreuzigung *(Schule von Bassano)*.
Ebenso schön ist das alte *Dominikanerkloster* am Beginn der Strandpromenade. In der um 1480 geweihten *Kirche Sv. Nikola* hängen zwei Gemälde aus der *Schule Dubrovniks:* ›St. Georg‹ und ›Taufe Christi‹ (beide um 1550). Auf der anderen Seite der Promenade (Südwestende der Bucht) überragt der teilweise zerstörte *Rektorenpalast* die Stadt; denn von hier oben waren die Insel, der Ort, aber auch die Bürger und Bauern jederzeit zu überwachen. Der benachbarte gotische Bau gleicht jenen der reichen Adligen und Patrizier, die sich in der Stadt und ihrer näheren Umgebung luxuriöse Sommerresidenzen geleistet haben (Grand Hotel).
Der schöne *Victor Dyk-Weg* geleitet in kurzer Zeit zur Südostseite der Insel. Unterwegs kommt man an der kleinen *Marienkirche* vorbei, in der neben dem holzgeschnitzten Altar auch wertvolle italienische Gemälde aufbewahrt werden.

Šipan **Nr. 27**

Šipan ist die größte der Elaphitischen Inseln. Im Nordwesten der Insel, am Rande einer fruchtbaren Talsenke, in der u. a. Palmen, Oliven, Feigen, Weinreben, Mandeln, Granatäpfel, Orangen und Zitronen gedeihen, erstreckt sich die weite Bucht *Šipanska Luka*, südöstlich davon die Bucht *Suđurađ*. Die beiden Hauptorte *Šipanska Luka* und *Suđurađ* sind durch eine 5 km lange Straße miteinander verbunden. Schon im hohen Mittelalter war Šipan ein bekannter und wichtiger ›Weingarten‹ der Republik Dubrovnik. Aristokraten und Klosterherren errichteten überall auf der Insel romanische und gotische Kapellen, Klöster und vornehme Sommerresidenzen. In *Suđurađ* erhebt sich das 1539 gestaltete Schloß der *Familie Škočibuha*, das 1576 einen Schutzturm erhielt. Ebenso prächtig war einst das Palais der *Familie Sagrojević*. In der *Kapelle Sv. Đurađ* ist ein Kreuzigungsfresko aus dem frühen 15. Jh. freigelegt worden. Auf dem Weg nach *Šipanska Luka* kommt man an der verfallenen Residenz der Bischöfe von Dubrovnik – *Biskupija* – und an den Ruinen des kleinen *Schlosses Renatovo* vorbei. Hier verbrachten Könige und Fürsten die heißesten Monate des Jahres. Im Jahre 1450 (Inschrift über dem Hofeingang) errichteten einheimische Architekten den *Rektorenpalast* in *Šipanska Luka*. Die wohlproportionierte Fassade, die schon frühe Einflüsse der italienischen Renaissance erkennen läßt, erhebt sich über der malerischen Hafenstadt. Die ältere *Pfarrkirche Sv. Stefan* beherbergt ein schönes italienisches Frührenaissance-Bild (›Muttergottes‹), auf dem der stattliche Palast der berühmten Musiker- und Philosophenfamilie *Sorkočević* abgebildet ist.

Mljet **Nr. 27**

Mljet ist eine der reizvollsten Inseln Süddalmatiens. Fernab der übervölkerten und lauten Küstenstädte, fern von Industrie und Verkehr hat sich ein südländisches Natur- und Tierparadies (Nationalpark) erhalten, welches einen Aufenthalt zu einem unvergeßlichen Erlebnis macht. Hauptorte der langgestreckten Insel sind der Ferien- und Jachthafen *Polače* und *Govedari* im Westen, *Babino Polje* und *Sobra* im Osten. Kultureller und künstlerischer Höhepunkt von Mljet ist das bewehrte *Benediktinerkloster*. Im Westen der Insel bildet sich ein natürlicher See, der über die Landenge von Soline mit Meerwasser gespeist wird. Im *Veliko Jezero* ragt auf einem kleinen Inselhügel, der schon seit der Antike besiedelt ist, das im 12. Jh. gegründete Kloster empor. Da Kloster, Kirche und Kreuzgang seit 1200 errichtet und im 15. und 16. Jh. durch neue Anbauten und Umgestaltungen verändert worden sind, bietet diese Anlage keinen einheitlichen Eindruck. Dennoch herrscht der in Dalmatien weit verbreitete Übergangsstil von der Gotik zur Renaissance vor, wobei aus Sicherheitsgründen der Festungscharakter im Äußeren überwiegt. Als die Abtei 1527 Mutterkloster der Benediktiner von Dubrovnik wurde und der Stadtstaat seinem kulturellen und politischen Höhepunkt entgegenschritt, war auch hier die Stunde luxuriöser Ausstattung und eines neuen Lebensstils gekommen. Über 300 Jahre herrschten hier humanistische Bildung, wissenschaftliche Forschung und vornehme Feste; denn Adlige und Patrizier waren gern gesehene Gäste im Kloster. Nach der Säkularisation 1869 begann der Niedergang. Heute zählt dieser Klosterkomplex zu den schönsten Hotels der jugoslawischen Adriaküste.
Sehenswert sind die *Kreuzkuppelkirche* (›apulische‹ Romanik), das Atrium mit den Heiligenreliefs aus dem 13. Jh. und die Fresken aus dem 15. Jh.; der Renaissance-Vorbau mit Stifterwappen der Familie *Sorkočević*; beide Barockkapellen in der Kirche; das Altarbild ›Vision des hl. Benedikt‹ (1702 von *P. Matejević* gemalt); der *Spätrenaissance-Wohnbau* für Gäste sowie die *Verteidigungsanlagen* aus dem späten 15. Jh.; denn trotz der luxuiösen Pracht dienten die Inselklöster auch der Verteidigung des Stadtstaates.

Lastovo (Lagosta) ist von vielen kleinen Inseln und verkarsteten Felsenriffen umgeben, deren Fischgründe noch zu den ergiebigsten in Dalmatien zählen. Um den 417 m hohen Hauptkamm *Huma* ziehen sich waldreiche Zonen, die immer wieder von Weinbergen und Plantagen unterbrochen werden. Landwirtschaft und Fischerei sind die wichtigsten Einnahmequellen der Bewohner von Lastovo. Die griechisch-römische Kolonisation wurde von byzantinischen und slawischen Fürsten abgelöst, die um 1000 wiederum den Venezianern Platz machten. Seit 1252 aber gehörte die Insel ebenfalls zum Stadtstaat Dubrovnik, jedoch mit eigenem Statut und Rektor.
Hauptort ist *Lastovo*, das sich, einem Amphitheater gleich, um die breite Talsenke und die Abhänge des *Glavica-Berges* legt. Wie in vielen dalmatinischen Städten besticht auch hier die solide, raum- und materialsparende Bauweise, die der Architektur einen geschlossenen und menschlichen Rahmen verleiht. Sehenswert sind die Kirchen *Sv. Kuzma i Damjana* (Pfarrkirche) aus dem späten 15. Jh. mit ihren beiden Renaissance-Kapellen und dem jüngeren Glockenturm, die spätgotische Votivkirche *Sv. Vlah* als einstige Kirche der Ragusaner Rektoren und Aristokraten sowie die Kapelle *Sv. Rok* (16. Jh.), die sich gegenüber dem Touristenbüro befindet. Empfehlenswert ist ein Ausflug zur Hotelsiedlung und dem Dorf *Ubli*. In der Bucht *Velo Lago* künden Ruinen einer altchristlichen Basilika, einige Sarkophage und Gebäudereste von der langen Siedlungs- und Kulturkontinuität der mitteldalmatinischen Inseln.

28 Cavtat

Auf einer kegelförmigen Halbinsel im südlichen Teil der weiten Bucht *Župski Zaljev*, unweit von Dubrovnik, zu dem Cavtat seit 1326 (1426) gehörte, steht die romanische Gemeinde Cavtat (lat.: *Civitas*). Rektorenpalast, Arsenal, Adelsresidenzen und die Kirche des Dubrovniker Stadtheiligen *St. Blasius* (Sv. Vlah) künden von den Ragusaner Beamten, die Cavtat mit Erfolg bis 1806 regierten. Doch diese ›mittelalterliche‹ Stadt ist viel älter. An ihrer Stelle erhob sich seit dem 4. Jh. v. Chr. die mächtige und sicherlich einflußreichste griechische Kolonie der jugoslawischen Adria: *Epidaurum*. Ruinen der antiken Handelsstadt sind heute unter dem Meeresspiegel der flachen Bucht zu erkennen; denn Epidaurum versank während mehrerer Erdbeben in den Fluten der Adria. Um 614 aber hatten *Awaren* und *Slawen* die blühende Stadt bereits zerstört; die überlebende Bevölkerung flüchtete größtenteils nach Dubrovnik und gründete dort ihre neue Kommune. In der regelmäßigen griechischen Stadtanlage nisteten sich slawische Bauern und Fischer ein; doch zur rechtmäßigen Stadt entwickelte sich Epidaurum, das nun Cavtat hieß, erst im hohen Mittelalter, als ragusanische Bürger die neue Stadt erbauten. Überfälle slawischer Fürsten und Soldaten, die sich des einträglichen Hafens bemächtigen wollten, führten dazu, daß die Stadt durch einen künstlichen Kanal vom Festland getrennt und von hohen Mauern umgeben wurde. Als selbst diese die Einnahme Cavtats durch *Stjepan Vukčić* 1451 nicht verhindern konnten, kauften Dubrovniks Diplomaten ihre Stadt zurück und befestigten sie erneut. Bis 1806 verblieb die Gemeinde im Stadtstaat Dubrovnik. Im späten 19. Jh. hat man die Mauern und Tore eingerissen und einen ›grünen‹ Gürtel um die Stadt gelegt. Erdbeben und die Verwüstungen des 2. Weltkrieges trugen dazu bei, daß Cavtat sein ursprüngliches und geschlossenes romanisch-gotisches Bild eingebüßt hat. Dieser Schaden wird allerdings durch moderne und sich in die Landschaft geschickt einfügende Hotel- und Feriensiedlungen wettgemacht. Strände und das nahe Dubrovnik laden hier zum Verweilen ein.

Cavtat

Mittelpunkt Cavtats ist die breite, von Palmen und schattigen Cafés geschmückte *Hafenpromenade.* Am alten Hafen steht der befestigte *Rektorenpalast,* der gleichzeitig Sitz des Militärkapitäns war. In dem Spätrenaissancebau, 1555/58 von einheimischen Meistern errichtet, sind heute das reichhaltige Stadtmuseum, ein Lapidarium, die volkskundliche Sammlung sowie eine der wertvollsten graphischen Kollektionen Dalmatiens untergebracht. Die ebenso interessante Bibliothek geht, wie die graphische Sammlung, auf den Historiker *B. Bogišić* (1834–1908) zurück, dem das Denkmal vor dem Regierungspalast gewidmet ist. Einige Schritte weiter befindet sich das kirchliche Zentrum der Stadt: die *Bischofskirche Sv. Nikola.* Die spätmittelalterliche Basilika erhielt 1732 ein barockes Kleid sowie einen neuen Glockenturm; denn die ältere Architektur war Opfer der schweren Erdbeben des späten 17. Jh. geworden. Typisch für die Stilauffassung dieser Kirche ist aber, daß ihre Baumeister im Campanile dennoch nicht darauf verzichten konnten, ein romanisches Biforium (Doppelfenster) einzubauen. Althergebrachte Gewohnheiten vermischten sich hier, wie überall in Dalmatien, mit den Gedanken des neuen Provinzbarock. In dem schmalen Innenraum ist der große Altar des Sizilia-

ners *K. Reggi* bemerkenswert, den er im frühen 19. Jh. gestaltete. Zeitgeschichtlichen Wert besitzen die beiden Altargemälde *Reggis*, auf denen alte Ansichten von Cavtat und Dubrovnik mit den jeweiligen Stadtheiligen *Nikolaus* (Hauptaltar) und *Blasius* (Seitenkapelle) dargestellt sind.
In der *Pinakothek* von Cavtat (Ulica Nikola, hinter der Pfarrkirche) sind einige durchaus sehenswerte Bilder zusammengetragen worden.
Die geschwungene Hafenallee wird an ihrer südwestlichen Seite vom *Franziskanerkloster* und seiner *Kirche Gospa od snijega* eingerahmt. Der einschiffige Sakralbau wurde um 1490 hochgeführt und weist, wie der sich anschließende Klosterkreuzgang, Elemente der ausgehenden Gotik und der sich in Dalmatien allmählich ausbreitenden Renaissance auf. In der Seitenkapelle hat sich eines der schönsten Altarbilder Dalmatiens erhalten: das ›St. Michaels-Polyptychon‹ des in Dubrovnik und Venedig erzogenen Malers *Lovro Dobričević* aus Kotor. Die zahlreichen Heiligengestalten sowie die ganze Komposition zeigen schon deutlichen Einfluß der italienischen Renaissance, was in der hiesigen Malerei um 1500 noch nicht üblich war. Im Chorbogen malte der sicherlich bekannteste Impressionist Jugoslawiens, *Vlaho Bukovac* (1855–1922), ein monumentales Fresko mit der Ansicht seiner Heimatstadt Cavtat und der thronenden Gottesmutter. In der Ulica Bukovac steht das Geburtshaus und Atelier dieses weitgereisten Künstlers, der mit seiner Malerei zum Ruhm seines kroatischen Volkes beigetragen hat.
Auf dem Höhenrücken der Hügelstadt verläuft die zweite Hauptstraße der Stadt, die Ulica Prijeko, die hinüber zum *Friedhof* und zum *Mausoleum* der Patrizierfamilie *Račić* führt. Dieser monumentale, aus weißem Marmor gestaltete Grabtempel stammt von dem renommiertesten jugoslawischen Bildhauer, *Ivan Meštrović* (1920–22), dessen Museum in Split (Nr. 19) zu sehen ist. Der Engel auf der Kuppel stellt, wie der ganze Grabbau, eine Allegorie der Liebe, Hoffnung und Unsterblichkeit dar, der Unsterblichkeit der Stifterfamilie wie auch des kroatischen Volkes.
Auf der Ostseite der ›Gartenstadt‹ Cavtat kann die Grotte ›Šipun‹ besichtigt werden; am Autobusbahnhof, beim Eingang zur mittelalterlichen Stadt, liegen noch Reste der Stadtmauer und das Stadttor aus dem 15. Jh. In der näheren Umgebung Cavtats sind allenthalben Reste aus der griechisch-römischen Zeit zu finden. Weiter landeinwärts, im *Tal von Konavle* und im beliebten Ausflugsziel *Konavoski Dvori* (4 km von Gruda), bietet sich die Möglichkeit, die kulinarischen Spezialitäten dieser Region näher kennenzulernen, wie auch weitere Spaziergänge durch das schöne Tal zu unternehmen.

Die Bucht von Kotor

29 Die Bucht von Kotor

Ein Höhepunkt jeder Reise ins jugoslawische Küstenland ist die Bucht von Kotor. Weit in die sich auftürmenden ›schwarzen Berge‹ Montenegros hineinreichend, bietet sie ein grandioses Naturschauspiel. Von vier Halbinseln in vier Becken unterteilt, von meist senkrechten Felswänden umringt, ist im gesamten Mittelmeerraum kaum etwas zu finden, das sich mit dieser Szenerie vergleichen läßt. Hier schwelgt die von heißen Sommern und milden Wintern begünstigte Landschaft in vielfach duftenden, farbenfrohen und bizarren Formen. In graue Karstklippen haben sich die Städte hineingebohrt; denn diese Bucht bot ihren Bewohnern nie den Platz, den sie brauchten. An den breiteren Küstenstreifen, an gefährdeten Orten und auf sicheren Hügeln wachten alte Burgen, malerische Siedlungen und mittelalterliche Klöster über den allzeit gefährdeten Frieden in der strategisch bedeutenden Bucht; und über allem thront auch hier der venezianische Löwe. Vor die zinnenumgürteten Städte *Herceg-Novi, Perast* und *Kotor* stellten reiche Adlige und Kapitänsfamilien herrliche Paläste, die von prachtvollen Parks umgeben sind. Von Kotor, der größten Stadt in der Bucht, schwingt sich die österreichische Paßstraße hinauf zum 1750 m hohen *Lovćenmassiv*. Im jahrhundertelangen Kampf gegen byzantinische, serbische, kroatische und montenegrinische Könige, gegen dalmatinische Piraten und arabische Freibeuter, gegen türkische Heere, russische Zaren und österreichische Soldaten blieben zuletzt die montenegrinischen Bauern und dalmatinischen Städter Sieger, die nach der Errichtung des neuen Jugoslawien, 1945, endlich zur Ruhe kamen. Kriege, Seuchen und Erdbeben, neuerdings auch der Verlust der ehemaligen strategischen und wirtschaftlichen Bedeutung, führten zum allmählichen Verfall der alten Städte und Fischersiedlungen. Nur *Herceg-Novi* und *Kotor* erfreuen sich als moderne Ferien- und Kurorte jenes Interesses, das früher der ganzen Bucht gegolten hat. Die kleineren Orte, vor allem *Risan* und *Perast*, einst stolze Seefahrerstädte, bieten einen morbiden und doch ›romantischen‹ Eindruck. Sie sind zu sinnentleerten Kulissen einer alten Epoche geworden, in der Bischöfe und Adlige das Geschick und die Schönheit dieser grandiosen Bucht mitbestimmten.

Herceg-Novi — Nr. 29

Herceg-Novi ist neben Kotor die größte Stadt in der Bucht. Aufgrund des milden Klimas, der nahen Heilbäder von *Igalo* sowie der einzigartigen Vegetation dieser in sanften Terrassen ansteigenden Landschaft, entfaltete sich die Hafenstadt zu einem beliebten Ferienzentrum in der südlichen Adria. Sehenswert sind vor allem der artenreiche Stadtpark vor dem Hotel ›Boka‹ und die alte Hügelstadt, eine Gründung des bosnischen Königs *Tvrtko I.* Benannt wurde sie nach Herzog *Stjepan Vukčić*, dessen Residenz Herceg-Novi im 15. Jh. war. Die slawische Handelsstadt geriet 1482 ebenso in türkische Hände wie auch andere Orte der Bucht von Kotor. Auf der Seite der dalmatinischen Städte kämpften spanische Soldaten; sie vertrieben die orientalischen Statthalter, die aber bald darauf nach Herceg-Novi zurückkehrten. Mit Hilfe der Malteserritter gelang es 1687, die Stadt wieder unter die Herrschaft Venedigs zu bringen. 1797 läuteten Österreichs Soldaten und Beamte auch hier die Neuzeit ein. Die mittelalterliche Altstadt erstreckt sich terrassenförmig über den steilen Klippen des montenegrinischen Vorgebirges. Von See- und Landseite her beschützen zwei steinerne Festungen – *Forte Mare* und *Forte Španjol* (15. und 16. Jh.) – die verwinkelten Gassen und einfachen Häuser. Mittelpunkt der Stadt ist die *Pfarrkirche Sv. Jerolim (St. Hieronymus)*, die 1856 an Stelle einer türkischen Moschee entstand. Der 1667 errichtete *Uhrturm* erhebt sich über dem Hauptplatz, von dem aus die Hauptstraße Herceg-Novis hinüber zum neuen Stadtteil führt, wo sich im 17. Jh. Franziskaner und Kapuziner niederließen. Neben diesen bescheidenen Pfarr- und Klosterkirchen ist vor allem das serbisch-orthodoxe *Kloster Savina* in der Umgebung Herceg-Novis zu erwähnen (4 km Richtung Tivat).

Risan **Nr. 29**

Risan zählte in der Antike zu den wichtigsten Städten des illyrischen Staates wie auch der römischen Soldaten und Siedler (Iulium Risinium). Nach der Zerstörung durch Slawen, Awaren und Sarazenen im frühen Mittelalter blieb diese Stadt ein kleiner Marktflecken am Ende der aus dem Bergland kommenden alten Handelsstraße, die hauptsächlich von den Bauern des montenegrinischen Hinterlandes genutzt wird. Die Funde Risans gehören zu den bedeutendsten des einstigen Staates der Ureinwohner Dalmatiens. Augenfälliger allerdings sind die Kulturdenkmäler der römischen Herrschaftszeit in Risan. Neben dem römischem Forum ist vor allem eine antike ›Villa rustica‹ mit gut erhaltenen Bodenmosaiken zu erwähnen; im vermutlichen Schlafraum dieses eleganten und weiträumigen Gebäudes besticht das Mosaik mit ›Hypnos‹, dem Gott des Schlafes. Die Festungen der Umgebung dienten weniger dem Schutz Risans als dem der Bucht von Kotor; denn in Risan war der Endpunkt einer beliebten türkischen Heerstraße. Die heutigen Kirchen des Ortes verdienen kaum größere Aufmerksamkeit; sehenswert ist allein die *Schatzkammer* der *Pfarrkirche Sv. Petar i Pavao* (1601).
Empfehlenswert und manchmal auch abenteuerlich ist eine Fahrt von Risan aus in das wilde und urwüchsige Hinterland nach *Grahovo*.

Perast **Nr. 29**

An den steilen Abhängen des *Ilijino-Berges* und gegenüber der strategisch wichtigen Meerenge *Verige* klettern die stolzen Barockpaläste und alten Kirchen Perasts empor; denn der schmale Küstenstreifen bot der 1326 erstmals erwähnten Gemeinde nie ausreichenden Platz.

Von dem höchsten Kirchturm der Bucht von Kotor (55 m) bietet sich ein wunderbarer Ausblick auf den Fjord und die beiden Klosterinseln *Sveti Đorđe* – Benediktinerabtei seit 1166 – und *Gospa od Škrpjela*, die mehr oder weniger als zweite Pfarrkirche (der Muttergottes geweiht) der Kapitänsfamilien aus Perast diente und seit 1630 auf der künstlichen Insel erbaut worden ist. Der Ruhm dieses kleinen Städtchens stützt sich auf die großen Kapitäns- und Kaufmannsfamilien, denen es als treue Vasallen Venedigs gelang, nie von türkischen Heeren besiegt zu werden. Im 16. und 17. Jh. verteidigten sie ihre Gemeinde gegen 7000 angreifende Osmanen. Der Handel und die Loyalität zur Serenissima verhalfen den Bürgern zu Wohlstand und Reichtum, der sich in den sicherlich kühnsten Kirchen und Palästen der Bucht von Kotor ausdrückt. Heute verfällt Perast allmählich, obwohl es unter Denkmalschutz steht. Im 1693 vollendeten *Bujović-Palast* (an der schmalen Küstenstraße) ist ein interessantes *Seefahrts-* und *volkskundliches Museum* untergebracht; doch lohnt sich ebenfalls ein Spaziergang durch die unwegsamen Gassen dieser traditionsreichen ›Steinburg‹.

30 Kotor

Zu Füßen des sich auftürmenden *Lovćenmassivs* liegt die alte Stadt Kotor. Aufgrund des Platzmangels in der Bucht schmiegt sie sich eng an die nackten Felswände, um Schutz vor Wettergewalten, Piraten und fremden Herrschern zu suchen. Nachdem im 7. Jh. slawische und awarische Reiterhorden die illyrisch-römische Kolonie verwüsteten, regten sich bald neue Lebenszeichen hinter eiligst aufgebauten Stadtmauern, die dennoch nicht verhindern konnten, daß die Sarazenen 814 und die Bulgaren 980 Kotor erneut zerstörten. Das hohe Mittelalter brachte endlich Ruhe in die junge Bischofsstadt, die sich nach dem Untergang von Byzanz zu slawischen Königen und Fürsten schlug. Stand die erste Blütezeit Kotors unter dem Patronat des Bischofs und serbischer Herren, so ist die Epoche der Neuzeit im großen und ganzen von Italienern und Venezianern geprägt worden. Das 877 gegründete Bistum und die spätere Verfassung wurden 1033 erneut bestätigt. Der Einfluß des nahen Stadtstaates Dubrovnik wirkte sich trotz der slawischen Dominanz zusehends auf Kotor aus: Das 1332 verfaßte Statut, das 1372 gegründete Waisenhaus und die 1326 eingerichtete Apotheke gehen sicherlich auf die Anregung Dubrovniks zurück, wenngleich die 1298 ins Leben gerufene Bruderschaft der Seefahrer älter ist als jene in Ragusa. 1379 liefen die ersten Schiffe von der Werft, die die ruhmreiche Tradition der Handelsflotte von Kotor begründen sollte. Seefahrt und Handel waren in der unwirtli-

chen Bucht das einzige einträgliche Geschäft. Kotor lag am Ende einer langen Verkehrsroute, die die Küste mit dem Balkan, mit Serbien und Kroatien verknüpfte, zu welchen die Stadt mit Unterbrechungen bis zum Jahre 1420 gehörte. Neben den Häfen von Budva, Bar und Dubrovnik zählte der Hafen von Kotor zu den bedeutendsten Anlegestellen im südlichen Jugoslawien; denn die Bucht bot während der Herbst- und Winterstürme eine geeignete Zufluchtstätte für die damals noch kleinen Segelschiffe und Galeeren.
Nach der serbisch-kroatischen Regierungszeit, die von 1186–1420 dauerte und der Stadt autonome Selbstverwaltung bescherte, kam Kotor zu Beginn des 15. Jh. in den Herrschaftsbereich der Serenissima. Kommunale Belange, wirtschaftliche Interessen und die Sicherheit Kotors oblagen venezianischen Beamten und Rektoren. Zwar schränkten sie die traditionellen Rechte der Bürger empfindlich ein, dennoch ist ihnen das ›moderne‹ Stadtbild von Kotor zu verdanken sowie die Tatsache, daß die mediterrane Handelskommune jahrzehntelang vor türkischen und slawischen Übergriffen bewahrt worden ist. Im späten 15. und frühen 16. Jh. erlebte Kotor seine zweite Blütezeit. Neue Paläste, Patrizierhäuser und Adelsresidenzen wurden gebaut, Kirchen und Kapellen gestiftet bzw. umgewandelt und – dies zählt zu den wichtigsten Unternehmungen venezianischer Architekten – die Stadt mit einer weitausholenden Mauer, mit Kastellen und Torburgen umgeben. Der intensive Handel mit dem Balkan, aber auch mit türkischen Statthaltern, brachten Kotor Reichtum und Ansehen, nicht zuletzt trug auch die Flotte, die man weiter ausbaute und günstig vercharterte, zu dem weltoffenen Charakter dieser Stadt bei. Im späten 16. Jh. und im 17. Jh. war es um das Wohlergehen und die Prosperität von Kotor schlecht bestellt. Nur unter dem massiven Einsatz aller Mittel gelang es, Kotor vor Belagerungen und größeren Verwüstungen durch türkische Heere zu schützen. Die gerade fertiggestellten Mauern und Bastionen, die sich bis zum Lovćenmassiv hinauf erstreckten, waren zwar Garant für die Sicherheit Kotors, verhinderten aber auch, daß weiterhin Frachtschiffe den Hafen anlaufen konnten. So verarmte die Stadt allmählich. Seuchen und Erdbeben taten ein übriges, das Schicksal von Kotor zu besiegeln. Ein erneuter Aufschwung bürgerlichen, kulturellen und wirtschaftlichen Lebens setzte erst gegen Ende des 18. Jh. sowie während der österreichischen Regierungszeit ein. Obwohl Kotor mehrmals von Erdstößen erschüttert wurde, zuletzt 1978, gehört die Altstadt immer noch zu den geschlossensten und schönsten Beispielen mittelalterlicher Stadtbaukunst in Dalmatien und Montenegro. Die kühn aufragenden Felswände und der tiefe Meerbusen bilden den dramatischen Hintergrund für die alte ›Seefahrerfestung‹ Kotor.

Die heutige Stadt und ihre Baudenkmäler sind im großen und ganzen erst nach 1100 entstanden, weswegen wir die eigentliche Kunstgeschichte dieser Stadt mit dieser Epoche beginnen lassen. Es war die Zeit des hohen Mittelalters, in der die Kommune allmählich ihre Gestalt fand, die Gassen und Plätze wirtschaftlichen und sozialen Erfordernissen gemäß ausrichtete, den Hafen anlegte und die neuen Kirchen wie Paläste mit einer Mauer umgab. Die in Kotor endende Handelsstraße führte direkt zum *südlichen Landtor (Vrata od Gurdića)* das durch seine drei verschiedenen Baustile (Romanik, Renaissance und Barock) hervorsticht, schlängelte sich durch die schmale, an die Berge gelehnte Gemeinde, um dann in den großen *Stadtplatz (Trg Oktobarske Revolucije)* zu münden. Hier versammeln sich die wuchtigen Lagerhäuser, Zoll- und Verwaltungsgebäude sowie der schöne venezianische Gouverneurspalast *(Rektorenpalast)*, der auf seiner rückwärtigen Seite Teil der *Zitadelle* ist. Beide wurden im späten 15. Jh. begonnen und nach einigen Umbauten gegen 1670 vollendet. Die *Stadthalle* ist ebenso alt wie der Rektorenpalast und wird durch die weite Arkadenreihe gekennzeichnet. Dem spätmittelalterlichen Ensemble der Regierungsbauten gegenüber erhebt sich an der Ecke des Stadtplatzes der niedrige *Stadtturm* aus dem Jahre 1602 sowie das bescheidene *Rathaus*.

Von diesem Zentrum bürgerlicher und insbesondere venezianischer Macht konnten das *Seetor*, durch das die Güter zum Hafen gelangten, die Bucht von Kotor sowie die Stadt selbst am besten kontrolliert werden. See- und Überlandhandel, die Gewaltenteilung zwischen Aristokratie und dem Bischof, später den Venezianern, prägten das Stadtgefüge im Ganzen wie in jedem Detail der Kirchen, Paläste und Häuser. In dem begrenzten Lebensraum zwischen dem Meer, einem kleinen Fluß und den verkarsteten Felswänden ging es immer darum, möglichst vielen Menschen Platz, Schutz und soziale Sicherheit zu bieten. Nur eine große Anzahl verteidigungsbereiter und arbeitsfähiger Bürger konnte die zahlreichen Übergriffe, vor allem der später folgenden Türken, erfolgreich abwehren. Alle anderen Wünsche mußten hinter diesen Zielen zurückstecken, auch die des Bischofs. Ihm verblieb ein kleiner, von außen kaum einsehbarer Platz zu Füßen des Lovćenmassivs.

Die Kathedrale *Sv. Tripun* ist eine Gründung des Jahres 1166; die heutige dreischiffige Basilika allerdings fand ihre endgültige Gestalt erst im 15. und 16. Jh. Zu den bemerkenswertesten Details dieser Kirche gehören die schlanke, barocke *Doppelturmfassade* – die einzige in Dalmatien –, die römischen Säulen des Innenraums und das meisterhafte *Altarziborium*, das ein silbernes *Antependium* beherbergt. Dieses in Silber getriebene Kunstwerk gehört zu den wertvollsten Dokumenten der dalmatinischen Goldschmiedekunst des hohen Mittelalters.

Kathedrale Sv. Tripun (links) – Antependium (rechts)

Gleichermaßen beschränkt war das Gebiet, das in dieser Handelsstadt den Klöstern zugestanden wurde. Im südlichen Teil der sich verengenden Stadt, in der Nähe des *Landtores (Vrata od Gurdića)*, ragt die jetzt verlassene *Abtei der Franziskaner* empor, die 1288 von der Gemahlin des serbischen Königs, *Helena von Anjou*, gestiftet wurde. Vor den Toren Kotors kamen jüngst Fundamente eines zweiten Franziskanerklosters zum Vorschein, was darauf hindeutet, daß der Bettelorden in die Stadt umgezogen ist, um nicht mehr den Überfällen und Zerstörungen fremder Herrscher ausgesetzt zu sein.
Heute sind die Franziskanermönche neben ihrer neuen, der *hl. Klara* geweihten Hauskirche, untergebracht. Sie wurde um 1360 zum ersten Mal erwähnt und lehnt sich nach althergebrachter Tradition an die nördliche Stadtmauer, die an den Fluß grenzt. Wenige Schritte weiter erhob sich die *Klosteranlage der Dominikaner*. Ihre *Nikolauskirche* ist 1545 errichtet, 1667 von einem Erdbeben zerstört worden und 1896 erneut abgebrannt. Der jetzige orthodoxe Sakralbau gleicht einem eklektizistischem Werk des frühen 20. Jh. und verdient keine größere Beachtung. Bedeutsam aber ist die prachtvolle *Bibliothek der Franziskaner*, die mit ihren herrlichen illuminierten Codices zu den interessantesten Sammlungen in Dalmatien gehört.
Dem unregelmäßigen, durch die Topographie, aber auch durch unterschiedliche Besitzverhältnisse im frühen Mittelalter bestimm-

ten Stadtplan, liegt vor allem die nach anderen Gesichtspunkten ausgerichtete Gestaltung slawischer Herren zugrunde, die Kotor während seiner ersten großen Entwicklungsphase (1186–1420) regierten. Noch war es nicht, wie im übrigen Dalmatien, an der Tagesordnung, daß der Bischof alleine die zentrale politische Figur darstellte, vielmehr bildeten sich um die von slawischen Herren gestifteten Kapellen kleinere, zunächst voneinander unabhängige Bezirke. Erst nach 1332, der Niederschrift des Statuts, und insbesondere nach 1420 versuchte man, Ordnung in die scheinbar willkürlich gezogenen Häuserzeilen zu bringen. Gelungen ist dies nur im Bereich des neuen, venezianischen Stadtplatzes, der vollkommen umgestaltet wurde. Die Herrschaft Venedigs führte zum ›Sieg‹ italienischer Gestaltungsprinzipien und zur Veränderung des Stadtbildes insofern, als Kotor bis zum 14. Jh. mehr unter dem Patronat und den Einflüssen slawischer Gebieter stand. Aus dieser slawischen Epoche stammen die ältesten Kapellen in der Stadt: *Sv. Mihovil, Sv. Luka, Sv. Pavao* und die *Kollegienkirche.* Sie waren neben dem mächtigen Dom das Zentrum bürgerlichen Lebens; Kirche, Rathaus und Markthalle in einem.

Die meisten dieser Kirchen stehen im ältesten Stadtteil, dort, wo eine hölzerne Brücke über den Fluß *Škurda* führte. Sie zählen zu den für jene hochromanische Epoche typischen Vertretern bescheidener, niedriger Hallen. In den folgenden Jahrhunderten hat man sie mehrmals umgebaut. Querschiffe, lichte Kuppeln, barocke Giebelfassaden und Sakristeien sind angefügt, kostbare Altäre, silberne Antependien und kleine Bilder in Auftrag gegeben worden.

Kotor war neben Zadar und Dubrovnik Mittelpunkt einer hochentwickelten *Goldschmiedezunft.* Baumeister, Handwerker und Künstler genossen einen so vorzüglichen Ruf, daß sie bis weit in das Serbische Reich bekannt gewesen sind. Ihnen, wie den reichen Reederfamilien und vornehmen Seeleuten verdankte Kotor in einer Zeit gefährlicher militärischer Bedrohung, als die dalmatinischen Städte an den Rand des Ruins gerieten, die ungewöhnlich schönen Paläste des dalmatinischen Provinzbarock. Neben Dubrovnik sind hier die vollendetsten Kunstwerke aristokratischen Gestaltungswillens zu finden. Italienischen Palazzi nachempfunden sind die Residenzen der Familien *Bisanti, Beskuća* und *Pima*, die zwischen 1600 und 1750 entstanden. Ihre Fassaden gliedern sich, ohne jene Pracht und Überdimensionalität italienischer Vorbilder anzunehmen, harmonisch in das Stadtgefüge ein. Im *Drago Grgurina-Palast* (er beherbergt heute das neben Dubrovnik interessanteste *Schiffahrtsmuseum* in Dalmatien) zeigt sich der ganze Wohlstand damaliger Kapitänsfamilien. Zu den schönsten Aristokratenpalästen gehören die Residenz *Bisanti* (1641) und die Barockpaläste *Pima, Grubonja* und *Beskuća* (Renaissance-Portal).

31 Budva

Wie viele Städte der dalmatinisch-montenegrinischen Küste, so erhebt sich auch Budva auf einer sicheren Felsenhalbinsel, die bis zur Mitte des 19. Jh. durch einen breiten Wassergraben vom Festland getrennt war. Budva ist griechischen Ursprungs. Der Sage nach soll *Kadmos*, der Sohn *Agenors*, Budva auf seiner Rückreise von Illyrien gegründet haben. Urkundlich allerdings ist Budva erst im 4. Jh. v. Chr. belegt. Aus der blühenden griechischen Kolonie ›Buthoe‹ ging um 160 v. Chr. eine römische Stadt hervor, die später Munizipium und Sitz römischer Veteranen wurde. Aus der späten Kaiserzeit stammt vermutlich auch die nahezu quadratische Stadtanlage, die zum Land hin erweitert und von hohen Mauern umgeben ist. Im frühen Mittelalter fiel Budva an Byzanz, wurde aber mehrmals von Sarazenen geplündert und zerstört.

886 entstanden die mittelalterliche Kommune und das neue Bistum Budva, das 1571 erlosch. 1183 kam die Stadt zum mächtigen Königreich Serbien, das Budva zu neuem Glanz und den Bürgern zu Reichtum und Ansehen verhalf. Im hohen und späten Mittelalter erhielt die Kommune, die sich ›Civitas antiqua‹ nannte, ihre endgültige urbane Gestalt. Serbische und montenegrinische Fürsten standen den meist autonomen Bürgerräten vor, die mit großem Geschick die politischen und wirtschaftlichen Belange Budvas regelten. Während der venezianischen Herrschaft, die durch die Unterbindung der ehemaligen städtischen Freiheiten charakterisiert ist, umgaben italienische Architekten die Stadt mit neuen Mauern, Toren und großen Kastellen. Venedig konnte dennoch nicht verhindern, daß Budva 1571 von türkischen Soldaten eingenommen und weitgehend zerstört wurde. Von diesem Schlag erholte sich Budva nie mehr. Als die verarmten Bürger und Aristokraten ihre Stadt wiederaufzubauen begannen, zerschlug 1667 ein katastrophales Erdbeben die Hoffnungen auf eine Renaissance ihrer Gemeinde. Die heutige Stadt erhielt ihr Gesicht vornehmlich im 18. und 19. Jh., wenngleich einige Kunstdenkmäler das Inferno von 1571 und 1667 überlebt haben. Heute zählt Budva ca. 3000 Einwohner, die hauptsächlich in der unmittelbaren Umgebung der Altstadt wohnen. An den Abhängen der nahen ›Schwarzen Berge‹ sind in jüngster Zeit moderne Hotel- und Feriensiedlungen entstanden; denn Budva lebt weitgehend vom sommerlichen Tourismus und von Kleinindustrie. Weder große Fabriken noch ausgedehnte Vororte verunstalten und verschmutzen Seelandschaft und Vegetation dieser Region.

Vor dem unscheinbaren venezianischen *Landtor* verlief ehemals ein breiter *Meereskanal*, der die Stadt vom unsicheren Festland trennte. Obwohl kaum Zeugnisse aus antiker und mittelalterliche Zeit existieren, ist ziemlich sicher, daß der Stadtplan *römischen Ursprungs* ist. Die fast rechtwinkelig verlaufenden Gassen führen auf die ›Via Principalis‹, die sich in nord-südlicher Richtung erstreckt und Budva in zwei Stadtteile gliedert. Am Ende dieser Straße beginnt das Zentrum, die ›Platea Communis‹. Um den Hauptplatz und an den Abhängen des Felsenriffs erheben sich die bedeutendsten Bauten der Gemeinde: Die *Kathedrale des hl. Johannes d. T. (Sv. Ivan Krstitelij)*, die *orthodoxe Kirche der Hl. Dreifaltigkeit (Sv. Trojstvo)*, die *Kapelle der hl. Sava* und die alte *Klosterkirche der Benediktiner, Sv. Maria*. An der Südspitze Budvas ragt das mächtige Bollwerk, das oft umgebaute *Kastell* empor. Es sollte vor allem während der Türkenkriege und der zahl-

Budva

reichen Piratenüberfälle die Einnahme der kleinen Stadt verhindern. Festung, Mauern, Wassergräben und Tore entstanden kurz nach der Machtübernahme durch die Markusrepublik und ersetzten ältere, unzulänglich gewordene Verteidigungsanlagen. Das Umland Budvas bewachten bis ins 19. Jh. 6 massive *Bastionen*, die, wie das Kastell, auch als Warenhäuser, Wasserspeicher und Munitionsdepots dienten, da in der engen Stadt kaum Platz für derartige Gebäude zu finden war. Im Gegensatz zu heute konnte die Stadt nur durch zwei Tore betreten werden: durch das *Land-* und das *Seetor*. Dennoch haben gerade in Friedenszeiten die Bürger und Bauern der umliegenden Region eigenmächtig neue Durchlässe geschaffen, um sich den Umweg über die Haupttore zu ersparen.
Am schmucklosen *Landtor* beginnt die Hauptstraße Budvas, die *Ul. Njegoševa*, die im Vergleich zu vielen anderen Hauptstraßen der jugoslawischen Adriastädte verhältnismäßig schmal ist. Budva war nie sehr reich, so daß die Häuser und Adelspaläste hier eher bescheiden als prunkvoll erscheinen. Nur selten zeigen sich Reliefs, ornamentale Zierleisten, Balkone, luxuriöse Fenster oder Portale. Man

blieb bescheiden in dieser Enklave christlichen Lebens, in der es mehr ums Überleben als um teuren Schmuck und Zurschaustellung aristokratischen Stolzes ging. Dies gilt auch für den breiten *Stadtplatz* am Ende der verwinkelten Gasse, der ebenso unter dem letzten Erdbeben (1978) gelitten hat wie die ganze Stadt.
Mittelpunkt des weltlichen und kirchlichen Lebens war und ist die *Kathedrale des hl. Johannes d. T.* (Sv. Ivan Krstitelij), die um 850 erstmals urkundlich erwähnt wird. Von der ältesten, dreischiffigen Basilika blieb so gut wie nichts erhalten; die heutige Kirche entstand dann größtenteils nach 1571 bzw. 1667 (Erdbeben). Der außen schmucklose Baukörper sticht durch seine nüchterne Hausteinquaderwand hervor. Nur die neugotischen Biforien der Fassade und des Hochgadens lassen den Willen erkennen, dem Dom jene Würde zu verleihen, die ihm als Bischofssitz zustand. Der dem Venezianischen nachempfundene Glockenturm ist erst nach 1867 hochgeführt worden. – Zu den erwähnenswerten Kunstwerken des hellen Innenraums zählen eine silberbeschlagene *Muttergottesikone* (links), vermutlich ein norditalienisches Werk, ein *Gemälde* – ›Hl. Petrus und hl. Paulus‹ – aus der Schule *Tiepolos* sowie das *Mosaik der Apsiden*, das neuerer jugoslawischer Provenienz ist. Neben der Kirche befindet sich der Eingang zum *Domschatz*, der allerdings mehr volkskundlichen Charakter besitzt.
An der Seeseite des Hauptplatzes steht die *orthodoxe Kirche der Hl. Dreifaltigkeit* (Sv. Trojstvo), die 1806 geweiht wurde; denn vorher erlaubten weder venezianische Rektoren noch österreichische Statthalter den Einzug der ostslawischen Glaubenskongregation. Die waagrecht über die Kirche verlaufenden rot-weißen Steinbänder gemahnen an italienisch-apulische Architektur, deren Einfluß in Montenegro schon immer zu spüren war. Der schmale *Glockengiebel* ist typisch für die sakrale Baukunst der jugoslawischen Adria und meist Ersatz für seinen größeren Bruder, den Campanile. Die Innenausstattung stammt von dem Griechen *Nikolaos Aspioti* (1864). Das *Grabmonument* vor der Kirche erinnert an den Lyriker *Stjepan Ljubiša* (1824–1878), einem der ersten Verfechter eines freien und autonomen slawischen Staates. Ihm zu Ehren stellte die Stadt 1935 ein Bronzedenkmal auf, das von Italienern geschändet wurde.
Von der zierlichen *Kapelle der hl. Sava* wird 1413 in einer Urkunde des serbischen Fürsten *Balša I.* erstmals berichtet. In dem bescheidenen Gotteshaus, das aufgrund mehrmaliger Zerstörungen kaum nennenswerte architektonische und dekorative Schmuckformen aufzuweisen hat, befindet sich das *Historische Archiv* von Budva.
Unterhalb der Stadtfestung steht die *älteste Kirche Budvas, Sv. Maria*. Sie war Eigentum der *Benediktiner*, dem einzigen Orden innerhalb der Stadtmauern, und ist ein Werk des frühen 9. Jh., worauf eine

Inschrift in der Kirche hinweist. Im 12. Jh. sowie in einer Schenkungsurkunde Fürst *Dušans* aus dem Jahre 1351 wird erneut von diesem steinernen Dokument gesprochen. Die einschiffige Kirche stammt aus dem 15. und 16. Jh. und ist nach dem Erdbeben von 1667 vollkommen umgestaltet worden. Heute beherbergt sie die *archäologische Sammlung der Stadt*; denn Kloster und Klosterschule sind längst aufgelassen. Während des letzten Krieges nutzten die Italiener die beiden Gotteshäuser Sv. Maria und Sv. Sava als Depots und Ställe und verkauften die wertvolle Inneneinrichtung, Bilder und liturgisches Gerät.

Sveti Stefan **Nr. 31**

Ungefähr 10 km südlich von Budva ragt eine der malerischsten Inselstädte der jugoslawischen Adriaküste aus dem Meer: Sveti Stefan, eine im 15. Jh. von slawischen Fürsten gegründete Fluchtburg. 1442 hörte man zum ersten Mal von den Stämmen der *Paštrovići*, als sie

Sv. Stefan

einen Angriff des Herzogs *Kosača* erfolgreich abwehrten. Jede der 12 *Paštrovići-Familien* war verpflichtet, ein Haus auf der damals noch vom Festland getrennten Insel zu errichten. Hier stapelten sie Lebensmittelvorräte, Waffen und Baumaterial, bauten eine große Mauer und zwei kleinere Kapellen. Sveti Stefan diente vor allem während Kriegszeiten als sicherer Unterschlupf, weniger als rechtmäßige Stadt. Fast alle Herrscher Montenegros gewährten den *Paštrovići* uneingeschränkte Autonomie, eigenartigerweise auch Venedig, dessen Oberherrschaft die *Paštrovići* im späten 15. Jh. anerkannten. Erst 1929 erlosch dieses politische und gesellschaftliche Kuriosum einer slawischen Enklave im dalmatinisch-montenegrinischen Städtewesen christlich-romanischer Prägung.
Nach Zwangsumsiedlung der *Paštrovići-Nachkommen* entstand auf der kegelförmigen Insel zwischen 1952 und 1960 eine vollkommen renovierte *Hotelsiedlung*. In den alten Palästen, Hallen und Kapellen, die fast alle aus dem 17. und 18. Jh. stammen, erholen sich heute Touristen. Von ›Tagesbesuchern‹ wird ein Eintrittsgeld erhoben.

In der alten Siedlung *Petrovac* (10 km südlich von Sv. Stefan), einer serbischen Gründung des 12. Jh., zweigt die Adriamagistrale nach *Titograd*, der modernen Hauptstadt Montenegros, ab und führt über die schönen Küstengebirge (804 m) in das einzigartige Naturparadies des *Skutari-Sees*. Vom Weiler *Virpazar* und von der Fischersiedlung *Vranjina* aus erschließt sich dem Reisenden eines der letzten intakten Biotope des Mittelmeerraumes (Nationalpark und Naturschutzgebiet).

32 Cetinje

Von *Kotor* und *Budva*, wobei die Anfahrt über die neuere Straße von Budva zu empfehlen ist, führt der Weg in die *ehemalige Hauptstadt Montenegros:* Cetinje, eine Stadt, die aufs engste mit der Geschichte des montenegrinischen und serbischen Königshauses verbunden ist. Am Fuße des hochaufragenden *Lovćenmassivs* gelegen, war keine der jugoslawischen Städte so sehr Zentrum des Weltinteresses wie das kleine Cetinje. Botschaften aller Großmächte künden von den Streitigkeiten und diplomatischen Zwistigkeiten im Herzen des südlichen Balkan. Russen, Engländer, Amerikaner, Österreicher, Italiener und Franzosen standen sich an der Hauptstraße Cetinjes gegenüber, um über das Schicksal Südosteuropas im 1. und 2. Weltkrieg mitzuentscheiden. Dies war der zweite Höhepunkt der serbischen Stadtgründung; denn eigentlich lag Cetinje immer schon im kulturellen und politischen Mittelpunkt der slawischen Völker. Der provinziellen Gründerzeitarchitektur der Botschaften, Gesandtschaften und Königsresidenzen – seit 1910 nannte sich Cetinje ›Königsstadt des vereinigten montenegrinischen Fürstentums‹ – stehen die eher bescheidenen Bauwerke und Kunstdenkmäler des späten Mittelalters gegenüber, sofern sie die verheerenden Türkenkriege, Revolten und Bürgerkriege überlebt haben. An der *Ulica Grahovska* erhebt sich eines der ältesten Baudenkmäler Centinjes: das um 1450 errichtete *Kloster Vlaška*, dessen Kirche noch aus Holz war. Der neubyzantinisch-orthodoxe Bau entstand, nach mehrmaligen Zerstörungen und Umbauten der alten Anlage, 1864. Am

Hauptplatz der Stadt, dem *Titov Trg*, steht neben der 1867 hochgeführten *Fürstenresidenz* eine ebenso alte *Kirchen- und Klosteranlage*, die bereits 1484/85 gestiftet wurde. Kloster und Muttergotteskirche fielen allerdings den Türkenkriegen zum Opfer, erstanden aber jedesmal in nahezu gleicher Form wieder. *Valška-* und *Čipur-Kloster* beherbergen reichhaltige *Kunst- und volkskundliche Sammlungen* aus der bewegten Geschichte Montenegros. Cetinje bietet von seiner Stadtbaukunst und Architekturgeschichte her wenig Bedeutendes. Zum einen erlebte diese Stadt zahllose Verwüstungen und Plünderungen, zum anderen gehörte sie zu einer Kultur, die weniger auf große Städte fixiert war, sondern mehr auf die im ganzen Land verstreuten Klöster und Dörfer, die ihrerseits von Fürsten und Herzögen beherrscht wurden. Der Reiz Cetinjes liegt vor allem darin, daß wir hier einen *slawischen Gegenpol* zur kulturellen Macht der großen Zentren der dalmatinischen Küste vor uns haben. Diese, in der malerischen und kaum verstellten Berglandschaft Montenegros eingebettete Stadt besticht durch ihre Provinzialität und Bescheidenheit, hinter der sich aber *einzigartige Buch- und volkskundliche Schätze* verbergen. Sie machen den Aufenthalt für den Interessierten zu einer spannenden Reise ins serbisch-montenegrinische Mittelalter.
Sehr empfehlenswert ist ein Ausflug zum *Nationalpark und Mausoleum des Fürsten und Bischofs Petar Njegoš* (von *I. Meštrović*) auf dem 1660 m hohen Lovćen-Berg. Anfahrt über Cetinje und Bjeloši oder über Kotor und Krstac.

33 Bar

Die Stadt gliedert sich heute in die moderne Industrie- und Hafenstadt *Novi (= Neu) Bar*, im 19. Jh. erbaut und heute der *bedeutendste Hafen Südjugoslawiens und Serbiens,* und in die weiträumigen Ruinen *Stari (= Alt) Bars.*
Stari Bar, ca. 4 km östlich von Novi Bar, liegt an den Abhängen des 1593 m hohen *Rumija-Massivs*, einer großartigen Kulisse zerklüfteter und verkarsteter Berge, und ist eine *illyrische Höhensiedlung*, die im sicheren Abstand von der Küste errichtet wurde. Während der griechisch-römischen Antike hieß sie *Antibaris* bzw. *Antibarum.* Im frühen Mittelalter zogen Flüchtlinge aus der von Slawen und Awaren zerstörten Stadt *Dioclea* (bei Titograd) nach Bar und gründeten hier ihren neuen Bischofssitz, der 1089 zum Erzbistum erhoben wurde. Nach dem Untergang von Byzanz war Bar Teil des *Fürstentums von Duklja* und wurde 1183 vom serbischen Fürsten *Nemanja* erobert. Zwischen 1183 und 1443 erlebte Bar seine größte Blüte, vielleicht auch deswegen, weil es nach dem Untergang des Serbischen Reiches der letzte Rückzugspunkt serbischer und montenegrinischer Königs- und Fürstengeschlechter gewesen ist. Der Erzbischof Bars nannte sich folglich auch ›Primas Serbiae‹. Mit einem legal gewählten Fürsten, dem Senat und den Volksvertretern regierte er bis zur venezianischen Besetzung die mächtige und reiche Stadt, in der sich auch eine Vielzahl geistlicher und weltlicher Literaten, Wissenschaftler und Künstler versammelten. Von einer dieser Persönlichkeiten stammt eines der bedeutendsten Zeugnisse südslawischer Literatur, die ›Chronik von Bar‹, wie überhaupt slawische Kultur und Tradition in den Städten Montenegros viel mehr geprägt worden sind als in den ›italienisierten‹ Städten Dalmatiens und Istriens. Im Jahre 1443 erlosch die Autonomie Bars, und venezianische Rektoren und Soldaten, Beamte und Bischöfe sorgten für die uneingeschränkte Loyalität der Bürger gegenüber dem Dogen. Trotz gewaltiger Anstrengungen Venedigs und der Bürger konnte nicht verhindert werden, daß Bar 1571 von osmanischen Truppen eingenommen wurde. Erst 1877 gelang es montenegrinischen Freischärlern, die türkische Zitadelle zurückzuerobern und an der nahen Küste den wichtigsten Hafen Montenegros anzulegen.

Während des 2. Weltkriegs hielten Italiener und Deutsche Bar besetzt, verwüsteten weite Teile der Stadt und richteten hier ein *Konzentrationslager* ein. Mit der Gründung Novi Bars, der Zerstörung Stari Bars in den beiden Weltkriegen und einem verheerenden Erdbeben im Jahre 1968 war das Ende Stari Bars besiegelt.
Trotzdem sei zu einem Besuch der alten Ruinenstadt geraten; denn von hier oben bietet sich nicht nur ein wunderbarer Ausblick auf Berge und Küste Montenegros, sondern ebenso ein Einblick in eine der ältesten ›Stadtkulturen‹ Jugoslawiens, in der sich seit illyrischer Zeit eine ungeminderte Siedlungstradition erhalten hat. Die ältesten Bauten Bars, das sich auf der Fläche eines Dreiecks erstreckt, stammen aus dem 11. Jh.; gelegentlich tauchen auch Grundmauern und Fundamente aus antiker und frühmittelalterlicher Zeit auf. Um das im hohen Mittelalter gewachsene Stadtgebiet legten venezianische Architekten einen mächtigen *Schutzwall*, der von der oberen *Festung Gornja Tvrđava* bekrönt wird. Mittelpunkt der Hügelstadt war die dreischiffige *Kathedrale des hl. Georg* (Sv. Đorđe), die auf einen Vorgängerbau des 11. Jh. zurückgeht. Während des 1. Weltkriegs diente die romanische Basilika als Munitionsdepot und wurde 1912 von einer Explosion zerstört. Dasselbe Schicksal ereilte auch die kleinere Kirche *Sv. Nikola*, die sich vor dem ältesten Stadttor erhebt. In dem Ruinenfeld sind von den einstmals über 30 Kirchen und Kapellen nur noch vereinzelte Spolien, Fenster, Portalfragmente und Skulpturenreste zu erkennen. Ähnliches gilt auch für die verwahrlosten und verfallenen Paläste der Adligen und reichen Kaufleute. Zur Zeit der türkischen Herrschaft verwandelten osmanische Baumeister Kirchen und Kapellen in Moscheen und die vornehmen Paläste in glitzernde Luxusbäder von orientalischer Pracht; denn wenn überhaupt, so fanden Lebens- und Kunstauffassung türkischer Großwesire und Paschas vor allem in den montenegrinischen Städten Eingang. Wie die meisten Baudenkmäler Bars, so ist auch der *Aquädukt*, am Rande der alten Ruinen, ein Werk des 15. und 16 Jh.

34 **Ulcinj**

Ulcinj ist die *südlichste Stadt der jugoslawischen Küste* und liegt heute, da die Grenze nach Albanien gesperrt ist, abseits der großen Vekehrsströme. Gerade deswegen bietet diese malerische Stadt, die die längsten Sandstrände Jugoslawiens besitzt, ausgezeichnete Bade- und Erholungsmöglichkeiten. Landschaft und Vegetation zählen zu den schönsten dieser Region, was vor allem dem urtümlichen Mündungsgebiet der Bojana zu verdanken ist. Auch die Altstadt von Ulcinj liegt auf einer hohen Felsenhalbinsel, die durch einen kurzen Mauerzug leicht vom Festland getrennt und gesichert werden konnte. Ulcinj geht römischen Quellen zufolge auf *griechische Kolonisten* zurück, die um 400 v. Chr. von Kolchis am Schwarzen Meer kamen und auf dem Felsenplateau eine Stadt gründeten. Vermutlich war diese Halbinsel aber schon in illyrischer Zeit bewohnt, worauf Reste megalithischer Stadtmauern hindeuten. 169 v. Chr. eroberten römische Soldaten die griechisch-illyrische Stadtburg und gliederten sie als ›Oppidum civicum romanorum‹ ihrem Reiche an. Zwischen der spätantiken Niedergangszeit und der Ankunft des mächtigen serbischen Fürsten *Nemanja* 1183 schlug sich das alte Bistum einmal auf die Seite von Byzanz, ein anderes Mal wieder zu serbisch-montenegrinischen Fürstenfamilien. Bis zur Eroberung durch Venedig blieb Ulcinj eines der wichtigsten Zentren serbischer und montenegrinischer Potentaten, die sich wechselseitig in der Stadtherrschaft ablösten. Ein Statut aus dem Jahre 1396 regelte die Regierungsform, gewährte Ulcinj Autonomie und bestimmte den Modus, nach dem der Rektor gewählt wurde. Nach der Übernahme der Regierungsgewalt durch die Serenissima 1421 sowie einer erneuten und massiven Befestigung der Altstadt, stürmte 1571 der *Piratenfürst Eulg-Ali* die sich heroisch wehrende Gemeinde und siedelte mehrere Hundertschaften arabischer Piraten an. Die im ganzen Mittelmeerraum berüchtigten Freibeuter errichteten in Ulcinj den einzigen *Sklavenmarkt* der Adria, auf den die dunkelhäutigen Bewohner dieser Gegend zurückzuführen sind. Nach dem türkisch-venezianischen Frieden von 1675 verpflichteten sich die Osmanen, gegen dieses Unwesen vorzugehen und die Piratenflotte Ulcinjs zu vernichten. Trotzdem sollte es noch Jahrzehnte dauern, bis sich Venedig und die Türkei von den aufwieglerischen Ulcinjoten befreien konnten; denn die Piraten hatten mehrmals Kotor angegriffen und die venezianische Kriegskasse erbeutet. 1880 zogen sich die Türken endgültig aus Montenegro zurück. Nach den verlustreichen Auseinandersetzungen der beiden Weltkriege, in welchen die Stadt in Flammen aufging, kam Ulcinj 1945 zum modernen Staatsgefüge Jugoslawiens unter *Marschall Tito.*

Aufgrund mehrerer schwerer Erdbeben – 1444, 1667, 1968 und 1978 – bietet die Altstadt von Ulcinj ein uneinheitliches und zerrissenes Bild. 1444 versank ein Großteil der ›Hochstadt‹, deren Ruinen noch erkennbar sind, im Meer. Die Stadtanlage auf dem leicht abfallenden Plateau geht auf griechische Architekten zurück und zeigt eine typisch *hellenistische Stadtform*, die rechtwinkelig ausgerichtet und von zwei Hauptstraßen durchzogen ist. Die Stadtmauern und die beiden Tore sind teilweise auf den Fundamenten griechisch-illyrischer Vorgängerbauten errichtet worden, wenngleich der überwiegende Teil der Festungen aus türkischer und venezianischer Zeit stammt.

Das *Kastell* (Zitadelle), das die Altstadt von Ulcinj von der gegenüberliegenden Anhöhe bewacht, sollte der Abwehr türkischer Armeen dienen. Über dem *Bergfried* ragt der *Balšić-Turm*, der um 1430 von der gleichnamigen slawischen Fürstenfamilie gestiftet wurde, empor. Die nüchterne *Kirche* zu Füßen der Festung stammt aus dem frühen 16. Jh. und diente seit 1575 als *Moschee*. Das 1878 teilweise niedergerissene *Minarett* kündete seit dem 16. Jh. von dem neuen Glauben türkischer Vesire und Sultane, die der Stadt ein osmanisches Aussehen verliehen. Romanische Bürgerhäuser, Renaissance-Paläste venezianischer Adliger und christliche Kirchen erhielten ein türkisch-orientalisches Kleid. Moscheen, Badehäuser, Brunnen und Bazare gaben Ulcinj, als einer der wenigen türkischen Städte der jugoslawischen Adriaküste, einen vollkommen neuen Charakter, der gerade den Reiz dieser Stadt bestimmt.
Der türkischen Architektur steht die christliche Baukunst gegenüber, deren Denkmäler aber mehrmals zerstört oder umgestaltet worden sind, so daß es in Ulcinj nicht leicht ist, Reste der romanischen und mittelalterlichen Architektur auszumachen. Aus jener Zeit stammen die *Loggia*, das *Arsenal*, die Ruinen der *Marienkirche*, der *Kirchen des Hl. Johannes d. T.* (Sv. Ivan Krstitelij), des *hl. Michael* (Sv. Mihovil) und des *hl. Dominikus* sowie Fragmente einer *justinianischen Basilika*. In östlicher Richtung der Altstadt breitete sich im 19. und frühen 20. die moderne Stadt Ulcinj aus, deren Provinzialität aber dennoch überall erkennbar bleibt.

E. LAND UND LEUTE

Geographie und Geologie

Die jugoslawische Adriaküste zwischen Koper (Istrien) im Norden und Ulcinj (Montenegro) im Süden wird in zwei große geographische Gebiete unterteilt: die *istrische Halbinsel*, die die Verbindung der Julischen Alpen mit den Gebirgen Dalmatiens und Montenegros herstellt, und den langen Höhenrücken der *Dinarischen Alpen*, der sich bis über die Bucht von Kotor erstreckt. Diese Felsformationen scheiden die gesamte Küstenlinie vom slowenischen und kroatischen Flachland und erreichen Höhen bis 1800 m, wobei die meist unzugänglichen und bizarr zerklüfteten Berge aus porösem Kalkstein bestehen. Von der etwa 630 km langen Küste steigen die Gebirgsketten in mehreren Reihen, die fast immer parallel zueinander verlaufen, steil empor. Nur an wenigen Abschnitten – in Nordistrien, zwischen Zadar und Šibenik, zwischen Trogir und Split, der Mündung der Neretva und südlich von Cavtat – sind breitere Küstenstreifen zu finden, die hauptsächlich aus Sandstein und Mergel gebildet werden und landwirtschaftlicher Nutzung dienen. Der überwiegende Teil Istriens, Dalmatiens und Montenegros ist unfruchtbar. Zu den besonderen Eigenheiten der Karst- und Kalksteingebirge gehören viele, zum Teil sehr ausgedehnte *Höhlen*. Die bekannteste und größte liegt bei *Postojna* (Nr. 1) im istrischen Hochland. Die unzähligen größeren und kleineren, der Küste vorgelagerten Inseln sind ebenfalls aus hellem und weißem Kalkstein geformt und meist ohne eigenes Wasser. Sie gehörten einstmals zur Küstenlinie und sind wahrscheinlich dadurch entstanden, daß der weichere Sand- und Mergelstein teils ausgewaschen wurde, teils durch Erdbeben versunken ist; denn die jugoslawische Adriaküste zeichnet sich, wie Griechenland und Süditalien, durch häufige kleinere und mittlere Beben aus.

Im jugoslawischen Küstenraum gibt es infolge der vorherrschenden Karstformationen nur wenige Wasserläufe. Die wichtigsten sind *Mirna* und *Raša* in Istrien, *Krka*, *Cetina* und *Neretva* in Dalmatien und die *Bojana* in Montenegro. Außerdem gibt es eine Vielzahl kleinerer Flüsse, die entweder nur saisonal Wasser führen oder unterirdisch ins Meer münden. Zu den größten Seen der Küste zählen der *Vransko jezero* bei Biograd, ein Salzsee, die Seen im Naturschutzpark von *Plitvice* sowie der *Skutari-See* an der Grenze zu Albanien, mit einem der reichsten Vogel- und Naturparadiese Europas.

Die bedeutendsten Städte der jugoslawischen Adriaküste entstanden entweder auf sicheren Inseln und Halbinseln (Poreč, Zadar, Trogir,

Dubrovnik), in der Nähe fruchtbarer Täler und Flüsse (Rijeka, Salona, Split, Šibenik, Kotor, Ulcinj) oder in versteckten Buchten und auf altbesiedelten Höhenrücken. Heute zählen Rijeka, Zadar, Split und Dubrovnik zu den größten Städten der Küste.

Fauna und Flora

Wenngleich die jugoslawische Adriaküste verhältnismäßig arm an natürlichen Flußläufen und Quellen ist, die ergiebigsten Niederschläge auf die Herbst- und Wintermonate beschränkt sind, so breitet sich dennoch eine außerordentlich reiche Flora vor den Augen des Reisenden aus. Allerorts legte man schon seit altersher Zisternen und künstliche Brunnen an; denn im karstigen Untergrund war immer reichlich Wasser vorhanden. Istrien, Dalmatien und Montenegro besitzen eine mediterrane Vegetation. Trotzdem ist auf den Inseln wie an der Küste eine Verkarstung eingetreten, die ihre Ursachen in dem jahrhundertelangen Raubbau durch Römer, Byzantiner und besonders die Venezianer hat. Man sagt, Venedig sei auf dalmatinischem Holz erbaut worden. Noch im Mittelalter erstreckten sich riesige Eichenwälder über die gesamte Küstenlinie. Mit unsagbarer Mühe und großem finanziellen Aufwand versuchen die Jugoslawen heute, ihre Küste wieder aufzuforsten. Die größten Wälder sind in Montenegro (= ›Schwarze Berge‹) und im Gebiet des alten Stadtstaates Dubrovnik zu finden.

Durch das mediterrane Klima gedeihen im Küstenraum immergrüne Bäume, Sträucher und Stauden. Im hohen Bergland herrscht dagegen ein fast alpines Klima, das dem mitteleuropäischen vergleichbar ist. Neben den auch in Mitteleuropa bekannten Früchten gedeihen in Dalmatien Feigen, Oliven, Maulbeeren, Lorbeer, Eßkastanien, Granatäpfel, Zitronen, Orangen, Nüsse und Mandeln sowie die weitverbreitete Weinrebe, Föhren, Eichen, Kiefern, Buchen, Platanen, Zypressen und Zedern zählen zu den größten Bäumen dieser Landschaft. Im Unterholz wachsen u. a. Wacholder, Rosmarin, Pistazien, Myrthen, Baumheiden sowie der immergrüne Buschwald. Neuerdings finden sich in Küstennähe wieder Oleander, Chrysanthemen und Wildrosen. Weit verbreitet ist auch die mächtige Agave, die sich allerorts in steile Felswände und karstige Felsformationen eingegraben hat. In den weiten Flußläufen der Neretva und Bojana wachsen hohe Gräser und Wasserrosen. Zu den schönsten botanischen Gärten Dalmatiens gehört der von *Trsteno* vor Dubrovnik, in dem die ganze Vielfalt der mediterranen und subtropischen Vegetation zu finden ist und dessen Besuch nachdrücklich empfohlen wird (Nr. 26; S. 176).

Neben den bekannten Säugetieren Mitteleuropas sind im Berg- und Küstenland besonders Ziegen, Schafe und, als ältestes ›Transportmit-

tel‹ einheimischer Bauern, der Esel zu finden. Artenreicher sind die Vogel- und Kriechtierarten. Vor allem in den unbewohnten Bergregionen leben noch Adler und Falken, auch Nachtigall, Kauz und Specht sind noch vertreten. Vorsicht geboten ist dagegen vor den immer noch zahlreich vorhandenen Schlangenarten, die gerade im Bergland und in ländlichen Gebieten unvorsichtige Spaziergänger und Bergsteiger überraschen können.
In Flüssen und Seen schwimmen Forellen, Aale, Karpfen und Hechte, wenngleich ihre Bestände, wie auch die des Meeres, durch grobe Fahrlässigkeit der Behörden, Aufstauung der Gewässer, industrielle Verschmutzung, vor allem aber durch den speziell dem Tourismus dienenden Raubbau privater Fischer vom Aussterben bedroht sind. Der Fisch, einst Hauptnahrungsmittel Dalmatiens, verschwindet allmählich von den Speisekarten oder wird unerschwinglich teuer.
Die maritime Fauna, insbesondere in den Inselbereichen, zählt oder zählte über 250 Fischarten: u.a. Barsche, Brassen, Aale, Sardellen, Makrelen, Thunfisch, Schell- und Plattfisch, Barben und Äschen. Zu den größten Bewohnern des Meeres gehören der Delphin, der nur selten anzutreffen ist, und der Hai, der sich besonders gerne in der Nähe der großen Hafenstädte und Schiffahrtsrouten aufhält. Austern und andere Muschelarten, Krebse, Hummer, Langusten, Seesterne und Seeigel ergänzen die farbenprächtige Fauna der dalmatinischen Gewässer, die, allen Widrigkeiten zum Trotz, immer noch zu den saubersten des Mittelmeeres zu rechnen sind.

Industrie, Landwirtschaft und Handel

Seit altersher werden Dalmatien, Istrien und Montenegro von bäuerlicher Landwirtschaft geprägt. Weinbauern und Fischer bildeten das Rückgrat dieser patriarchalisch-orientierten Agrargesellschaft. Erst in der 2. Hälfte des 19. Jh. begann sich das Gesicht Dalmatiens grundlegend zu verändern. Rijeka, Zadar, vor allem aber Split und Dubrovnik entwickelten sich zu modernen Hafenstädten. Die um 1900 einsetzende Landflucht und Emigration ließ das ohnehin arme Land weiter veröden, während die Zentren ausuferten. Verhältnismäßig spät erkannte man die Sünden dieser für ein ›Entwicklungsland‹ zu raschen Industrialisierung.
Daneben spielt der Handels- und Wirtschaftsaustausch mit dem inneren Balkan eine wichtige Rolle. Rijeka und Split wurden zu den beiden bedeutendsten Ausfuhrhäfen Jugoslawiens und verdanken diesem Umstand Reichtum und Ansehen. Dalmatien und Istrien zählen zu den reichsten und am besten entwickelten Gebieten des ganzen jugoslawischen Staatsgebietes. Arm an Bodenschätzen und

hochwertigen Produktionsgütern, konzentriert sich die Wirtschaft dieses Landes auf den Handelsaustausch. Erst in jüngster Zeit sind Raffinierien (Krk), Werften (Split, Trogir, Rijeka) und auch Zement-, Chemie- und metallverarbeitende Fabriken entstanden, die die Küstenlandschaft Dalmatiens und Istriens teilweise leider sehr verunstalten. Trotzdem blieb und bleibt genügend Raum für jenen Wirtschaftszweig, der Jahr für Jahr mehr Geld ins Land bringt: den Tourismus. Schon im frühen 20. Jh. entdeckten europäische Reisende die Einzigartigkeit der dalmatinischen Landschaft und ihrer Städte, vor allem aber der schönen und ruhigen Inseln. Die jugoslawische Adriaküste darf wohl als eines der reizvollsten Gebiete des Mittelmeers bezeichnet werden.
Neben den industriellen Zentren Rijeka, Split, Zadar, Šibenik und Bar finden sich im Küstenraum noch Städte, die nach wie vor Mittelpunkt des intellektuellen und kulturellen Lebens sind. Es sind die Universitätsstädte Pula, Zadar, Split und Dubrovnik, in denen alljährlich auch Sommerfestivals, Opern-, Theater- und Filmfestspiele veranstaltet werden (s. auch Volkskunst, Brauchtum und Kultur). Pula, Opatija, Hvar und Dubrovnik versuchen außerdem, durch attraktive und billige Angebote internationale Kongresse in ihre Mauern zu holen.

Bevölkerung, Sprache und Religion

Aufgrund ihrer geographischen Struktur sind Istrien, Dalmatien und Montenegro relativ dünn besiedelt. Über 80 % der Bevölkerung konzentriert sich auf die großen Städte, die zugleich Hafenplätze sind. Im bergigen Hinterland nimmt die Bevölkerungsdichte ab (Landflucht), so daß dieses Küstengebiet seit langem durch seine Städte charakterisiert ist. Die Halbinseln Istrien und Dalmatien bilden keine autonomen und politisch abgegrenzten Gebiete. Istrien gehört in seinem überwiegenden Teil zur *Republik Kroatien.* Nur der nördliche Abschnitt um Koper zählt zur ›Alpenrepublik‹ *Slowenien.* Dalmatien, zwischen Rijeka und Kotor, ist das Kernland der *Republik Kroatien,* mit der Hauptstadt Zagreb (Agram). Nur die *montenegrinische* Küste trägt den Namen der gleichnamigen Teilrepublik. Die Gründe dafür liegen in der Tatsache, daß das heutige Jugoslawien mit seinen Teilrepubliken kein historisch gewachsenes Staatsgefüge darstellt, sondern nach vielen Mühen erst im 20. Jh. geboren wurde. Historisch gesehen, galten Istrien, Dalmatien und Kroatien, Serbien und Montenegro als selbständige Gebilde, die sich entweder selbst verwalteten oder unter der Herrschaft von Byzantinern, Österreichern, Italienern, Türken oder Ungarn standen.
Alle südslawischen (= ›Jugo – Slawien‹) Völker verbindet der

Gedanke, zu einem Volk zu gehören und in etwa dieselbe Sprache zu sprechen, mehr jedoch noch nicht. Selbst von einer echten, die Völker einenden Religionsgemeinschaft kann in Jugoslawien kaum gesprochen werden. Die westlich orientierten Republiken bekennen sich seit der Antike zum *katholischen*, Serbien und Montenegro zum *orthodoxen Christentum* bzw. zum *Islam*, dessen Anhänger auch in Bosnien-Hercegowina zu finden sind. In Slowenien und Kroatien leben auch noch viele *Juden*. Diese großen Unterschiede verhinderten jahrhundertelang eine glückliche und politisch sichere Verbindung aller südslawischen Völker, zu denen ebenso die Bulgaren und teilweise auch die Rumänen zählen.

Die amtliche Sprache Jugoslawiens lautet ›Serbokroatisch‹, eine von *Vuk Karadžić* geschaffene Schriftsprache, die sich aus Elementen des Kroatischen und Serbischen zusammensetzt. Außerdem spricht man noch *Slowenisch* (Slowenien), *Italienisch* (in Gebieten Dalmatiens und Istriens), *Makedonisch* (Makedonien), *Albanisch* (Kosovo) und *Ungarisch* (Wojwodina). *Deutsch* zählt noch in Slowenien zum bekannten Idiom und wird neben *Englisch* auch als wichtigste Fremdsprache in den Schulen unterrichtet. Gerade im Küstenraum verstehen viele Einwohner relativ gut Deutsch, dennoch sollte man sich bemühen, einige einfache Wörter und Begriffe zu lernen. Es ist ein sicheres Mittel, schnell in die Herzen der gastfreundlichen Dalmatiner aufgenommen zu werden.

Volkskunst, Brauchtum und Kultur

Obschon durch verschiedene Religionen, Sprachen und Kulturen getrennt, konnte sich zwischen den Zentren und Regionen eine Volkskunst bilden, die trotz aller Fremdherrschaften doch slawischer Natur ist. Während sich die italienisch-romanische Kultur auf die bedeutenden Küstenstädte konzentrierte, entfaltete sich gerade in den kleineren Gemeinden sowie auf den Inseln und im Bergland jene bunte Vielfalt häuslicher und bäuerlicher Kunstproduktion, die im Gegensatz zur Hochkunst der Städte steht. Die dalmatinische (auch die istrische und montenegrinische) Volkskunst ist eine typische *Bauernkunst*. Neben der einfachen und zweckmäßigen Architektur, die kaum von Baumeistern, sondern eher von ansässigen Maurern geschaffen wurde, beschränkte man sich auf die Produktion nützlicher Gegenstände des täglichen Lebens: Vorhänge, Decken, Stickereien, Teppiche für die kühlen Steinhäuser, Trachten für die vielen Feste, Keramik für den Haushalt, Holzgeschirr, Kupfertöpfe und Besteck, nüchterne Kunstgegenstände, Möbel und Kalkfresken, die aber sehr selten sind. Ebenso bescheiden ist auch die Malerei. Man beschränkte sich auf die Herstellung kleiner Votivbilder, niedriger Hausaltäre und Ikonen sowie Kruzifixe. Allen diesen Kunstwerken sind aber Farbenfreude und ornamentale Pracht eigen. Eine uralte Tradition der aus Geometrie und Natur abgeleiteten Ornamente und Farben, wobei Rot, Blau und Weiß vorherrschen, erhielt sich in nahezu unveränderter Form bis zum heutigen Tage. Die dalmatinische Volkskunst zeichnet sich durch ungebrochene Lebensfreude mediterranen Charakters, offensichtliche Naivität und eine erstaunliche Fertigkeit aus. Selten versuchten Bauern und Handwerker, wie sonst in der Volkskunst üblich, die großen Vorbilder zu kopieren. Die Trennung der ethnischen Gruppen in Dalmatien war zu lange und zu tiefgreifend, als daß sich eine Verbindung hätte anbahnen können. Darin liegt jedoch auch der Reiz dieser ›mittelalterlichen‹ Volkskunst. Die Souvenirs volkskundlicher Art, die auf einschlägigen Märkten der Hafenstädte angeboten werden, verlangen eine eingehende Prüfung; denn meist handelt es sich um unqualifizierte Nachahmungen der selten gewordenen Originale. Die Überschwemmung des Marktes mit sogenannten ›Naiven‹ verkennt ganz und gar die Eigenart und Schönheit der dalmatinischen Volkskunst. Einheimische Künstlern der jungen Generation gelang es in bewundernswerter Weise, künstlerische Elemente slawischen Lebens mit jenen des europäischen 20 Jh. zu verknüpfen. Ihre Werke sind in den seriösen Galerien der Küstenstädte zu finden.

Wer die wirkliche und noch fast unberührte Kunstlandschaft Jugoslawiens kennenlernen möchte, dem sei eine Reise in das dalmatinisch-montenegrinische Hinterland angeraten. Fernab von Unrast, Industrie und Modernität der lauten Städte trifft man allenthalben auf Dörfer, in denen sich das traditionelle Brauchtum beinahe unverändert erhalten hat. Armut und Unterversorgung zwingen die Bauern dazu, weitgehend autark zu sein. Teppiche, Stickereien, Trachten und Hausgerät entstehen nach althergebrachten Traditionen und Überlieferungen.
Neben einer Vielzahl von handgefertigten Kunstgegenständen rein praktischer Natur zur Feldbestellung und zum Hausgebrauch zeigen die eigens dem Bereich der Volkskunst gewidmeten Sammlungen in den Museen auch Kollektionen wertvoller *Trachten.* Wie in anderen Ländern, werden sie auch hier durch die fortschreitende Zivilisation und Massenproduktion verdrängt und nur zu besonderen Festen und Feiertagen getragen, heute vielfach zu touristischen ›Folkloreabenden‹. Die Vielfalt der jugoslawischen Völker und der Einfluß fremder Nationen, die dieses Land beherrschten, spiegeln sich in dem Reichtum der Trachten wie der Volkskunst wider. Jede Landschaft und Region besitzt ihr unverwechselbares Gesicht, seien es die Montenegriner, deren Trachten durch die Generationen währende Herr-

Dalmatinische Trachten und Volkstänze

schaft der Türken geprägt sind, oder die Ragusaner (Dubrovnik und Konavle), Dalmatiner, Istrer und Slowenen, deren Nachbarschaft zu Österreich nicht geleugnet werden kann. Viele Trachtenelemente stammen aus mittelalterlicher Zeit, ja sogar aus dem kirchlichen Bereich, von wo sie vereinfacht, aber in ebenso festlicher Absicht übernommen wurden. Für die weltlichen und sakralen Feste sind ja die meisten dieser Gewänder gestaltet worden. Damit maß man ihnen nicht nur schmückenden Charakter, sondern gleichermaßen Wert und Ehrerbietung zu. Das festliche Kleid blieb immer in den Familien und stellte einen die alte Tradition versinnbildlichenden Gegenstand dar, nicht aber einen antiquarischen. In Dalmatien trugen die Männer rote oder weiße Käppchen, reichbestickte Leinenhemden und Goldornatwesten, darunter entweder kurze Rock- oder lange Pumphosen. Um die Lende schmückten gürtelähnliche Bänder, teils aus Leder, teils aus Stoff, mit Perlen-, Gold- und Silberverzierungen den kriegerisch erscheinenden, hochgewachsenen Dalmatiner oder Montenegriner. Als Schuhwerk dienten die typischen, vorne spitzen und geflochtenen ›Opanken‹ oder Lederstiefel. Die Frauen trugen ein langes, weißes Kleid, das hochgeschlossen und verziert ist, darüber je nach Stand und Reichtum verschiedene Blusen und Röcke. Die Farben Rot, Blau und Weiß dominieren in diesen farben- und ornamentprächtigen Gewändern, doch auch Gold und

Silber sind vertreten. Bei den auch heute noch üblichen Volksfesten sowie bei Hochzeiten oder Turnieren, gehören *Tracht*, *Tanz* und *Volksmusik* eng zusammen. So farbenprächtig wie die Kleider, so stimmenreich und schön ist die Musik dieses Landes, so formen- und einfallsreich sind die *Reigentänze* der Bauern und der ländlichen Bevölkerung. Je nach Landschaft überwiegen deutsch-österreichische, italienische (Dalmatien und Istrien) und türkisch-orientalische Rhythmen und Tonfolgen in Lied und Instrumentalmusik. Anfangs mögen diese Lieder und Tänze fremdartig und exotisch klingen, bald aber öffnen sich dem Zuhörer die eigenartige Schönheit, Melancholie und überschäumende Freude dieser Weisen, die im kulturellen Gefüge Jugoslawiens eine fast bedeutendere Stelle als die Dichtung einnehmen. Hirtenflöte, Lyra und zwei- bis dreisaitige Gitarren, manchmal auch eine dumpfe Trommel, gehören zur Grundausstattung jedes ›Dorforchesters‹. Heute fügt man Mandoline, Gitarre und Flöten dazu, fälschlicherweise auch Schlagzeug, Klavier und elektrische Verstärker. Zu den eigenartigsten Instrumenten zählt der selten gewordene Dudelsack griechischer Prägung. Allenthalben trifft man auf Sänger, die das Liedgut gewissenhaft pflegen und weitergeben. Im ehemaligen ›Piratennest‹ *Omiš* (Nr. 23), südlich von Split, versammeln sich Ende Juli jeden Jahres die besten Sängergruppen Dalmatiens, um im abendlichen Wettstreit auf der mittelalterlichen Piazza das alte und neue Liedgut der Öffentlichkeit zu präsentieren.

Der *Volkstanz* Istriens, Dalmatiens und Montenegros wird leider immer weniger gepflegt. Gründe dafür mögen der Niedergang kirchlicher Feste und das Fortschrittsstreben unserer Zeit sein, in der dem Brauchtum ganz allgemein sein angestammter Platz streitig gemacht wird. Dennoch ist es vor allem dem Tourismus zu verdanken, daß sich überall eine Renaissance jener Dorf- und Stadtfeste wieder anbahnt. Tanz und Gesang, Choraufführungen und Theatervorstellungen finden immer größeres Interesse. Die Städte Dalmatiens mit ihren mittelalterlichen Plätzen, ihrer herrlichen Palastarchitektur und ihrem mediterranen Klima bilden geeignete Kulissen dafür.

Der *Reigen*, ›Kolo‹, ist der allgemeine Volkstanz dieses Landes, jedoch mit verschiedenen Abwandlungen, insbesondere dort, wo orientalische Elemente eingeflossen sind. Dazu gehört auch das historische Volksspiel, das auf Begebenheiten der Vergangenheit hinweist, die sich meist mündlich überliefert haben und die die Befreiung von unerwünschten Herrschern oder die Bewahrung vor Naturkatastrophen schildern. Zu den sehenswertesten Spielen dieser Art zählt die ›Sinjska Alka‹ in *Sinj* bei Split. Am ersten Sonntag im August feiern die Bürger mit einem Ringelstechen zu Pferde und einem malerischen Festumzug den Sieg über die Türken im Jahre 1715. Von Mai bis August wird in *Korčula* die ›Moreška‹ aufgeführt, die ebenfalls an die Kämpfe gegen Türken und Piraten erinnert. In atemberaubender Schnelle und Behendigkeit tanzen und kämpfen prächtig gekleidete Tänzer gegen den vermeintlichen, anders gekleideten Feind. Säbelrasseln, Musik und Kampfgeschrei tönen durch die mittelalterlichen Gassen. Ein ähnlich temperamentvolles Ritterspiel, die ›Kumpanija‹, wird auch in *Blato* auf der Insel Korčula gezeigt. Die Patronatsfeste der einzelnen Städte werden ebenfalls prächtig begangen. Den festlichsten Umzug bietet *Dubrovnik*. Zu Ehren des Stadtheiligen *St. Blasius* (Sv. Vlah) ist die ganze Stadt auf den Beinen. Häuser, Kirchen und Paläste werden herausgeputzt, um einen würdigen Rahmen zu bieten, wenn die Reliquie des Heiligen vom Bischof durch die Straßen getragen wird. In *Kotor* begeht man alljährlich den Geburtstag einer der ältesten Zünfte Europas, der 806 gegründeten Seemannsgilde ›Bokeljska Mornarica‹.

Seit mehreren Jahren haben sich allerorts Sommerfestivals eingebürgert, u. a. in *Pula, Opatija, Split, Hvar* und vor allem in *Dubrovnik*, dessen ›Dubrovačke ljetnje igre‹ (Sommerspiele) sich großer Beliebtheit erfreuen. In den schmalen Gassen, zwischen barocken Kirchenfassaden, über den Dächern und Bollwerken, in dunklen Burgfestungen und im alten Hafen wird gefeiert und gespielt. Theater- und Opernaufführungen, mit international bekannten Interpreten, finden ebenso statt wie Zirkus- und Varietéabende, Dichterlesungen und Folkloredarbietungen (Sommerfest im Juli, August; St. Blasiusfest im Februar). Der ›Sommer von Split‹ ist insbesondere durch seine international besetzten Aufführungen der Opern Verdis, Puccinis und Donizettis im Peristyl des antiken Diokletianspalastes bekannt geworden. Daneben versammeln sich aber auch die modernen Interpreten Jugoslawiens, um die besten Schlager zu ermitteln, und zahlreiche Folkloreensembles zeigen in den Festsälen und Hotels ihre Kunst. Im römischen Amphitheater zu *Pula* treffen sich im Juli die Filmproduzenten und -Schauspieler Jugoslawiens und der Mittelmeerländer zu einem Wettbewerb. Daneben sind vor allem die glanzvollen Feste in der alten österreichischen ›Metropole‹ *Opatija* und im mondänen Inselort *Hvar* (Modemesse) zu erwähnen.
Ähnliche Feste und Sommerspiele werden inzwischen auch in unzähligen kleineren Städten und Dörfern veranstaltet. Großer Beliebtheit erfreuen sich die verschiedenen ›Fischernächte‹ und abendlichen ›Piratenfahrten‹ zu einsamen Buchten und Inseln. Zu dem neuesten Zweig touristischer Bemühungen zählen das Verchartern von Motor- und Segeljachten sowie das internationale Kongreßwesen in *Pula, Opatija*, Split, *Hvar* und *Dubrovnik*.

Allgemeine Reisehinweise

Klima und Wetter: Die jugoslawische Adriaküste zeichnet sich durch ein *mediterranes Klima* aus, wobei Istrien im allgemeinen etwas kühler als Montenegro ist. In den Gebirgsregionen und im dalmatinisch-montenegrinischen Hinterland herrscht ein *kontinentales Klima* vor. Die Sommer sind wesentlich heißer als an der Küste. Das Klima des Küstenstreifens ist mild. Während heißer Sommertage bringt der Landwind Kühlung. Die Wintermonate Dezember bis Februar sind die regenreichsten des Jahres, wobei es aber kaum längere Niederschlagsperioden gibt. Schnee fällt nur selten, vor allem im Gebirge. Die Durchschnittstemperaturen liegen bei +8 °C. Die Adriaküste gilt als einer der sonnenreichsten Landstriche Europas; dennoch kommen insbesondere im Frühsommer und im Frühherbst kühlere und bewölkte Tage vor, in denen die Temperaturen merklich fallen. Typisch für die dalmatinische Küste sind die schweren Frühjahrs- und Herbststürme (*Bora*), die vom Festland über den hohen Bergketten in die Adria hinabfallen und manche Verkehrsbelästigung mit sich bringen. Das Wasser an der jugoslawischen Küste erreicht im Sommer bis zu 25 °C und sinkt im Winter selten unter 12 °C.

Kleidung und Ausrüstung: Für den gewöhnlichen sommerlichen Badeurlaub genügt die übliche Garderobe, obschon für kühlere Tage Vorsorge getroffen werden sollte. Warme Pullover, Regenbekleidung und gutes Schuhwerk sind eigentlich immer im Gepäck mitzuführen. Während der oft kühlen Frühlings- und Herbstabende schützt eine Jacke oder ein Umhang vor unerwünschter Erkältung. Bei Ausflügen ins Hinterland ist zu festem Schuhwerk zu raten, da die Straßen meist nicht asphaltiert sind, und der rauhe Karstboden schnell zu Verletzungen führt. Für die kalten Abende und Nächte im jugoslawischen Bergland sollte man einen warmen Mantel oder eine Jacke und Regenschutz bei sich haben. Während der Sommermonate ist im Küsten- und Bergland eine Kopfbedeckung als Sonnenschutz unentbehrlich. Der Besuch von Kirchen, Klöstern und Kapellen sollte in dezenter Straßenkleidung unternommen werden; Bade- und Strandkleidung ist unangebracht, vielerorts sogar verboten.

Verkehrsmittel und -wege

Über *Triest*, *Villach* und *Klagenfurt* führen die drei großen und gut ausgebauten Hauptstraßen in den jugoslawischen Küstenraum. Im allgemeinen sind die wichtigsten Routen Jugoslawiens in sehr guten Zustand und obliegen der Kontrolle des Automobilclubs. Nebenstraßen und Bergrouten sind dagegen nicht ohne weiteres befahrbar, vor allem dann, wenn der Wagen schwer beladen ist (Schlaglöcher, Erdrutsche und Steinschlag).

Nach *Istrien* gelangt man am besten über *Triest* und *Koper*, nach *Pula* und *Opatija* wahlweise über *Triest* und *Ljubljana* (Postojna, Rijeka). Von *Rijeka* erstreckt sich die *Küstenmagistrale* direkt bis zur albanischen Grenze im Süden. Sie ist das Rückgrat der dalmatinisch-montenegrinischen Verkehrserschließung und somit häufig überlastet und manchmal nicht ohne Risiko zu befahren (Gegenverkehr, Schmieröl und Steinschlag). Während der Sommermonate wird nach Mittel- und Süddalmatien die Anreise über das landschaftlich sehr schöne Hinterland (über Karlovac-Plitvice, Zadar oder Split) angeraten.

Von Rijeka fahren mehrmals täglich *Linienbusse* nach Zadar, Split und Dubrovnik sowie Kotor; sie halten in allen größeren Ortschaften. Auch von Zagreb und Ljubljana ist die dalmatinische Küste mit Linienbussen zu erreichen. *Zugverbindungen* gibt es nach Rijeka, Zadar, Šibenik, Split, Dubroonik und Bar.
Von den großen Küstenstädten bringen mehrmals täglich *Autofähren* den motorisierten Reisenden auf die nahen Inseln; auch hier sollte im Sommer ein Platz vorbestellt werden, um größere Wartezeiten zu vermeiden. Die Hauptachse des Schiffverkehrs führt von Rijeka über Rab nach Zadar, Split, Hvar, Korčula und Dubrovnik; die Reise dauert ca. 30 Stunden (Jadrolinija und Adriatica). Gerade auf dieser Linie ist eine Reservierung unumgänglich.

Anreise über Italien: Eine schöne Überfahrt bietet sich von den italienischen Städten Venedig, Rimini, Ancona oder Bari. Mehrmals wöchentlich verkehren moderne Autofähren nach Pula, Zadar, Split und Dubrovnik. Fahrkarten können über alle größeren Reisebüros, die jugoslawischen Fremdenverkehrsämter oder in den jeweiligen Hafenstädten gebucht und reserviert werden.

Von den meisten deutschen, österreichischen und schweizerischen Flughäfen gibt es direkte *Flugverbindungen* in die Zentren der jugoslawischen Adriaküste: Pula, Zadar, Split, Dubrovnik und Tivat/Montenegro; Charterflüge durch Jugoslav Airlines JAT, Inex Adria Airways und verschiedene Reisebüros in Deutschland, Österreich und der Schweiz.

Unterkunft und Verpflegung

Istrien, Dalmatien und Montenegro bieten zahlreiche Hotels, Pensionen, Privatunterkünfte und Campingplätze. Gerade in den letzen Jahren sind neue und dem europäischen Standard gemäße Hotels gebaut worden. Dennoch ist das Küstenland vergleichsweise arm an Pensionen und Hotels der gehobenen Klasse. Diese sind nur in Opatija, Pula und Dubrovnik anzutreffen. Neben den üblichen Stadthotels und Pensionen gibt es eine Reihe größerer *Hotelsiedlungen* mit Schwimmbädern, Tennisplätzen, eigenem Strand und Hafen, Diskotheken und Bars, die meist in landschaftlich reizvollen Gegenden geschaffen wurden. Preisgünstig und schön sind die zahlreichen *Privatunterkünfte* (Wohnungen und Zimmer), die über die großen Reiseveranstalter oder über die lokalen Reisebüros angeboten werden. Hier erlebt man die Gewohnheiten der dalmatinischen Bevölkerung, lernt deren Mentalität besser kennen und findet manchmal auch ›Familienanschluß‹.
Neben der europäisch geführten Hotelgastronomie und den Nachtclubs finden sich in den größeren Städten gepflegte Restaurants, Tavernen und rustikale Fischerkneipen, Weinlokale und Cafébars. Diskotheken und teure Nachtclubs sind aufgrund der strengen jugoslawischen Gesetze relativ selten geworden.

Essen und Trinken: Wie die italienische, ist auch die jugoslawische Küche in Mitteleuropa bestens bekannt. Österreichische, ungarische, türkische und italienische Einflüsse bestimmen je nach Region den Speisezettel. Vor allem wird viel Öl verwendet, sei es in Salaten, in der Zubereitung von Fisch- und Fleischgerichten oder in anderen Speisen. Aufgrund der bereits genannten Umstände, ist der Fisch selten geworden und oft teurer als Fleisch (Rind, Schwein, Hammel, Lamm). Reichhaltig sind die Gemüsesorten und einheimischen Früchte, die man sich wohl am besten selbst auf den Tagesmärkten kauft.

Kultur und Unterhaltung

Über die zahlreichen folkloristischen Musik- und Tanzdarbietungen, über Konzerte, Theater- und Opernaufführungen und sonstige kulturelle Veranstaltungen an der jugoslawischen Küste informieren die lokalen Touristikbüros und die Hotelrezeptionen. Zu empfehlen sind auch die abendlichen ›Piratenfahrten‹.

Öffnungszeiten der Museen und Sehenswürdigkeiten: Für die Öffnungszeiten der Museen und anderen Sehenswürdigkeiten (Kirchen, Klöster, Kapellen und archäologische Ausgrabungsstätten) gilt meist kein fester Zeitplan. In der Regel sind sie am Vormittag ab 9 Uhr und am späteren Nachmittag ab 15 Uhr geöffnet, manchmal auch abends. Kirchen und Klöster in kleineren Orten sind meist nur während der Gottesdienste geöffnet, da der Kunstraub auch hier erschreckende Ausmaße angenommen hat. Über die genauen Öffnungszeiten erteilen die örtlichen Fremdenverkehrsbüros Auskunft. Die archäologischen Ausgrabungsstätten sind im allgemeinen frei zugänglich.

Amtliche Bestimmungen und praktische Hinweise

Personaldokumente: Für die Reise nach Jugoslawien wird ein *gültiger Reisepaß* benötigt. Deutsche, Österreicher und Schweizer brauchen kein Visum. Gebühren für besondere Sichtvermerke werden nicht erhoben. Bei einem längeren Aufenthalt als 3 Monate muß eine Genehmigung beantragt werden (lokale Rathäuser). Für Kinder genügt ein *Kinderausweis*; für Kurzbesuche bis zu 7 Tagen der Personalausweis (Aufenthaltsschein).

Gesundheitsvorschriften: Nachweise über Impfungen werden nicht verlangt. Zu empfehlen ist die Mitnahme von Medikamenten gegen Durchfall, Grippe, Erkältung, Magenverstimmungen und Sonnenbrand.

Tiere: Nach Jugoslawien mitgenommene Hunde und Katzen benötigen ein *tierärztliches Zeugnis* (Impfpass). Die letzte Schutzimpfung darf nicht älter als 6 Monate und nicht jünger als 15 Tage sein.

Zollbestimmungen: Zollfreie Einfuhr besteht für normales Gepäck und Waren, die der Gast zum persönlichen Bedarf benötigt, ebenso für 200 Zigaretten, 50 Zigarren oder 250 g Tabak, 1 l Wein, 1/4 l Spirituosen, 1/4 l Eau de Cologne. Für Radio, Kassettenrecorder, TV, Fernglas, Kameras u. ä. besteht mündliche Anmeldepflicht; sie müssen wieder ausgeführt werden. Funkgeräte, Waffen und Munition unterliegen einer strikten Anmeldepflicht und werden meist an der Grenze zurückbehalten (Sondergenehmigung).

Kraftfahrzeuge: Bis zu einem Aufenthalt von 3 Monaten entfällt der Zoll (auch für Anhänger und Boote). Außerdem ist auf einen einwandfreien Zustand des Wagens zu achten.
In Jugoslawien gilt der *nationale Führerschein* des Reisenden. Falls der Fahrer nicht Eigentümer des Wagens ist, benötigt er eine *Benutzungsvollmacht*, die von einer Behörde (ADAC u. a.) bestätigt sein muß. Die grüne Versicherungskarte ist immer mitzuführen.

Währung und Devisen: Ausländische Touristen dürfen Devisen in unbegrenzter Menge ohne Deklaration ein- und ausführen. Die Einfuhr von Dinarbeträgen ist auf 1500 Dinar pro Gast beschränkt. Dinarscheine dürfen nur bis zu einem Wert von 1500 Dinar ausgeführt werden, allerdings nur in 100 Dinar-Noten. Es wird empfohlen, Quittungen über Geldwechsel bis zur Ausreise aufzubewahren (Rückwechsel). Die jugoslawische Geldeinheit ist der *Dinar*, eingeteilt in 100 *Para*. Dinarscheine gibt es mit folgenden Werten: 10, 20, 50, 100, 500, 1000, 5000; Münzen zu 5, 10, 20, 50 Para und zu 1, 2, 5, 10 Dinar.

Flughafengebühren: Bei der Ausreise wird normalerweise eine Gebühr erhoben. Genaue Auskünfte erteilt die jugoslawische Fluglinie oder Chartergesellschaft.

Geldwechsel und Banken: Geld kann in allen *Banken, Touristikbüros* und *Hotelrezeptionen* gewechselt werden (Banken sind meistens nur vormittags geöffnet). In größeren Hotels und renommierten Geschäften werden *internationale Kreditkarten* (Diners, American Express u. a.) angenommen. Neben Bargeldbeträgen kann mit *Euroschecks* (Scheckkarte, Personalausweis) gewechselt und bezahlt werden (bei Banken und Postämtern). Vom *Postsparbuch* der Deutschen Bundespost können bei den jugoslawischen Postämtern Beträge im Gegenwert von DM 1000.– abgehoben werden (blaue Ausweiskarte, Reisepaß).

Medizinische Versorgung und Apotheken: Die medizinische Versorgung ist in Jugoslawien durch die in den größeren Orten ansässigen Ärzte, Fach- und Zahnärzte gewährleistet, mit denen man sich in Englisch und Deutsch relativ gut verständigen kann. Im Not- oder Krankheitsfall übernehmen die Versicherungsanstalten des Heimatlandes des Reisenden die Kosten, sofern man sich dafür einen Berechtigungsschein hat ausstellen lassen. Die Apotheken sind gut sortiert und zu den üblichen Geschäftszeiten (7–12 Uhr, 15 (16)–20 Uhr geöffnet, manchmal auch durchgehend.

Uhrzeit: In Jugoslawien gilt die *Mitteleuropäische Uhrzeit* (MEZ). Die *Sommerzeit* ist bisher noch nicht eingeführt worden (bei Zug- und Flugplänen zu beachten).

Fotografierverbot: Alle militärischen Anlagen und Häfen, große Fabriken und Flugplätze dürfen nicht fotografiert werden. Zuwiderhandlungen werden bestraft und das Filmmaterial beschlagnahmt.

Wichtige Anschriften:

Touristische Auskunftbüros: *Bundesrepublik Deutschland:* Jugoslawisches Fremdenverkehrsamt, 6000 Frankfurt am Main, Goetheplatz 7, Tel.: 0611/28-56-85; Tlx. 414193. – 8000 München 2, Sonnenstraße 14, Tel.: 089/59-55-45, 59-55-46; Tlx. 523983. – 4000 Düsseldorf, Hüttenstraße 6, Tel.: 0211/37-06-75; Tlx. 8582366. – *Österreich:* Jugoslawische Fremdenverkehrswerbung, 1010 Wien, Mahlerstraße 3, Tel.: 52-54-81; Tlx. 112160. – *Schweiz:* Jugoslawisches Verkehrsbüro, 8001 Zürich, Limmatquai 70, Tel.: (01) 252-12-70; Tlx. 55498. – *Jugoslawien:* Touristisches Informationsbüro, 52000 Pula, Trg bratstva i jedinstva 4, Tel.: 22-591. – 50000 Dubrovnik, P. Miličevića 1, Tel.: 26-354, 26-355, Telex 27565. – 51000 Rijeka, Trg Republike, 9, Tel.: 23-786. – 58000 Split, Titova obala 12, Tel.: 42-142, Telex 26177.
Neben den angeführten Auskunftstellen gibt es in fast allen Fremdenverkehrsorten lokale Fremdenverkehrsbüros, über die man auch Privatzimmer reservieren kann. Adressieren Sie Ihre Zuschriften einfach an das Turistički biro des betreffenden Ortes.

Konsulate und Botschaften: *Botschaft der Bundesrepublik Deutschland:* 11000 Beograd, Kneza Miloša 74–76, Tel.: 645755. – *Österreichische Botschaft:* 11000 Beograd, Kn. Šime Markovića 2, Tel.: 635955. – *Schweizer Botschaft:* 11000 Beograd, Birčaninova 27, Tel.: 646899.

Jugoslawische Diplomatische und Konsularvertretungen: Bundesrepublik Deutschland: Botschaft der SFR Jugoslawien: 5300 Bonn 2, Schloßallee 5, Tel.: 344051. – Generalkonsulat: 2000 Hamburg 13, Harvestehuderweg 101, Tel.: 444504; 452463. – Generalkonsulat: 8000 München 80, Böhmerwaldplatz 2, Tel.: 988685; 980823; Generalkonsulat: 6000 Frankfurt/Main 1, Thüringer Str. 3, Tel.: 439923; 439927. – Konsulat: 4000 Düsseldorf, Lindemannstraße 5, Tel.: 673067; 673068. – Militärmission der SFR Jugoslawien: 1000 Berlin/Grunewald, Tauberstr. 18, Tel.: 8262092; 8262091. – *Österreich:* Botschaft der SFR Jugoslawien: 1030 Wien, Rennweg 3, Tel.: 732595; 96, 97, 98. – Generalkonsulat: Graz, Hilmteichstr. 10, Tel.: 33180, 33181. – Generalkonsulat: 5020 Salzburg, Fürstenallee 43, Tel.: 45254; 45255. – *Schweiz:* Botschaft der SFR Jugoslawien: 3006 Bern, Seminarstraße 5, Tel.: 446353; 446355. – Generalkonsulat: 8032 Zürich, Dufourstraße 107, Tel.: 2526161; 2526183.

G. LITERATURAUSWAHL

Alföldy, G., Bevölkerung und Gesellschaft der römischen Provinz Dalmatien, Budapest 1965. – Andreis, P., Storia della Città di Trau, Split 1969. – Adam, R., Ruins of the Palace of the Emperor Diocletian at Spalato, London 1874. – Bjelovučić, The Ragusan Republic, Leiden 1970. – Bihalji-Merin, O./Schmaus, A. (u. a.), Jugoslawien, München 1970. – Bulić, F., Der Palast Ks. Diokletians in Split, Zagreb 1929. – Carter, F. W., Dubrovnik (Ragusa). A classic City-State, London 1972. – Cuddon, J. A., Jugoslawien, München 1972. – Eitelberger von Edelberg, R., Die mittelalterlichen Kunstdenkmäler Dalmatiens, Wien 1884. – Engel, J. C., Staatskunde und Geschichte von Dalmatien, Croatien und Slavonien, Halle 1789. – Fisković, C., J. Dalmatinac, Zagreb 1963 (deutsch). – Ders., Radovan (Trogir), Zagreb 1965 (deutsch). – Folnesics, H., Studien zur Entwicklungsgeschichte der Architektur und Plastik des 15. Jh. in Dalmatien, Wien 1914. – Frey, D., Der Dom zu Sebenico (Šibenik), Basel, o. J. – Frotingham, Roman Cities in Italy and Dalmatia, London 1910. – Gardner-Wilkinson, Dalmatia and Montenegro, London 1848. – Gras-Račić, M., Jugoslawien, Nürnberg 1972. – Grothusen, K. D., Das mittelalterliche Städtewesen in Südosteuropa, in: Südosteuropa-Jahrbuch Nr. 6, München 1962. – Gunjača, S., Altkroatisches Erbe (Katalog des altkroatischen Museums in Split), Split 1979. – Iveković, C. M., Dalmatiens Architektur und Plastik, Wien 1910. – Jackson, T. G., Dalmatia, Quarnero und Istria, Oxford 1887. – Jugoslawische Adriaküste – Von Istrien bis zur Bucht von Kotor (Europas Ferienstraßen), Wien–München 1973. – Marasović, T., Der Diokletianspalast, Zagreb 1968. – Ders., Split, Split 1983. – Matl, J., Die Kultur Dalmatiens, in: Die Kultur der Südslawen in Südosteuropa, München 1955. – Mayer, E., Die dalmatinisch-istrische Munizipalverfassung im Mittelalter und ihre römischen Grundlagen, Weimar 1903. – Merianhefte: Dalmatien, Istrien und Slowenien, Montenegro – Niemann, Der Palast des Diokletian in Spalato, Wien 1910. – Reißmüller, J. G., Jugoslawien, Düsseldorf–Köln 1972. – Riedl, R., Fauna und Flora der Adria, Hamburg–Berlin 1970. – Schmid, H. F., Dalmatien, das Land romanisch-slawischer Kultursymbiose, in: Südosteuropa-Jahrbuch Nr. 6, München 1962. – Schünemann, K., Die Entstehung des Städtewesens in Südosteuropa, Berlin 1929.

H. NAMENREGISTER

Aleši, Andrija 65 ff., 97, 100, 110, 116
Alexander III. (Papst) 67
Anastasia, Hl. 80
Anastasius, Hl. 128
Andreotti, Paolo 165
Andrijić, Petar 168 f.
Annunzio, Gabriele d' 53 f.
Augustus (röm. Kaiser) 6, 39, 46 f., 50 f., 64, 70
Aspioti, Nikolaos 192

Balša I. (serb. Fürst) 192
Bastiani, Lazarus 73
Bazzi, Piero 165
Bela IV. (ungar. König) 68
Bellini, Giovanni 110
Berislavić, Ivan 110
Beskuća, Fam. 189
Bisanti, Fam. 189
Bogišić, B. (Historiker) 180
Bokanić, Trifun 113
Bonino da Milano 101, 128, 148, 169, 174
Borgosansepolcro, Ivan de 73
Bošković, Rugero 167
Božidarević, N. 175, 177
Budčić, Andrija 100
Buffalini, Andrea 165
Bukovac, Vlaho 181
Bune, Vice 177
Bunić, Fam. 172
Busato, Antun 103 f.
Buvina, Meister 128 f.
Brajkov, Mihoje 170

Capogrosso, Marco 103
Carpaccio, Vittore 34 f., 75
– Benedetto 35
Cava, Onofrio Giordano della 160, 169
Charonton, E. 174
Cima da Conegliano 35
Čiočić, Franjo 137, 144
Correr, Giacomo 102, 148
Čulinović, Juraj 100

Dalmatinac Juraj 68 f., 97 f., 102 f., 129, 131, 154
Diokletian (röm. Kaiser) 13, 15, 78, 109, 121 ff.
Dobričević, Lovro 181
Domnius, Hl. 126
Donatello 112
Donner, Georg Raphael 147
Duknović, Ivan (G. Dalmata) 112, 116

Fiorentino, Niccolò (Nikola Firentinac) 73, 86, 99 f., 100, 103, 112, 114, 116, 118, 120, 144
Fontebassa, F. 38
Forteci, Horation 100
Foscolo, Leonardo 147
Frankopani (kroat. Fürsten) 53 f., 56 f., 61 f.

Garcia, Gaetano 168
Gazarović, Marin 138
Giovanni, Petar 177
Girolamo da Santacroce 44, 138, 143
Gojković, Matej 113
Grimani, Alvise 91
Gropelli, Marino 163
Gundulić, Ivan 167, 172
Gusić, Kristofor 34

Hamsić, Miho 161, 175
Haussmann, Alois 54
Hektorović, Petar 141, 144

Ingoli, Matteo 144

Kačić, Andrija 152
Karadžić, Vuk 203
Karl IV. (österr. Kaiser) 53 f., 61, 91
Karl d. Große (dt. Kaiser) 8, 70
Katičić, Ilija 165
Koller, Peter 57
Koloman (ungar. König) 75, 106
Krešimir IV. (kroat. König), 17, 75, 92, 117

Laurana, Luciano und Francesco 91
Lenković, Ivan 64
Leonardo da Vinci 144
Leopold I. (österr. Kaiser) 54
Ljubiša, Stjepan 192
Lorenzo di Credi 175
Ludwig von Anjou (König) 68, 84 f.

Marco Polo 149
Marulić, Marko 135
Maso di Bartolomeo 174
Massari, Giorgio 34
Matejević, Petar 165, 178
Matković, J. 54
Maurus, Hl. 42 f.
Mavro, Meister 110, 128
Meštrović, Ivan 73, 99, 135, 181
Michelozzo, Bartolomeo di 154, 160

Milgostić, Stjepan 101
Miličević, Paškoje 161, 174
Mondella, Jerolim 100, 104
Morożon, Matej 81

Nakić, Petar 104
Napoleon Bonaparte 11, 20, 32, 122, 141, 168
Napoli, Tomaso 165
Nazarius, Hl. 34
Nodari, Giacomo de' 38
Nogulović, Antun 100

Palma d. J., Jacopo 35, 43, 73, 81, 90, 102, 120, 137, 143, 151, 167
Paolo Veneziano 57, 110, 173
Parmegianino 167
Pelligrini 67
Petrović, Juraj 100
– Petar 172
Pietro da Urbino 169
Pincino, Lovro 104
Pirano, Niccolò 34
Pitteri, Giustinian 73
Pončun (Ponconi), Matej 102, 104, 129
Pordenone, Giovanni 57
Pozzo, Andrea 167
Pribislavlijić, Ivan, 69, 101 ff.

Radovan, Meister 108 f.
Raffael 167
Reggi, K. 181
Rendić, Ivo 152
Rizzardi, Bernardo 100
Rosandić, Toma 137

Sabolić, Ivo 45
Sanmichele, Micheli 82, 87, 95, 102, 141
Sarto, Andrea del 167
Škočibuha, Fam. 168, 178
Špija, Antun 144
Štefan Nemanja (serb. Fürst) 23, 195 f.

Tartini, Giuseppe 36 ff.
Tiepolo, G. B. 38, 192
Tintoretto 35, 69, 138, 148
Tironi, F. 137
Tito, Jozip Broz 11, 21, 54, 107, 138, 197
Tizian 37, 166, 175
Tomislav (kroat. König) 17
Trifunović, Ivan 73
Trogiranin, Petar (Blaž) 66, 110, 147 f.
Tvrtko I. (bosn. König) 183

Uberti, D. 142

Vittori, Alessandro 113, 119
Vivarini, Alvise 35, 43, 50, 59 f.
Vukčić, Stjepan 179, 183
Vušković, Dujmu 73

Zanchi, Antonio 35
Zaniberti, Filippo 100

I. ORTS- UND OBJEKTREGISTER

Wichtige Textstellen *kursiv*, Plan- und Objektnummern **Fettdruck**

Ankaran 33

Banjole 51
Bar (Stari-, Novi-Bar) **33** 23 ff., 186, *195 f.*
Baška Voda 151, 153
Beram 36, 39, *44*, 51
Biograd **16** 16 f., 88, *91*
Brela 151, 153
Bribir 61 f.
Budva **31** 22 ff., 186, *190 ff.*

Cavtat **28** 14, 27, *179 ff.* → Epidaurum
Cetinje **32** 194 f.
Crikvenica **10** 61

Dubrovnik 26 13 f., 16 ff., 21, *26 ff.*, 29, 65, 72, 83, 132, 143, 145 f., 150, 153 ff., *156 ff.*, 185 f., 189, 207
– Abtei der Klarissinnen 29, *172 f.*
– Dominikanerkloster 29, *173 ff.*
– Franziskanerkloster 29, *170 f.*
– Jesuitenkirche 32, *167*

Dubrovnik
- Kathedrale 165 ff.
- Rektorenpalast 115, *160 f.*
- Rolandsäule 163
- Sponzapalast 116, *161 f.*
- Stadtanlage 157 f.
- Stadtrundgang 159 ff.
- Sv. Spas 169
- Sv. Vlah 29, 32, *163 ff.*
- Trsteno-Park 176, 200

Epidaurum 14, 16, 27, 105, 138, 157, *179*
→ Cavtat

Fažana 7, *51*

Gradina (Kultur) 5, 46, 138

Herzeg-Novi **29** 183 f.
Hrastovlje 36

Inseln
- Badija 149
- Biševo 139
- Brač **20** 137 f.
- Brioni 51
- Čiovo 105, 120
- Cres **9** 51, 54, *58 ff.*
- Crveni Otok 46
- Dugi Otok 89
- Galovac 90
- **Hvar 21** 12, 14, 17 f., 137, *139 ff.*, 207
- - Jelsa 145
- - Stari Grad/Pharos 144 f.
- Koločep **27** 176 f.
- **Korčula 22** 12, 14, 17 f., 39, 82, 139, *145 ff.*, 207
- Kornaten-Inseln 89
- Krk **8** 54, *56 f.*, 61, 64
- Lastovo **27** 30, *179*
- Lokrum 165, 175
- Lopud **27** 177
- Lošinj **9** 51, *60*
- Mljet **27** 30, *178*
- Muntrav 46
- Norddalmatinische Inseln **15** 88 ff.
- Olib 89
- Pag **13** 64, *68 f.*
- Pašman 90 f.
- Premuda 89
- **Rab 12** 18, 39, 58, *64 ff.*, 82, 128, 139
- Silba 89
- Süddalmatinische Inseln **27** 176 ff.
- Ugljan 89 f.
- Vis **20** 13, 105, *138 ff.*
Izola 33

Kaštela **19** 136
Klis **19** 136 f.
Konavle 30
Konavoski Dvori 181
Koper 1 6 f., 9, *33 ff.*, 36
Kotor, Bucht 29 13, 22, *183 ff.*
Kotor, Stadt 30 12, 23 f., 26, 183, *185 ff.*, 207
Kraljevica **10** 61
Krka-Fälle 92, 94, 104, 199

Lipica 36
Lopar 62
Lokva 151
Lovran **6** 52

Makarska **24** 151 ff.
Medulin 51
Mostar 153

Nesactium 6 f., 51
Novigrad 7, 39
Novi Vinodolski **10** 62
Nin **14** 17, *88*

Omiš **23** 63, 140, *149 ff.*, 206
Orebić **25** 153 ff.
Opatija **6** *52 f.*, 56, 207

Pazin **3** 8, 39, *44*, 51
Pelješac **25** 30, 145, 149, *153 ff.*
Perast **29** 184 f.
Petrovac 194
Piran **2** 7, 33, *36 ff.*, 45
Plitvice 64, 199
Poreč 3 6 f., 9, 36, *39 ff.*, 136
Portorož 39
Postojna-Grotten 36, 199
Premantura 51
Primošten **17** 104
Pula 5 5 ff., 9, 11, 28, *46 ff.*, 56, 84, 156, 207

Rijeka (Fiume) **7** 10 ff., 21, 46, *53 ff.*, 61, 70
Risan **29** 22 f., *184*
Rovinj **4** 9, 36, *45 f.*

Salona **19** 14 f., 16, 46, 105, 121, 128, *135 f.*, 139
Senj **11** 63 f.
Šibenik 17 12, 17 f., 68, 75, 88, *92 ff.*, 170
- Adelspaläste 101 f.
- Barbara-Kapelle/Stadtmuseum 101
- Bischofspalast 100
- Festung Sv. Ana 92, 102

Šibenik
- Franziskanerkloster 103 f.
- Kathedrale *95 ff.*, 107, 112, 129, 142 f., 169
- Loggia 94 f.
- Oberstadt Gorica 103
- Rektorenpalast 100 f.
Sinj **19** *137*, 206
Šipan **27** 177 f.
Skradin/Scardona 104
Skutari-See 194, 199
Slano 176
Split (Spalato) **19** 16 ff., 21, 28, 46, 65, 70, 83, 93, 97, 106, *121 ff.*, 139, 143, 146, 156, 170, 181, 207
- Archäolog. Museum 13, 15, *135 f.*
- Bürgerstadt ›Burghus‹ 131 f.
- Diokletianspalast 13, 15, 78, 108, *123 ff.*
- Jupitertempel 112, *129*
- Mausoleum Diokletians/Kathedrale 110, *126 f.*
- Museum altkroatischer Kunst 88, *134*
- Papalić-Palast/Stadtmuseum 131
- Peristyl 125 f.
- Romanische Hausburgen 130 f.
Stobreč 14
Ston **25** 153 ff.
Sveti Stefan **31** 193 f.

Trogir 18 12, 14, 16 ff., 39, 82 f., 93, 97 f., *105 ff.*, 132, 170
- Benediktinerinnenkloster Sv. Nikola 118 f.
- Čipiko-Palast (Neuer/Alter) 115 f.
- Dominikanerkloster 119 f.
- Kathedrale *107 ff.*, 128
- Loggia/Campanile 114
- Rektorenpalast 115
- Stadtmuseum 120
- Sv. Barbara 117
- Sv. Ivan Krstitelj 118
- Sv. Maria 117
Trogir
- Sv. Ursini-Kapelle *112*, 129
Tučepi 151

Ulcinj **34** 23, 25 f., *196 f.*
Umag 39

Valdoltra 33
Valtura 51
Veprinac 52
Vinkuran 51
Virpazar 194
Vizače 51
Vrana 91
Vranjina 194

Zadar 14 12, 14 ff., 21, 28, 64 f., 68, *70 ff.*, 91, 93, 97, 105 f., 117, 122, 132, 143, 156, 189
- Archäolog. Museum 15, *76*
- Bischofspalast 78
- Benediktinerinnenkloster Sv. Maria *75*, 169
- Benediktinerinnenkloster Sv. Ivan Krševan *76 f.*
- Franziskanerkloster *72 f.*
- Dom Sv. Stošija *78 ff.*, 107 f.
- Kastell 71 f.
- Landtor Porta di Ferma 87
- Palast Grisogono-Vovo 85 f.
- - des venezianischen Statthalters 86
- - des Rektors 86
- - des venezianischen Militärgouverneurs 86
- Platz der fünf Brunnen 87
- Römisches Forum 74
- Sv. Donat 77
- Sv. Ilija 74
- Sv. Šimun 84 f.
- Stadtplatz, Wache, Loggia 82 f.
Zaton 176
Žusterna 33

Krka
Skradin
Šibenik
17
Primošten
18
Trogir
Kaštela
Salona
Čiovo
Split
DALMATIEN-
Sinj
19
Klis
Stobreč
KROATIEN
Cetina
23
Omiš
Brela
24
Makarska
BOSNIEN-
Jablanica
Mostar
18
Šolta
Brač
20
Bol
Hvar
21
Hvar
Vis
20
Kardeljevo
Metković
Opuzen
Orebić
25
Korčula
22
Korčula
Pelješac
Ston
Lastovo
27
27
Mljet
Šipan
27
Adriatisches
Meer
Vieste
Italien
N
0
50 km